二十一世纪"双一流"建设系列精品教材

新编
体育经纪人教程

（第四版）XINBIAN TIYU JINGJIREN JIAOCHENG
（DISIBAN）

主　编 ○ 范佳音
副主编 ○ 刘淑嘉　李　婵
　　　　杜承阳　冯佳悦

西南财经大学出版社
Southwestern University of Finance & Economics Press

中国·成都

图书在版编目(CIP)数据

新编体育经纪人教程/范佳音主编.--4 版.
成都:西南财经大学出版社,2024. 8.
--ISBN 978-7-5504-6265-6

Ⅰ. G80-052
中国国家版本馆 CIP 数据核字第 2024AV4640 号

新编体育经纪人教程(第四版)

主　编　范佳音

副主编　刘淑嘉　李　婵　杜承阳　冯佳悦

策划编辑:李晓嵩

责任编辑:李晓嵩

助理编辑:蒋　华

责任校对:王　琳

封面设计:何东琳设计工作室

责任印制:朱曼丽

出版发行	西南财经大学出版社(四川省成都市光华村街 55 号)
网　　址	http://cbs. swufe. edu. cn
电子邮件	bookcj@ swufe. edu. cn
邮政编码	610074
电　　话	028-87353785
照　　排	四川胜翔数码印务设计有限公司
印　　刷	郫县犀浦印刷厂
成品尺寸	185 mm×260 mm
印　　张	19. 875
字　　数	367 千字
版　　次	2024 年 8 月第 4 版
印　　次	2024 年 8 月第 1 次印刷
印　　数	1— 2000 册
书　　号	ISBN 978-7-5504-6265-6
定　　价	49. 80 元

序

现代体育产业在很大程度上是靠卖形象、卖声誉、卖创意、卖梦想、卖体验来开创自己的财富帝国的，好莱坞式的"大成本、大制作、高风险、高收益"的运作模式正在被越来越多的商业体育机构所采用，资金密集、技术密集、智力密集已经成为全行业运行的显著特征。于是，围绕体育主营业务的多元化、专业化的体育中介服务业开始形成规模，并在体育产业价值链中发挥了越来越重要的激发和催化作用。

第二次世界大战结束以来，全球体育朝着职业化、产业化、市场化的方向阔步前进，其中一个重要的推手就是体育经纪人的大量出现和各类体育推广公司的迅速崛起。可以毫不夸张地说，没有体育经纪人开创的球员经纪模式、赛事运营模式、企业与组织体育赞助和营销模式，体育的职业化、产业化和市场化就没有实现的通路和转化的媒介。如今，对于全球体育明星、球队老板、体育赛事的组织和运营机构以及一流的企业和品牌来说，如果不了解体育经纪业务、不熟悉著名的体育经纪公司，那么可能还不是真正意义上的一线明星、一流企业和卓越品牌。同样，对于从事体育产业运营和研究的人来说，如果不了解体育经纪业务，那么可能就不是一个合格的从业者和研究者。

体育推广和中介行业是一个智力密集的行业。其商业逻辑和营利模式是增值分享，即只有把代理客户的商业价值最大限度地挖掘出来并真实地销售出去，才能在客户价值增值中分享利润，而要创造和实现客户价值，专业化运作和持续的创新能力就是根本。当前，体育中介市场和行业在我国仍然属于新兴市场和新兴行业，在这个行业的发展中还存在市场开放度不够、国内企业竞争力不强、从业人员整体素质不高以及行业管理规范度还有待进一步提高等问题。但是，随着中国经济高质量发展和体育强国的建设，越来越多的城市开始申办重大的国际和国内赛事，越来越多的企业开始进入品牌化、国际化的发展阶段，越来越多的运动项目走上职业化发展道路以及越来越多的运动员走出国门、走向世界，中国体育中介机构和从业人员的市场空间正在被不断地打开。

《新编体育经纪人教程》是一本全面论述体育经纪人和体育经纪活动的基础性入门教材。该书首版于 2013 年问世，十余年时间再版三次，得到用书院校和广大读者的认可。该书对体育经纪业务全流程的系统介绍，对于体育经济管理专业的学生来说，是必须掌握的专业基础理论知识；对于体育产业从业人员来说，是提升理论水平、指导实践操作的有益工具。相信《新编体育经纪人教程》的再版对培养高水平的体育经营管理人才，对推动我国体育产业全面协调可持续发展，对体育强国的建设都将起到重要作用。

鲍明晓

2024 年 8 月于北京

第四版前言

当前我国经济正处在转变发展方式、优化经济结构、转换增长动力的攻关期。党的二十大报告提出："广泛开展全民健身活动，加强青少年体育工作，促进群众体育和竞技体育全面发展，加快建设体育强国。"当前，我国全面深化改革开放，加大宏观调控力度，着力扩大内需、优化结构、提振信心、防范化解风险，我国经济回升向好，高质量发展扎实推进。现代化产业体系建设取得重要进展，科技创新实现新的突破，改革开放向纵深推进，安全发展基础巩固夯实，民生保障有力有效，全面建设社会主义现代化国家迈出坚实步伐。

党的二十届三中全会指出，高水平社会主义市场经济体制是中国式现代化的重要保障。我国必须更好发挥市场机制作用，创造更加公平、更有活力的市场环境，实现资源配置效率最优化和效益最大化，更好维护市场秩序、弥补市场失灵，畅通国民经济循环，激发全社会内生动力和创新活力；要毫不动摇巩固和发展公有制经济，毫不动摇鼓励、支持、引导非公有制经济发展，保证各种所有制经济依法平等使用生产要素、公平参与市场竞争、同等受到法律保护，促进各种所有制经济优势互补、共同发展；要构建全国统一大市场，完善市场经济基础制度。高质量发展是全面建设社会主义现代化国家的首要任务。我国必须以新发展理念引领改革，立足新发展阶段，深化供给侧结构性改革，完善推动高质量发展激励约束机制，塑造发展新动能新优势。我国要健全因地制宜发展新质生产力体制机制，健全促进实体经济和数字经济深度融合制度，完善发展服务业体制机制，健全现代化基础设施建设体制机制，健全提升产业链供应链韧性和安全水平制度。

现代体育作为提高广大消费者生活质量和生命质量的人文服务业，在推动高质量发展方面有独特优势。

体育产业是新经济、新动能、新业态的重要组成部分。体育产业是国际社会公认的快乐产业、幸福产业、绿色产业，是大健康产业、大文化产业、大旅游产业不可或缺的产业门类和新兴业态。加快发展体育产业是打造新经济、培育新动能和新业态的重要抓手。2021年，我国体育产业总规模（总产出）为3.1万亿元，增加值为1.2万亿元，与2020年相比，体育产业总产出增长13.9%，增加值增长14.1%。

《"十四五"体育发展规划》提出，到2025年，体育产业总规模将达到5万亿元，增加值占国内生产总值的比重达到2%。这对我国新经济、新动能、新业态的培育和打造的贡献率将不断提升。

体育产业是推进供给侧结构性改革和消费升级的重要内容。运动健身、运动保健、运动医疗、运动休闲娱乐、运动场馆装备、高水平赛事观赏、智慧体育软硬件产品是广大消费者提高健康水平、身体素养、生活品质、生活情趣急切盼望的一类产品，是消费升级的方向，其市场空间大、消费需求旺，但目前市场上有效供给不足。近年来，我国出现的马拉松热、骑行热、登山徒步热、广场舞热以及羽毛球场地难订、游泳池爆满等情况，都是供给侧出了问题。因此，加快发展体育产业，满足人民群众日益增长的多元化、多样化的体育消费需求，不仅是供给侧结构性改革应有之义，也是助推消费升级极具价值的突破口和发力点。

体育产业是扩大社会就业的重要渠道。随着信息化、数字化、网络化、智能化在生产和生活中的广泛运用，传统制造业、服务业中的用工数量不断下降，社会就业压力不断增大。体育产业作为新兴产业不仅可以在增加就业中发挥增量作用，更重要的是体育消费是体验式、互动式消费。线上可以报名，但消费的兑现必须在线下完成，完全在线上完成的O2O式的互联网商业模式和运营模式基本不适用。这样的特征就使得体育产业在吸纳社会就业方面具有独特优势。近年来，随着我国体育产业的快速发展，在体育产业中的就业人数也在快速增加，到2025年年底体育产业中的就业人数将达到800万人。这对于改善民生、增加民众福祉、促进经济平稳有序增长将起到越来越重要的作用。

体育产业是激活"双创"的重要领域。体育产业作为极具发展潜力的新兴产业，是近年来全社会为数不多的投资热点和消费热点，创新创业的空间巨大。在智慧体育、体育大数据、运动应用软件、体育线上培训、创新研发与运营、社区体育、冰雪和自行车运动等方面创新创业活动颇为活跃，一批新创企业也成为各类风险投资争相投资的优质标的。

体育产业与相关产业融合发展的空间巨大。促进相关产业融合发展是当前中国经济促消费、扩内需、稳增长、调结构以及实施创新驱动发展的重要举措。体育产业带动辐射作用强，与相关产业融合发展的契合度高，实施"体育+"的空间巨大。体育与教育、文化、旅游、传媒、养生养老、保健康复、医疗医药、食品饮料、商业和主题地产都有互利双赢的交融发展机会，其中体医融合、体旅融合、体教融合、体养融合、体育与主题地产融合的发展空间最大。体育产业与相关产业融合发展不仅会带动体育产业的优质高效发展、旅游产业的转型升级、大健康产业生态圈的建设，而且也一定会生产一批有助于促进消费升级、供给侧结构性改革的新经济、新业态，进而对培育和打造中国经济新动能、推动中国经济持续健康发展发挥重要作用。

　　体育经纪活动是体育产业的活化剂，对拓展产业链、完善生态圈意义重大。《新编体育经纪人教程》（第四版）在第一版、第二版以及第三版受到广泛好评的基础上，根据当前我国体育产业发展的新形势、新任务，增补了大量素材，进一步完善了本书的内容体系，并新配了教学课件等电子教学资源，显著提升本书的科学性、可用性，既方便教，也方便学，相信一定会得到更多读者的青睐。

范佳音

2024 年 7 月于成都

目录

第一章

体育

经纪人导论

DIYIZHANG

第一节　经纪市场的形成与发展

一、经纪市场形成的条件

商品生产和商品交换是市场形成的基本因素，也是经纪人和经纪业务产生的先决条件。从经纪业务提供的中介服务职能看，它涉及生产、流通和消费等领域，连接着生产与生产、生产与流通、生产与消费等环节。经纪人正是连接各种市场交易的桥梁。它对于加速商品流通、缩短商品循环周期、促进经济的快速发展有着重要的推动作用。经纪市场的形成依赖于商业贸易活动，没有了商业贸易活动，也就失去了经纪人存在的土壤。

商业贸易活动催生了经纪市场，在社会经济形态由自然经济向市场经济的过渡中，商品生产和商品交换是其重要的标志。商品生产和商品交换的产生需要具备两个基本条件：第一，出现了社会分工。社会分工的出现提高了生产效率，促进了生产力的发展，出现了剩余产品，使得商品交换成为可能。作为中间商促成商品交换的服务业便初露端倪。第二，生产资料归不同的所有者占有。由于他们可以自由支配手中的产品，或者用于交换，或者用于消费，因此在交换和消费的过程中，商人作为中间人起着重要的媒介作用。

商业贸易活动不仅催生了经纪市场，而且极大地促进了经纪市场的成长和发展。第一，商业贸易活动为社会化大生产提供了保证。社会再生产就是生产与流通互动，两者相互依赖、相互促进。商品生产者只有通过流通领域，才能实现商品的价值并获取利润，其所需的生产要素也只有通过流通领域从要素市场获取。商品生产分工的细化，使得商品生产者已越来越依赖于商人及其商业贸易活动。第二，商业贸易活动促进了社会生产效益的整体提高。商业贸易活动不仅需要获取自身的经济效益，而且主要目的是实现生产的效益。商品的流通时间越短，企业的资金周转就越快，商品的流通数量就越大，企业的资本效益就越高。第三，商业贸易活动推动了商品流通的国际化发展。发达的商业贸易活动缩短了生产地与消费地的空间距离和由生产领域到消费领域的时间，有利于实现商品的规模化生产和专门化营销，从而推动了商品流通的国际化发展。

在市场经济发达的国家和地区，生产企业的对外销售大多是通过中间商来完成的，中间商在生产企业和消费者之间建立买卖关系，生产企业通过委托代理的方式，与国际贸易中间商及他国进口贸易中间商签订销售合同。

二、经纪市场与市场经济的关系

经纪市场的形成和发展离不开商业贸易活动，商业贸易活动的发展则取决于市场经济的成熟和市场经济的完善。一方面，市场经济中的客观矛盾需要经纪人和经纪业务的存在与发展；另一方面，经纪人和经纪业务的存在与发展又是市场经济发展的客观要求。

三、市场经济中的客观矛盾

在现代市场经济背景下，社会分工的细化、社会生产力的提高以及市场经济本身的缺陷所导致的生产与消费之间、供给与需求之间的矛盾日益普遍和突出。生产者与消费者之间的客观矛盾主要表现为空间、时间的分离，信息的不对称，商品的质量、数量和价格的矛盾。

生产者与消费者的空间分离，即产品的生产地与消费地在地域上的差异。生产者与消费者的时间分离，即生产者的市场供给与消费者的市场需求在时间上的差异和矛盾。生产者与消费者之间的信息不对称是指生产者不知道消费市场，消费者不知道供给市场，彼此间拥有的信息不对称，市场信息失灵。生产者与消费者在商品品质供需上的矛盾，即生产者所供商品和消费者所需商品在种类、功能、规格、质量上的矛盾。生产者与消费者在商品价格上的矛盾，即生产者按成本和竞争价格估价产品，消费者按效用和支付能力估价产品，交易的实现价格体现着供求双方的利益矛盾。

上述客观矛盾的存在，需要中间商集中双方的信息，以缩短双方的空间矛盾和时间间隔，提高生产者与消费者之间的交换效率；集中双方对商品品质、数量和价格的供需要求，促成双方公平合理的交易。

四、体育产业概述

体育产业是指生产体育物质产品和精神产品，提供体育服务的各行业的总和。体育产业作为国民经济的一个部门，具有与其他产业部门相同的特性，即注重市场效益、讲求经济效益，同时又具有不同于其他产业部门的特性。体育产业的产品既包括有形的体育产品，又包括无形的体育服务。其重要功能还在于提高居民身体素质、发展社会生产、振奋民族精神以及实现个人的全面发展和社会的文明进步。广义的体育产业是指"与体育运动相关的一切生产经营活动，包括体育物质产品和体育服务产品的生产、经营两大部分"。狭义的体育产业是指"体育服务业"或"体育事业中既可以进入市场，又可以盈利的部分"。

《国家体育产业统计分类》将体育产业界定为"为社会公众提供体育服务和产品的活动以及与这些活动有关联的活动的集合"，并将体育产业划分为 11 个大类、37 个中类、52 个小类。11 个大类包括：第一，体育管理活动；第二，体育竞赛表演活动；第三，体育健身休闲活动；第四，体育场馆服务；第五，体育中介服务；第六，体育培训与教育；第七，体育传媒与信息服务；第八，其他体育相关服务；第九，体育用品及相关产品制造；第十，体育用品及相关产品销售、贸易代理与出租；第十一，体育场地设施建设。

体育产业是名副其实的朝阳产业。早在 2015 年，全球体育产业总值已达 1.5 万亿美元（1 美元约合 7.2 元人民币，下同），发达国家体育产业占其国内生产总值的 1%~1.5%。其中，2015 年，美国体育产业总值达 5 000 亿美元，占其国内生产总值的比重达 3%，美国体育产业总值约占全球体育产业总值的 1/3。法国体育产业总值约占其国内生产总值的 2.85%。截至 2021 年年底，中国体育产业总规模（总产出）为 31 175 亿元，与 2020 年相比，体育产业总产出增长 13.9%（未扣除价格因素），增加值增长 14.1%。

中国体育市场的产业化起步较晚，开始于 20 世纪 80 年代。20 世纪 90 年代中期，中国体育产业才形成较为完整的产业形态和较为完善的体育行业的制度，中国的体育广告业、体育建筑业、体育博彩业、体育旅游业和体育用品业等具体行业也是在这个时期开始得到发展。

中国体育产业虽然起步较晚，但发展很快，产业领域不断拓展，发展规模不断扩大，产业质量有所改善，产业效益明显提高。体育产业的整体规模和其他产业相比较虽然不是很大，但是在社会主义市场经济发展中，已经构成了一个独具特色的产业门类。目前，中国体育产业具有四个特征：第一，空间依存度大；第二，时间消费明显；第三，消费层次要求高；第四，服务质量要求高。体育产业的发展现状主要体现在四个方面：第一，以本体市场为主体的体育市场形成了一定的规模，市场体系的基本框架已趋于清晰。体育市场基本包括竞赛表演市场、健身娱乐市场、技术培训与咨询市场、体育无形资产市场、体育旅游市场。第二，体育产业开发的领域不断扩展，体育产业的质量和效益逐步提高。第三，社会投资办产业的形式发展很快，涌现了一大批符合现代体育制度的体育俱乐部、体育企业或企业集团。第四，体育产业确立和形成了保证体育事业发展的多渠道、多层次、多形式的产业化筹资机制。

第二节　体育经纪人概述

一、体育经纪人的概念及相关介绍

（一）经纪人的概念

在探讨"体育经纪人"的概念之前，我们首先应该了解经纪人的含义。经纪人的概念界定，在理论界和法规中有各种不同的论述。各国对经纪人的说法也各不相同，但是其基本观点和核心内容是一致的，即"为交易双方充当中介"。

《中国经济大辞典》认为：经纪人是指中间商人，旧时称为牙客，是指作为买卖双方的媒介处于独立地位，促成交易赚取佣金的中间商人。

《布莱克法律大词典》将经纪人定义为：经纪人是指经授权代理委托人进行交易，或者独立行使为委托人提供与第三人订约的机会，或者充当订约媒介促成委托人与第三人订约和守约的中间人。

《法国拉鲁斯百科全书》对经纪人的解释是：经纪人是指在商业交易中充当居间商的人。

在日本，人们把经纪人理解为仲买人或周旋者。

上述对经纪人的各种理解虽然存在差异，但对经纪人的本质属性的认识却是相同的。经纪人主要包括以下三个要素：第一，以获取佣金为目的；第二，充当委托人与第三人之间的订约媒介或为委托人提供与第三人订约的机会；第三，保证合同实施。总结这些共同之处，我们可以将经纪人定义为：经纪人是指在经济活动中，以收取佣金为目的，为供需双方提供中间服务，促成交易的具有独立地位的自然人、法人和其他经济组织。它是市场中介组织的重要组成部分，是为买卖双方实现市场交易而从事沟通、服务的中间人。

2004 年 8 月，国家工商行政管理总局颁布实施的《经纪人管理办法》将经纪人界定为：经纪人是指在经纪活动中，以收取佣金为目的，为促成他人交易而从事居间、行纪或代理等经纪业务的自然人、法人和其他经济组织。

按照我国《经纪人管理办法》的规定，经纪人的概念在经纪活动的主体、目的和方式上具有以下基本特征：

第一，主体——自然人、法人或其他经济组织。

第二，目的——促成交易、收取佣金。

第三，方式——提供居间、行纪、代理等中介服务。

（二）经纪人的特征

从经纪人从事经纪业务时的社会、经济、法律角度考查，综合经纪人的活动情况，经纪人具有以下几个基本特征：

1. 经纪人是促成供需双方交易的商业服务人员

经纪人应该严格按照委托人的指示在其委托业务的范围内进行活动，其目的是促成委托人建立某一民事法律关系，并不代理委托人具体实施这一民事法律关系。这一特点也使经纪人与进行事务性活动的介绍人、传达人区别开来。

2. 经纪人不能成为独立的意思表示

经纪人的中介活动是为了促使委托人和第三方之间达成交易，经纪人本身不是合同的当事人，也无权为委托人签订合同，因此也无须独立的意思表示。经纪人在其活动中只起居间介绍的作用；而代理人在代理权限内作出法律行为时，必须向第三方作出独立的意思表示，具有自己的主张。

3. 经纪人以其劳动获得相应的报酬

收取佣金是经纪人的经营目的，佣金是依附于合同标的金额、代理成交额一定比例或提成关系的收入形式。经纪人根据委托人的要求提供信息及其他咨询业务。从这个方面看，经纪和咨询很相似，但它们有着本质的区别：咨询服务虽然也是受托人提供某些信息和其他咨询服务，但只是和委托人之间的关系，不涉及第三人。咨询服务不以委托人和第三者达成交易为收取佣金的条件。经纪活动是委托人与第三者达成交易、签订合同后取得佣金的一种中介服务。这种中介服务是凝结了价值的一般人类劳动，是一种从事经济信息劳务的具体劳动，这种脑力劳动耗费了社会必要劳动时间，经纪人通过这种中介服务的劳动，加快了商品价值的实现，因此应获得相应的报酬。

（三）经纪人的业务范围

经纪人的业务范围也就是经纪人的经营范围，是国家允许经纪人从事经纪业务的服务项目，是经纪人业务活动范围的法律界限，反映了经纪业务活动的内容和方向，体现了经纪人的民事权利能力和民事行为能力。目前，我国的经纪活动涉及的业务范围十分广泛，几乎包括一切经济文化领域，大致包括现货交易经纪、期货交易经纪、证券交易经纪、科技成果市场经纪、房地产市场经纪、保险市场经纪、金融市场经纪、文化体育市场经济、劳务市场经纪、外贸市场经纪和旅游服务经纪等内容。体育经纪人的业务范围涉及体育比赛和体育表演的组织、策划和推广，其中包括广告经营开发、电视转播等，代理运动员和教练员财务收支、形象开发、帮助解决法律纠纷以及提供各类咨询服务等。

经纪业务的具体内容主要包括以下几个方面：

1. 传递商品信息

经纪人接受供给方或需求方的委托后，就带着相应的商品信息去寻找合适的买家或卖家，在这个过程中，经纪人的基本职能就是传递商品信息。

2. 代表一方谈判

当交易双方就有关条件方面存在分歧时，经纪人可以在接受委托人的授权后，代表委托人的一方与交易另一方在授权范围内就相关问题进行谈判。

3. 提供交易咨询

在交易者不太熟悉市场交易的商务、法律等事宜时，经纪人可以利用自己的信息资源提供各种咨询服务，协助办理或接受委托和代为办理有关手续。

4. 草拟交易文件

经纪人可以根据委托方的意见，草拟经纪活动中的有关文件和合同文本，但草拟的文件需要最终当事人的签名、盖章，才能发生法律效力。

5. 提供交易保证

经纪人在一定程度上起着保障交易安全的经济担保作用，但是这种担保是以信誉条件作为保证的，并不负连带赔偿责任。

我国《经纪人管理办法》明确规定，经纪人应当遵守国家有关规定，在允许的经营范围内进行经纪活动。国家禁止流通的商品和服务，不得进行经纪活动。

（四）体育经纪人的相关概念

2006年4月29日，劳动和社会保障部发布的第六批新职业中把"体育经纪人"

作为正式公布的名称。2007年4月，"体育经纪人"这一职业名称被《中华人民共和国职业分类大典》正式补录。从法律的角度来界定，体育经纪人是指在体育经纪活动中，以收取佣金为目的，为促成他人交易而从事居间、行纪或代理等经纪业务的自然人、法人和其他经济组织。

由于受不同的社会制度、传统文化以及经济发展水平等因素的影响，不同国家或组织对体育经纪人的界定存在着一些差异，甚至在同一个国家的不同地区，对体育经纪人的解释也不尽相同。

国际足球联合会在《球员经纪人规则》（*Regulations on Working with Intermediaries*）中明确指出，体育经纪人是一种中介人，与球员和俱乐部签订合同，代表球员进行职业和商业事务的处理。

意大利足球协会的《体育经纪人管理条例》规定，体育经纪人是指代理职业运动员的人。体育经纪人为运动员拟订合同期限、薪金和奖金等条款，为委托运动员与俱乐部以外的自然人或法人签订涉及运动员名字及形象开发的商业合同。

在美国，不同的州对体育经纪人的定义也不相同，如加利福尼亚州将体育经纪人视为独立的合同签订者，以获取佣金为目的，与运动员或体育组织签订委托合同，为运动员寻找职业运动或比赛机会，以及提供其他的商业机会。在肯塔基州，体育经纪人被这样定义：体育经纪人是指亲自或通过他人招募学生运动员，并与之形成默契关系的人。美国职业篮球运动员协会在《代理人规则与制度》中提到，篮球经纪人代表篮球运动员处理他们的职业和商业事务，通常与篮球运动员签订代理协议，并在运动员的合同谈判、商务交易、赞助合作和形象管理等方面代表运动员的利益。篮球经纪人与俱乐部、赞助商、媒体和其他相关方进行谈判和协商，以达成最有利于运动员的合约和商业机会。

根据《中国足球协会足球经纪人管理办法》的规定，球员经纪人是指以获取佣金为目的，在正常范围内向俱乐部介绍其有意签约的球员，或者介绍两家俱乐部进行球员转会活动的自然人。

根据《中国篮球协会经纪人管理办法》的规定，篮球项目体育经纪人是指依法取得经纪资格、从事篮球经纪活动的法人和自然人。篮球项目体育经纪活动是指个人或组织在篮球项目活动中收取佣金、促成篮球活动顺利开展的居间、行纪或代理等经营活动。

根据《中国田径协会马拉松经纪人管理办法》的规定，马拉松经纪人是指在中国田径协会管辖范围内获得经纪人证书并从事马拉松赛事经纪活动的自然人。经纪活动是指经纪人基于相关代理合同，为特邀选手、马拉松赛等提供参赛等代理服务的经营活动。

根据《中国田径协会路跑经纪人管理办法》的规定，路跑经纪人需要获得有效经纪人证书并实际从事路跑赛事外籍选手经纪活动的自然人。经纪活动是指经纪人基于相关代理合同，为精英运动员、路跑赛事等提供参赛等代理服务的经营活动。

（五）体育经纪人的类别

体育经纪人没有严格意义上的类别划分，通常是从经纪内容、经营主体形式、职业特点、经纪活动方式进行划分的。

1. 按经纪内容划分

（1）运动员经纪人。运动员经纪人是指专门从事运动员经纪活动的体育经纪人或经纪组织。例如，国际足球联合会注册的体育经纪人都只从事足球运动员转会的经纪业务。运动员经纪人主要代理运动员转会、参赛、商务活动和日常事务管理等业务。近年来，运动员经纪人的业务内容已大大扩展，并且逐渐细分，如代理运动员投资理财、个人形象设计、无形资产开发、广告权益买卖、法律咨询服务等均成为运动员经纪人的重要业务。运动员经纪活动包括运动员转会经纪，即体育经纪人为运动员的转会提供中介服务的活动；运动员参赛经纪，即体育经纪人为运动员参加体育赛事等提供中介服务的活动；运动员无形资产开发服务，即体育经纪人为运动员名誉、肖像权等无形资产开发提供中介服务的活动。

（2）赛事经纪人。赛事经纪人是指专门从事体育赛事经纪的体育经纪人或经纪组织。从事体育赛事经纪活动的大多数经纪商是体育经纪公司或经纪事务所等体育经纪组织。与个体体育经纪人比较，它们一般在规模、资金、组织结构和运作模式上相对规范。赛事经纪人的业务主要包括赛事代理权谈判、合作意向确定、代理协议签订、赞助商合同签订、电视转播权买卖合同签订、赛事相关产品开发权出售、赛事广告代理、纪念品开发、冠名权出让等。经纪组织一般只承担其中部分业务，市场开发和推广工作通常由赛事组织者、赛事承办者与赞助商、新闻媒介等经营主体合作完成。赛事经纪人在我国有着非常好的发展前景，赛事活动是我国体育经纪人最大的经纪业务。

（3）体育组织经纪人。体育组织经纪人是指从事俱乐部、运动队或体育组织有关事务代理活动的体育经纪人或经纪组织。这是新出现的体育经纪活动领域，其内容包括包装和代理运动队，为运动队争取赞助，参与俱乐部资产重组，代理体育组织，帮助其协调或解决有关问题、争端，为其获取有关信息，提供订约机会，进行商业性开发等。

2. 按经营主体形式划分

（1）个体体育经纪人。个体体育经纪人是指具有民事权利能力和完全民事行为能力的自然人依法注册，以个人名义从事体育经纪活动，并以个人全部财产承担无限责任的体育经纪组织。有的个体体育经纪人以一个运动项目的经纪活动为主，有的个体体育经纪人则介入多个运动项目，有的个体体育经纪人是多名运动员的经纪人，有的个体体育经纪人则是一名体育明星的私人顾问。个体体育经纪人的服务以运动员的个体服务为主。

（2）合伙体育经纪人。合伙体育经纪人是指以经纪人事务所的方式或其他合作形式从事经纪业务的营利性组织。合伙人预先订立合伙协议，共同出资，共同经营，共享利益，共担风险。合伙人按出资比例或协议约定，以各自财产承担相对责任，对经纪人事务所的债务承担无限连带责任。

（3）经纪公司。经纪公司是指依据《中华人民共和国公司法》（以下简称《公司法》）成立的，从事经纪业务，负有限责任的企业法人。经纪公司按登记机关核准的经营范围从事经纪活动。通常，这样的公司的实力比较雄厚，在从事运动员经纪业务的同时，更多的是推广赛事、包装球队或代理体育组织等。

（4）其他组织形式。目前，有许多广告公司、咨询公司、文化传播公司以及一些运动项目管理中心的市场开发部等也都在兼营体育经纪活动。

3. 按职业特点划分

（1）专职体育经纪人。专职体育经纪人是指那些没有其他专业，以专门从事体育经纪业务为职业的体育经纪人。专职体育经纪人一般都是合伙注册相应的体育经纪组织，如合伙体育经纪企业、体育经纪公司或其他中介服务机构。专职体育经纪人通常比较熟悉体育经纪业务，具有较强的市场推广能力，商业运作比较规范。专职体育经纪人在体育经纪市场中占主导地位。

（2）兼职体育经纪人。兼职体育经纪人是指那些拥有体育经纪人资格证书，除了从事体育经纪活动之外，还拥有其他本职工作的体育经纪人。兼职体育经纪人在本职工作之余，利用自己的专业知识和操作经验，兼职从事如运动员代理、赛事推广策划、体育组织赞助等经纪业务。相对于专职体育经纪人，兼职体育经纪人具有

灵活性和机动性。

4. 按经纪活动方式划分

（1）居间经纪人。居间经纪人是指以自己的名义为他人提供交易机会，或者促成他人之间的交易，主要活动是提供信息、牵线搭桥。居间经纪人是传统概念上的中间人。

（2）行纪经纪人。行纪经纪人是指受委托人委托，经纪人以自己的名义介入与第三方进行交易，并承担相应的责任。

（3）代理经纪人。代理经纪人是指受委托人委托，经纪人以委托人的名义与第三方进行交易，并由委托人承担相应的法律责任。代理经纪人主要起代理作用。

（六）体育经纪人的作用

体育经纪人在运作运动员经纪、教练员经纪、体育赛事经纪、体育组织经纪以及代理企业介入体育市场等方面的作用是不可替代的。体育竞赛市场越完善，体育经纪人就越活跃，这是由体育市场的供需矛盾决定的。体育经纪人的作用主要体现在以下几个方面：

1. 有利于协调竞赛市场的供需矛盾

广义的体育市场是指体育用品市场和体育服务市场；狭义的体育市场是指体育服务市场。体育服务市场主要包括健身娱乐市场和竞赛表演市场及连带的体育博彩市场。

（1）健身娱乐市场属于大众健身范畴。市场的供给方是政府和企业，产品是体育健身娱乐设施和大众健身教练及社会体育指导员；市场的需求方则是大众健身消费者。市场供需矛盾的突出表现是产品供给不足。但大众健身消费是人力资本投资消费，消费需求理当旺盛。解决这一市场的供需矛盾唯有政府增加投资，否则企业和经纪人都难有作为。因为大众健身市场在我国长期微利甚至无利经营。

（2）竞赛市场性质类似于文艺影视市场。市场的供给方是各级体育组织，产品是各类体育赛事，包括运动队和运动员本身。市场的需求方则是现场观众和媒体受众。市场的供需矛盾突出表现在体育赛事这种商品的品质差异和市场价值上。解决这一市场的供需矛盾，取决于经纪人和经纪公司对这种商品的包装与市场推广。寻求赞助商和强势媒体的商业合作有利于提升赛事的市场价值，以吸引更多的现场观众和媒体受众。经纪人和经纪公司通过赛事现场门票销售和电视转播权出售，为体育组织聚集财富，从而收购或买入更高水平的职业选手，形成良性循环将有利于提升竞赛市场的规模和品牌。体育经纪人和经纪公司的这种协调能力是不可或缺的。例如，英格兰足球超级联赛（简称"英超"）是世界顶级足球联赛之一，吸引了全球广大观众的关注。各俱乐部通过自身与经纪公司的运作出售赛事现场门票，吸引球迷前来观看比赛；同时，通过将联赛转播权出售给媒体机构获得收入。这种商业模式为俱乐部提供了用于球队管理、球员引进和俱乐部发展的财务支持。

（3）为运动员提供了便利。体育经纪人需要国际各体育组织（如国际足球联合会、国际田径联合会等机构）对其颁发正式的聘任证书，才可以上岗经营，所以运动员可以放心地将各种事务委托给体育经纪人。体育经纪人熟悉世界各地的体育环境，不仅能够为运动员联系到足够多的比赛，而且能够把运动员的食宿安排得井然有序。此外，体育经纪人还能为运动员争取出场费、交通费，办好签证，安排机场接送，拉广告、找赞助，为运动员进行包装宣传等。正如我国著名田径运动员李彤所说的那样："对运动员来说，体育经纪人的作用，就如同有一位好教练一样重要。"

2. 促进了体育职业化和商业化的进程

从当今世界来看，各国体育的职业化和商业化已成为无可争议的现实。职业化的表现形式是联赛，商业化的表现形式是大奖赛、邀请赛，这些都必然需要经纪人为运动员办理转会、奖金分配和其他一些事务性工作。经纪人通过运作，还可以创造很多商机，吸引广大民众的参与。1997 年在美国举行的加拿大短跑名将贝利和美国著名运动员约翰逊之间的"世界飞人"大赛，1998 年在我国成都举办的"世界女飞人"大赛，还有 2016 年创办的"路人王"篮球赛事……这些都是带有浓厚的商业色彩的非常规体育比赛，都是体育经纪人一手创办出来的。

3. 促进了体育产业化和市场经济的发展

体育经纪人对体育产业的发展和体育市场经济的繁荣起着重要的推动作用，是体育市场不可缺少的一个环节。从职业角度讲，体育经纪人的活动促进了体育产业市场化和社会化。通过体育经纪人的运作，把过去由国家拨钱办比赛变成由社会出资、市场出资办比赛，这是体育产业化的重要表现形式之一。不仅各类体育比赛，而且电视转播、广告策划、媒体宣传甚至运动员和运动队的经营管理也离不开体育经纪人的参与。体育经纪人在体育产业化和市场经济的发展中将会起到越来越重要的作用。

从世界范围看，体育经纪人最成功的案例是 1984 年的第 23 届洛杉矶奥运会。它是由美国商人尤伯罗斯的个人企业承办的，改变了过去由国家承办奥运会的惯例。

尤伯罗斯就像经营个人企业那样经营奥运会的全部工作，最后把第 23 届洛杉矶奥运会办成了一个空前成功的盛会，而且盈利 2 亿多美元，改写了奥运会的经济史，使奥运会步入市场经济的轨道。前国际奥委会主席萨马兰奇说："没有商业的赞助，奥林匹克运动将走向死亡。"奔驰公司每年向体育界投资上千万欧元，他们认为"对体育的投入越多，每年的利润就会越多"。由此可见，在世界范围内，体育界和经济界相互促进、共同发展的规律已经为人们所接受。

案例

经纪人在李娜取得成功过程中的重要作用

著名网球运动员李娜作为两届大满贯冠军得主，不仅在网球事业上有所突破，而且成为运动员商业开发最具代表性和典型性的例子之一。2008 年之前，李娜的收入来源主要来自比赛的奖金，扣除掉个人所得税以及上交给中国网协的钱之后所剩无几。

北京奥运会之后李娜"单飞"——自主选择训练方式、经纪公司和商业活动，于 2009 年与全球体育和娱乐业营销巨头国际管理集团（IMG）成功牵手，达成合作意向，IMG 高级副总裁麦斯·埃森巴德作为李娜的经纪人。签约之后，李娜有更多的时间和精力专注于自己的比赛和训练。从 2009 年签约到 2011 年澳大利亚网球公开赛之前，李娜手中仅仅只有球衣装备与球拍这两大赞助。作为经纪人的麦克斯为李娜谨慎选择品牌引入，帮助李娜先后签约了劳力士、哈根达斯、奔驰、泰康人寿、耐克、维萨（VISA）等十多个国际大品牌，李娜评价说："我从来不担心赞助这些与比赛无关的事情，我有最好的经纪人，所有的事情都由他来联系和决定，我只需要专注于训练与比赛。"李娜全身心地投入比赛取得的优异成绩，为麦克斯开发李娜的商业价值提供了保证。根据《福布斯》杂志的统计数据显示李娜这些年的赞助收入超过 5 800 万美元。这也意味着在长达 15 年的职业生涯中，这位中国网球金花累计收入超过 4.5 亿元。2016 年的 3 月 31 日，《福布斯》杂志公布的退役运动员收入榜中，亚洲网球"一姐"李娜凭借 1 400 万美元的年收入成功上榜，并且成为收入最高的退役女运动员。由此可见李娜的经纪人的成功运作不仅充分挖掘了李娜职业生涯的商业价值，为李娜在职业生涯取得好的成绩清除障碍，使李娜能够更好地专注于比赛，也为李娜退役后的道路做好了铺垫。除了搞定赞助之外，作为经纪人的麦克斯还注重对李娜的形象塑造和包装。李娜身后的团队在公关培训方面也取得了一定的成就，使李娜对媒体的态度由抗拒转为幽默得体。获得这样的成功，李娜个人能力是一方面，她的经纪人也在其中发挥了不可替代的重要作用。

——资料来源于卫禹帆，黄晓春. 体育产业市场环境下我国体育经纪人发展分析［J］. 广州体育学院学报，2016（5）：14-17.

（七）体育经纪人的权利和义务

1. 体育经纪人的权利

体育经纪人的权利是指在开展经纪活动的过程中，依照法律法规和双方协议的有关规定享有的、受国家法律保护的权利和利益。

体育经纪人首先的身份是所在国公民，拥有该国法律规定的公民应享有的权利，也必须履行该国公民的义务。除了作为所在国公民拥有法律规定的权利和义务外，作为特定行业的从业者，体育经纪人享有从业者应有的权利并应履行相应的义务。全面完整地规定体育经纪人的权利和义务，对规范体育经纪运作、保障经纪人权益、促进经纪业务的发展大有裨益。

体育经纪人拥有以下几个方面的权利：

（1）请求国家法律保护的权利。体育经纪人在法律允许的范围内按注册登记时核准的经营范围开展经纪活动，应当受到法律的保护，任何单位和个人不得干涉。当经纪人的权利和利益受到损失或其实现受到阻碍时，其有权要求相关部门对其合法的权利和利益给予保护。

（2）请求支付报酬的权利。体育经纪人按照与委托人的协议完成经纪活动后，有权依照国家的有关规定或双方订立的经纪合同，得到合理的报酬，获取佣金。

（3）请求支付成本费用的权利。体育经纪人按照协议完成委托任务后，有权要求委托方支付在体育经纪活动过程中发生的各种成本、费用，成本、费用可以单独计算，也可以和佣金合并在一起以包干的方式在体育经纪合同中加以约定。

（4）委托人有违约或欺诈行为时，有终止服务的权利。在体育经纪活动过程中，体育经纪人发现委托人违约，或者就委托的事项有故意隐瞒事实真相的嫌疑，可以终止服务，并就由此产生的损失请求赔偿。体育经纪人发现委托人已不具有履约能力时，也可以终止体育经纪活动。

（5）赔偿请求权。体育经纪人在代理活动时，其权利范围还包括必要的请偿

权、因非自身因素造成损害的损害请求权以及在某些情况下对占有的委托人财产行使留置权等。

（6）其他权利。根据约定提供经纪服务，委托方或合同他方违约，经纪人有权不退还佣金，也不承担委托方与合同他方所订合同的履约责任。经纪人如作为代理人，其权利范围还包括必要的债务的请求权。

2. 体育经纪人的义务

经纪人的义务是指经纪人依照法律或委托人的协议规定，应履行的必须为或禁止为一定行为的责任，以保护国家和委托人的权益。

经纪人的义务也分为对国家的义务和对委托人的义务。对国家的义务是指按照国家的有关规定依法行纪和照章纳税；对委托人的义务是指依法或按照协议对委托人尽职尽责，包括法律规定的义务和由双方协商经合同确认的义务。

经纪人的义务具有法律的约束力，如经纪人未履行或未完全履行其义务，权利人有权要求其履行或要求国家有关部门强制其履行。

体育经纪人的义务主要有以下几个方面：

（1）依法经纪。体育经纪人必须依照国家的有关法律法规和政策，开展经纪业务活动，不得违背国家的有关法律规定。

（2）照章纳税。照章纳税是每一个公民应尽的责任，体育经纪人应当按照国家的有关规定按时足额纳税，包括增值税、所得税、个人收入调节税等，收取当事人佣金应当开具发票，并依法缴纳税金和行政管理费等。

（3）履行协议。作为一名合格的体育经纪人，首要任务就是要依照与委托人签订的协议，不折不扣地为运动员或其他委托人履行好协议规定的有关内容。在履行协议的过程中，体育经纪人需要修改或变更委托要求时，应先征得委托人的同意，避免造成违约行为。

（4）公平中介。诚实守信是经纪活动的基本原则，也是体育经纪人的基本素质。在体育经纪活动过程中，体育经纪人必须保持自己的中立地位，公正地对待各方人和事；如实介绍和转达任何一方的意见，不能为了一方的利益而损害另一方的利益；要提供客观、公正、准确、高效的服务。

（5）保守秘密。体育经纪人有为委托人保守任何转会、比赛、商业活动等保密信息的义务或按约定为当事人保守商业秘密的义务。不经授权，体育经纪人不得将委托人或另一方当事人的情况泄露给对方或媒体公众。在未将一方当事人有关情况告知另一方时，体育经纪人由自己先承担履行合同的义务。

（6）尽职服务。体育经纪人面对的对象多为体育明星或有影响的体育组织，因此其服务水平显得尤为重要。体育经纪人应自始至终尽职尽责地做好服务工作，包括有关文书的制作、签署和保存，谈判与及时的信息沟通，详尽周到的日程和生活安排；样品和证件的保管；督促有关各方履行协议；记录经纪业务成交情况，并保存三年以上；将订约机会和交易情况如实、及时地报告当事人各方；妥善保管当事人交付的样品、保证金、预付款等财物。

（7）赔偿损失。体育经纪人在开展经纪业务时，如因自己行为的过失或违约给委托方造成损失的，应当负有相应赔偿的责任。

（8）如实介绍。体育经纪人在进行体育经纪活动的过程中，有义务将情况全面、如实地介绍给有关当事人，不能隐瞒事实，以利于当事人作出正确的判断；要提供客观、公正、准确、高效的服务。

二、体育经纪人的产生与发展

（一）国外体育经纪人的产生与发展

1. 国外体育经纪人产生的社会背景

体育经纪活动早在古罗马时代就已出现。据欧洲的一些体育史学者考证，古罗马奥斯汀时期的"庞贝俱乐部"就曾介绍当时的运动员到各体育俱乐部去比赛，但是这种中介活动只体现了初始状态的体育经纪活动。

现代意义上的体育经纪人源于西方，最早出现在 19 世纪末 20 世纪初的英国。当时，以英国为代表的主要资本主义国家基本实现了工业化，社会的注意力开始逐渐转移到文化和人类自身的建设上来，职业体育逐渐成为运动员的谋生手段。随着体育职业化和商业化的不断完善，职业联盟、职业俱乐部等体育组织积累了大量的财富，与此同时职业运动员的收入不断增加，体育组织和职业运动员面临着越来越多的商业机会，于是便出现了专门为职业运动员和体育组织提供咨询、联系转会、策划比赛并从中收取佣金的机构和个人。体育经纪人就是在这样的背景下应运而生的。

1976 年，棒球开创了职业化的先河，成立了美国历史上的第一个职业联盟——全国棒球职业甲级联盟。随后，美国各大职业联盟相继成立。1925 年，推销商 C.C. 帕莱与芝加哥熊队的老板乔治·哈里斯签订了一份代理合同，成为美国第一位经纪人。之后拳击、橄榄球、篮球等职业项目也相继出现了体育经纪人。

随着全球职业化、商业化的趋势，体育经纪活动在各国有不同程度的发展。特别是欧美国家，体育经纪业对体育产业在国民经济中占有重要地位起到了关键作用。

2. 欧洲体育经纪人的发展

（1）足球造就了欧洲体育经纪人。欧洲体育项目职业化程度最高的是足球。据欧洲的一些体育史专家考证，欧洲足球经纪行为的苗头出现在1876年的谢菲尔德，运动员温斯顿与安德鲁·皮特俱乐部签署了一份互利互惠的转会合约，这是取得一定公认的欧洲最早的足球经纪行为。

20世纪50年代，大部分欧洲国家都已建立了完整的职业足球体制，形成了完全以市场为依托的职业足球联赛体系，尤其以英国、意大利、西班牙、德国和法国五大职业足球联赛最为突出。庞大的职业足球市场和职业球员队伍为足球经纪人从事经纪活动提供了巨大的舞台，足球经纪人在整个体育经纪人队伍中的比例和影响不断增加。

20世纪60年代，随着德国、意大利等欧洲国家职业化足球制度的建立和完善，各种联赛日趋兴旺，转会制度进一步确立并更加开放，欧洲各国间的交流日益频繁，体育经纪领域不断扩大，各俱乐部为了吸引优秀的运动员加盟，放宽政策给予运动员更大的谈判权利和更优厚的条件。这就使得体育经纪人的服务对象和服务领域进一步扩展。各类体育经纪人为体育明星代理多种事务逐渐成为一种普遍现象，他们将自己的利益和运动员的利益紧密地结合起来，不但代理运动员谈判雇佣及转会合同，甚至连运动员的日常生活也全面负责，如同管家一般，进一步扩大了体育经纪人的功能和作用。

20世纪90年代以来，足球经纪人获得全球范围内的认可和国际足联的认证。1994年，国际足联首次正式认可并规定了足球经纪人的相关行为，出台了由各国足协商议并通过的首个足球经纪人许可证制度，从此将足球经纪人正式转换为一种职业。由于经纪人数量的激增，欧洲开始注重足球经纪人的监管，规范经纪人的行为，使经纪人作为一种职业更加专业化。

葡萄牙足球经纪人——豪尔赫·门德斯

在 2015 年和 2016 年《福布斯》杂志公布的全球十大最有影响力的体育经纪人和经纪公司的排名中，豪尔赫·门德斯凭借着每年近 1 亿欧元（1 欧元约合 7.8 元人民币，下同）的佣金连续两年入选榜单，2015 年更成为仅次于美国职业棒球大联盟超级经纪人斯科特·波拉斯的排名全球第二的超级经纪人。在经纪公司的排名中，门德斯的公司（Gestifute）同样表现亮眼，连续两年入选，且成为为数不多的能够与美国体育经纪公司抗衡的欧洲体育经纪公司。从 2004 年开始，门德斯就一直影响着欧洲的足球转会市场，他麾下的足球明星包括克里斯蒂亚诺·罗纳尔多（C 罗）、德赫亚、罗德里格斯、蒂亚戈·席尔瓦、拉达梅尔·法尔考、迪马利亚、纳尼、科恩特朗、佩佩、马塞洛以及著名足球主帅穆里尼奥等。

以 C 罗为例。2016 年，C 罗带领葡萄牙国家队首次取得欧洲杯冠军，并荣膺欧洲最佳球员和金球奖。赛场之外的 C 罗代言了超过 14 个品牌，全年的商业代言费用超过 2 000 万欧元。这些数字是很多超级球员都望尘莫及的。与此同时，C 罗还创立了自己的内衣品牌 CR7。这一切都离不开门德斯作为经纪人的协助和运作。可以说，C 罗的成功除了自己的天赋和努力，还离不开门德斯对他的发掘和不断开发，尤其是在赛场之外对球员形象的树立和维护、对球员商业价值的不断挖掘。值得关注的是，在 2015 年年底 2016 年年初，门德斯开始试图敲开中国市场的大门，他创办的经纪公司通过与上海复娱文化传播股份有限公司在中国境内开设的合资公司，在中国开展球员经纪、赛事运行以及肖像权经纪代理等方面的业务。双方合作的具体业务包括利用 Gestifute 公司旗下的球星及教练资源，全权代理其中国商业代言，承办球星见面会等各类商业活动以及公益活动；引进国外优秀球员进入中国市场；帮助国内优秀球员转会至欧洲俱乐部；建立青少年足球培训机构，培养有潜力的球员到海外深造；围绕球星 IP 进行衍生品业务运营，如网游开发 IP 授权、专属品牌销售经营等。

——资料来源于 http://www.transfermarket.co.uk/gestifute/btraterfirma/berater/413/plus/1

（2）运动员职业化，体育比赛商业化。进入 20 世纪 90 年代以后，田径、网球、高尔夫球、棒球、自行车等项目的职业化也迅速发展，体育竞技水平不断提高，这些项目的体育经纪人不断涌现。但由于这些项目高水平运动员的人数较少，运动员主要依靠参加国际比赛才能获得奖金和出场费，因此这些项目的体育经纪人不能和足球相提并论。

正因为如此，体育经纪人开始寻求和拓展新的经营方式，开始参与组织商业比赛的领域。他们举办了各种名目的大奖赛及各类带有强烈商业色彩的比赛，一方面把职业体育的经验移植过来，代理这些项目的明星；另一方面直接代理甚至组织举办比赛。他们借助媒体发展给体育带来的巨大商机，利用电视转播和大笔的广告费等商业赞助，在全球范围内把各种体育商业比赛搞得轰轰烈烈、丰富多彩。在获得巨大商业利益的同时，也为体育的社会化、国际化，为体育人才的培养和成长做出了重要的贡献。

3. 美国体育经纪人的发展

在体育商业气氛浓厚、职业体育发展十分完善的美国，体育经纪活动已经十分普遍，体育经纪人十分活跃。20世纪六七十年代，美国著名的四大联赛先后开始实行球员自由转会制度，赋予运动员商定薪金数额的主动性和在俱乐部之间自由流动的权利。这些变化使得俱乐部之间对优秀球员的竞争变得更为激烈，体育经纪人有了更大的发挥空间，体育经纪人的领域迅速扩大。

20世纪80年代以来，体育经纪人又进入了拳击、田径、花样滑冰等众多职业体育领域，逐步形成了比较完善的体育经纪人制度、机制和法律保护体系。经纪人提供的服务不仅有利于保护运动员的利益，而且符合体育运动本身的发展，改善和保护职业运动自身的环境条件。经纪人会考虑减少运动员过度运动而导致的运动伤病，会教育运动员在人格方面的责任感，从而提高其公众形象，有利于其在职业运动方面的发展。经纪人在谈判中保护了运动员和俱乐部双方的利益，促进了平等合约的产生，减少了运动员罢工的机会，在整体上维护了职业运动员的形象。体育经纪人促进了美国职业体育的发展，对繁荣美国的体育产业起到了不可低估的作用。在美国，如今投身体育经纪活动的人越来越多，从事体育经纪活动的公司也在成倍增长。1975年，美国仅有几十个体育经纪人，而现在体育经纪人的人数已超过了2万人。体育经纪人已成为美国最有影响力的一个群体。

经济因素是促进美国体育经纪人发展的原因之一。电视等多种媒体将体育比赛和明星们在第一时间送入千家万户，体育电视转播权的收益在大幅上升。众多公司、企业纷至沓来要求与体育"联姻"，以体育比赛为载体做广告，请知名运动员做产品的形象代言人，体育市场迅速扩大，为体育经纪人带来了更多的商业机会，运动员的收入明显增加，体育经纪人的收益也大大增加。1972年美国棒球职业联盟运动员的平均年薪是3.4万美元，1989年已上升到51万美元，增长了14倍，而在此期间美国人的平均工资只增长了1.63倍。由于大多数体育经纪人都是按劳资谈判确定的薪金比例提取佣金，这意味着体育经纪人的收益也大幅增长，因此吸引着越来越多的青年人加入体育经纪人的行列。

目前，美国有700余家体育经纪公司或赛事营销公司，最著名的体育经纪公司有总部设在俄亥俄州的国际管理集团（IMG），还有后起之秀的奥克塔根体育经纪公司、普罗舍夫公司、D&F集团等。这些公司每年为3 000余项大型体育赛事提供体育经纪、管理和营销的专业化服务。在宏观上，这些公司在流通领域上促进了体育的生产和消费，加速了体育竞技价值向商业价值的转换及业余体育向职业体育的发展，使得美国体育空前繁荣，体育产业兴旺发达。在微观上，这些公司以其特有的组织、协调、管理、控制等功能，为运动员、体育组织、赛事承办者提供全方位的服务，使运动员在保持较高运动水平的同时获得相当可观的经济收入，使体育组织的无形资产得到开发和利用，使赛事承办者获得充足的赛事经费，使体育运动花样翻新、高潮不断，最大限度地满足了不同层次、不同爱好的体育消费者的需求。

4. 国外体育经纪的现状

随着商业参与体育，体育产业的规模和市值越来越突出，在一些发达国家甚至排在该国十大产业之内，对国内生产总值的贡献率达到1%~3%。全球体育市场呈现出极大的潜力，市场体系不断完善，交易内容不断丰富，运作机制不断成熟。其中，体育中介市场包括咨询评估机构、运动员代理、体育营销和推广、市场赞助和代理等，在沟通各个市场需求、促进各种资源结合、保证公平交易、维护市场秩序方面都起到了积极的作用。目前，国外体育经纪现状大致有以下几个特征：

（1）资源比较丰富，市场活跃。国外体育资源较为丰富，体育市场较为繁荣，为体育经纪人的发展创造了难得的发展机会。同时，社会对体育经纪人的认可度和支持度较以前有了很大提高。

①体育比赛类型增多，规模扩展。在世界各地随时都在上演的体育比赛已深深渗透到人们的日常生活中，正在变成时尚和潮流，获得了众多媒体的青睐，成为最流行的话题，由此产生了众多与体育比赛相关的服务和需求。这些都给体育中介提

供了机会。随着体育比赛扩大的趋势，涉及的金额越来越多，需要协调的方面越来越多。环境的复杂性和高风险性增加了对体育经纪人的数量需求，并提高了对其工作质量的需求。

②运动员收入猛增，受社会欢迎的程度空前增长。近几十年来，由于商业对体育的促进，运动员的收入对社会一般职业而言呈几何倍数增长。体育经纪公司为运动员提供的服务包括工作合同代理、财务咨询、市场代理等，能从运动员的收入中提取3%~20%甚至更多。因此，运动员的收入越高，就意味着体育经纪人的提成越高，服务面也更为宽广。

③企业的赞助和广告的投放明显偏向体育，企业获得了赞助体育的高回报，从而大大提高了资金的投放数量。以2000年全球赞助市场的情况来看，250亿美元的市场有60%~70%的赞助流向体育，企业赞助体育的绝对金额和件数也在增加，广告界也越来越偏重体育题材或邀请体育明星出演广告。

④中介市场的法治环境有所改善，秩序有所加强。有关的条例、规范在逐步完善，各国政府和组织对有关比赛都有自己的规定，国际奥委会对各项体育商业开发都有基本的原则，细则在不断修订。例如，在美国，要代理大学生运动员，必须了解美国大学体育总会（NCAA）的一系列条款，包括最新的劳资协议、业余运动员法、运动员代理人协会的章程和制度等。由于各种法律法规的约束，经纪运作更加规范，保证了各方的利益，因此体育经纪人必须了解各种体育组织的规定以及各国政府范围内的法律制度和国际惯例，才能更好地从事体育经纪人的活动。

（2）新技术的影响。随着科学技术的日新月异，中介市场进一步发展，体育经纪的传统业务受到威胁，有的逐渐被新业务代替，有的在逐渐消失。与此同时，新内容革命性地增长，出现更为广阔的利润空间。

①从电视转播到移动通信、互联网。国际体育娱乐与休闲集团（ISL）曾经十分红火，包揽了奥运会、世界杯以及很多热门体育比赛的转播权，但最终在互联网的冲击下遭遇破产。实际上，转播机构正在直接找到体育组织或统一组织内部的某个部门进行谈判。这样的事情越来越多，传统的电视转播中介商失去了主打业务，尤其对专营电视转播的营销公司而言，是致命的打击。

随着科技的发展和网络时代的到来，人们已经不满足从电视上获得被动信息，而是主动寻求并随时接入，如今移动技术和互联网技术已经帮人们实现了这些梦想。因此，体育很快成为主打内容，再借助有影响力的赛事，如奥运会和世界杯，让载有体育内容的移动通信和互联网成为时下热点，其巨大的利润空间非常可观。网络直播平台的兴起对体育事业产生巨大的影响。例如，2016 年里约奥运会期间，在网络上观看奥运会直播的观众超过电视转播用户，超过 1/3 的观众从社交平台（微信、微博）和自媒体上获取奥运资讯。又如，2022 年北京冬奥会实现了奥运史上首次 8K 视频技术直播开幕式和重大的赛事转播，是数字媒体平台观看人数最多的一届冬奥会。北京冬奥会转播内容小时数、数字媒体和线上直播的数据都达到了历史新高，转播内容总生产量达到 6 000 小时，高于平昌冬奥会的 5 600 小时。

②运动员形象权的开发更加复杂，且出现新的领域。由于运动员形象权的开发在不断扩展，不可避免地引发了与俱乐部比赛组织之间的矛盾。因为俱乐部和比赛本身也在做推广，他们的赞助商很可能与运动员自己的赞助商发生矛盾，尤其是同类竞争。因此，有很多俱乐部或比赛事先就对运动员提出了限制性条款，以防此类事情的发生。

开发运动员的形象权传统上包括企业或产品的代言人、在卡片或球衣上的签名、参与公众活动以及影视拍摄等，总体上是面向社会的。现在，随着明星作用的凸显，运动员开始与俱乐部、赛事组织者和转播商谈判其形象权。随着互联网技术的成熟和扩展，运动员网上的形象权的开发又成为热点，微博也受到广大运动员的喜爱，运动员在网上发布其运动和生活的内容，销售由其签名的产品以及与体育迷通信和直接对话等。运动员通过网络进行着一系列的形象权营销，对体育经纪人来说，这开启了一个新的业务领域。

③现代技术手段的运用创造了新的利润点，高科技运用到体育领域已经不再是稀罕事，甚至成为各种高科技产品打出的全力扩展市场的一张牌。四年一届的奥运会，为世人展示了各个阶段信息和通信领域的各种高科技成果，因而吸引了更多国际品牌成为奥运会的忠实合作伙伴。激烈的竞争使得赞助价格一再攀升，电视转播有了数字旋转和虚拟广告技术，提高了赞助的质量，增加了赞助商的数量。互联网技术不仅能够提供实时传播，还能进行相关信息的及时检索，实现场内外互动，摆在体育竞技人面前的业务领域更加宽广。

（二）我国体育经纪人的产生与发展

1. 改革开放造就了我国的体育经纪人

现代意义上的体育经纪人开始在我国出现是在 20 世纪 80 年代中期到 90 年代初，当时我国正处于改革开放初期，还没有拥有执照的体育经纪人，更谈不上体育经纪人制度，但从事体育经纪活动的个人却已经开始出现。1985 年，著名的足球国脚古广明在比赛中受伤，他的同乡陈剑荣代理了他受伤后的治疗和训练安排，并在古广明伤愈后介绍他到德国曼海姆俱乐部踢球，陈剑荣可以说是我国较早将运动员介绍到国外俱乐部的个体体育经纪人。

随着我国社会主义市场经济体制的建立，商业化运作的体育竞赛市场开始形成，一些有眼光的商界人士开始联系国外有影响的球队和运动员到中国来比赛，开拓国内商业化市场。1988年，已经有多次通过拉广告的方式赞助乒乓球、篮球和跳伞比赛经验的个体广告商人温锦华成功地运作了以社会资金为主举办的"八国篮球邀请赛"，在国内体育界内引起了很大的反响。在这次成功的鼓舞下，敢作敢为的温锦华又把目光瞄准了市场潜力更大的足球比赛，在巴西朋友的帮助下，他于1989年克服了重重困难，把巴西著名球队桑托斯队和该队红极一时的球星苏格拉底请到中国。桑托斯队在中国的8个城市踢了一次巡回商业比赛，在国人和媒体中都引起了不小的轰动，温锦华也被认为是利用商业手段成功运作足球赛事的最初尝试者。

一个具有历史意义的商业性经纪活动是1993年2月27日在中国北京首都体育馆举办的北京国际职业拳击赛。这次赛事也在国内引起了巨大的轰动，使人们对体育经纪活动有了进一步的感性认识，这次活动的操办者是当时年仅30岁的星华公司总裁李伟。为了这次赛事，星华公司总共投资了700万美元，从1991年开始运作，历时两年。由于缺少经验，星华公司走了不少弯路，尽管最终还是举行了比赛，但邀请重量级的世界拳王福尔曼前来北京比赛的计划还是未能如愿。李伟和他的星华公司第一次把美国职业拳击比赛移师到中国举办，既有成功的经验，也留下了对体育经纪人来说算是十分宝贵的教训。他们谱写了中国体育经纪人的历史。

1994年，中国职业足球联赛启动，成为体育经纪人发展的新起点。各俱乐部需要众多的国外球员转会加盟，体育经纪人开始活跃在中国职业足球的台前幕后。当时在莫斯科以经营饮食业为主的温锦华占尽天时地利人和，又促成了不少俄罗斯和东欧国家的球员与教练到中国来参加中国职业足球联赛，如上海申花队的俄罗斯籍门将高佳。接下来的几年中，温锦华共介绍过30名外援来中国各俱乐部试训，有20多人取得成功。

2. 多种体育经纪形式共存并举

目前，我国的体育经纪人几乎全部是近几年通过国家和地方体育与工商行政管理部门培训后获得执业证书的，他们所接受的教育和职业背景宽泛而不专业、知识结构的缺陷问题也十分突出。个体经纪活动特别是运动员转会的经纪、代理虽已出现，但尚不规范，多数仍属于帮忙联系的层次。

1999 年以来，由于国家体育总局的重视，一些省（自治区、直辖市）先后举行了体育经纪人培训班，培养了一批体育经纪人，一批体育经纪公司也相继成立。目前，国内的体育经纪活动多以各类公司的名义进行，主要集中在北京、上海等经济比较发达、体育市场被看好的大城市。公司法人是我国现有体育经纪人的主要组织形式，个体经纪人逐步增加并走向正规，经纪合伙的形式尚不多见。

（1）个体体育经纪人。在个体体育经纪人中，足球经纪人的管理比较规范，也得到了较快较好发展。中国足球协会管理着一支经纪人队伍，他们都是在中国足球协会注册，成为中国足球协会认可的体育经纪人。他们在中国足球协会的组织下，通过研讨会的方式交流经验，提高业务水平和自律水平。中国足球协会规定，从 2002 年起，国内经纪人在运作外援转会时必须持有双方国家足球协会签字的委托书。

（2）体育经纪公司。在从事体育经纪活动的公司中，更多的是以兼营体育经纪业务的形式从事活动。以体育经纪业务为主的公司也开始出现。原著名跳高运动员朱建华于 1997 年 10 月在上海成立的希望国际体育经纪有限公司，是我国第一家在工商行政管理部门注册的国际体育经纪公司，还有此后不久成立的广东鸿天体育经纪有限公司。其经纪活动包括运动员的经纪、代理、赛事推广、商业开发等。它们都组织过各种高水平的体育赛事，取得了突出的成绩，是我国体育经纪活动的开拓者。

（3）国外体育经纪公司参与竞争。业绩更佳也更为引人注目的是打入国内体育界的国外专业体育经纪组织，如足球甲 A 联赛、篮球甲 A 联赛的推广商国际体育娱乐与休闲集团（ISL）等，其有资金、有经验、有专业人员，实力雄厚，大多数运动项目管理中心愿意与其合作。一些外国体育经纪人和小型公司也见缝插针，开始介入中国的运动员转会市场。例如，拥有国际足联许可证的韩国某体育经纪人，曾将当时的国安运动员杨晨转会到德国的曾任中国国家队外籍教练的施拉普纳的公司等。

可以预见，随着中国加入世界贸易组织，将会有更多的国外体育经纪人或体育经纪公司参与到我国巨大的体育赛事市场竞争中来。对此，我们应当早做准备，加速发展我们自己的体育经纪人队伍和体育经纪事业，提高国际竞争力。与此同时，我国的体育经纪人也应当在提高自己实力和积累经验的基础上，勇敢地走出国门，参与到国际体育经纪人的竞争行列中去，把我国的体育市场和国际体育大市场联系起来，以寻求体育经纪人和我国体育事业更好更快发展。

3. 体育经纪人开始步入良性发展轨道

随着体育改革的不断深化以及体育市场机制的不断完善，体育经纪人开始引起国家体育管理部门的重视，国家体育总局在 1999 年召开的全国体育工作会议上要求"切实把场馆、协会、俱乐部、基金会、各类健身俱乐部和体育中介机构作为产业化的重点来抓"。这充分说明了体育中介组织或经纪人在推动市场经济发展中的重要作用，也充分体现了国家体育总局对进一步推动体育体制改革，包括对发展体育中介和体育经纪人，加强法治建设的重视和决心。

在此之前，为在我国建立体育经纪人制度，国家体育总局政策法规司经过认真论证，于 1998 年立项，由国家体育总局体育信息研究所成立课题组，对国内外体育经纪人管理体制和制度进行研究，特别是对在我国建立体育经纪人制度提出对策和建议。1999 年，我国体育经纪人的规范化管理开始启动，国家体育总局和国家工商行政管理总局经过多次广泛征求意见，开始制定《体育经纪人管理办法》。北京市体育运动委员会与北京市工商行政管理局于 1999 年 8 月 25 日联合发布了《关于加强我市体育经纪人管理的通知》，为北京市体育经纪人的进一步发展提供了管理规范。上海市体育运动委员会与上海市工商行政管理局于 2000 年 1 月 7 日联合发布了《上海市体育经纪人管理试行办法》，规范了体育经纪行为。2000 年 4 月，中国篮球协会也根据国内篮球运动员的转会需求，发布了《篮球项目体育经纪人管理暂行办法》和《篮球运动员涉外转会管理暂行办法》，进一步为我国篮球经纪人的发展和从业创造了良好的条件和法律环境。

1999 年以来，广东省和上海市有关部门已先后举行了体育经纪人培训班，并颁发了地方性的"体育经纪人资格证书"。1999 年 10 月和 2000 年年初，北京市体育运动委员会和北京市工商行政管理局联合举办了两次北京市体育经纪人培训班，受到了社会各界的热烈欢迎。北京市还于 2002 年春节期间，邀请美国、德国、荷兰等国的著名体育经纪人来京参加体育经纪人研讨会。山东省工商行政管理局和山东省体育局于 2000 年 8 月也举行了体育经纪从业人员培训和资格考核工作。我国体育经纪人的发展和队伍建设迈出了实质性的一步。

2006 年，人力资源和社会保障部首次将体育经纪人纳入新的国家职业分类体系。2010 年，《体育经纪人国家职业标准》《体育经纪人国家职业资格培训教材》以及试题库研制、培训师培养储备等职业资格认证的基础准备工作就绪，并于当年进行了第一届体育经纪人国家职业资格认证考试。截至 2017 年年底，全国共有

1 289 人取得了体育经纪人国家职业资格证书。在中国，所有体育项目对经纪人和经纪公司的需求量都十分巨大，持证就业的 1 289 人显然不足以满足飞速扩张的商业赛事市场的需求。截至 2022 年年底，我国获得体育经纪人职业资格证书的人数达到 3 200 人。

（三）体育经纪人的发展趋势

1. 体育经纪活动内容多元化

在实际工作过程中，运动员经纪并不完全是孤立的，它往往与体育产业的其他方面紧密地联系在一起，运动员经纪活动过程经常性地孕育着其他商业机会。许多有影响的经纪人利用与运动员建立起来的良好关系，与体育组织合作，积极拓展新的业务领域，特别是体育赛事的推广，并把运动员代理和赛事推广结合起来。例如，荷兰知名体育经纪人赫曼斯代理着 30 多名世界知名的田径运动员。20 世纪 90 年代初，赫曼斯开始介入田径赛事的推广，他出面组织的亨格洛田径大奖赛已成为世界著名赛事之一，吸引了大批高水平运动员的参加，连续多年创造新的世界纪录。

20 世纪 80 年代，网球虽然在美国发展较为迅速，但远未达到商业化经营的程度。世界上规模最大的体育经纪公司国际管理集团（IMG）于 1988 年推出男子职业网球巡回赛，在随后的 5 年中每年为该赛事创造了 1 亿美元以上的收入。目前，男子职业网球巡回赛已遍布五大洲 40 余个国家和地区，成为美国职业运动中组织最完善、利润最高的项目之一。现代体育经纪人在传统运动员经纪的基础上组织和推广比赛，进一步扩大了体育经纪人在体育经纪活动中的地位和作用，对现代竞技体育的发展产生了深远的影响。国际奥委会出版的《体育内参》在评选 1997 年度最有影响的 50 名体育领导人时，著名的体育经纪人公司国际管理集团（IMG）和国际体育娱乐与休闲集团（ISL）的老板分别名列第 7 位和第 23 位。

在经纪运动员转会、参赛和推广体育比赛等的基础上，今天的体育经纪人又开始把眼光放到更为顺应时代潮流，更有社会效益和经济效益的运动员、运动队、俱乐部、体育组织等的无形资产开发上。例如，为运动员进行形象设计从而赢得宣传媒介市场，获得广告效益；利用运动员的名气与声望，进行商业性的投资或进行投资咨询等经纪活动，从中获取利润；与媒体合作，包装宣传运动队；与企业商谈，为运动队和俱乐部争取社会赞助，同时又宣传企业。许多足球转会经纪人在进行代理球员转会业务时，还开始介入足球俱乐部的经营工作，协助俱乐部进行资产重组、资产评估等。有的体育经纪人还做起了体育保险、体育法律等方面的经纪活动。

运动员经纪活动范围的扩大增强了体育经纪人在现代体育竞技中的地位和作用，对现在竞技体育的发展产生了深远的影响。因此，可以说今天的体育经纪人已非传统意义上的体育经纪人，在许多方面，已经成为经济领域的经纪人。体育经纪人拓展了体育经纪活动领域的空间，体育经纪活动领域也对体育经纪人本身提出了更高的知识和素质方面的要求。

2. 体育经纪从业人员专业化

20 世纪六七十年代，运动员经纪人都是个体经营，通常采用全面委托代理的方式为运动员服务，往往把委托人的训练、比赛、商业财务、社会事务以及法律咨询等一揽子全包下来。这种形式的优点是目标明确，形式简练，便于管理；利益高度一致，相互依存。其缺点是委托人需要支付的费用十分庞大，而且一旦关系破裂，对双方的打击都很大。

进入 20 世纪 80 年代后，由于欧洲足球转会市场的迅速发展，以足球转会经纪人为主要特点的单项委托代理的形式逐渐增多。其特点是经纪人不再全面代理委托人的事务，而只接一两项委托业务，如只代理委托人的劳资谈判或只代理委托人的无形资产开发等。这种形式拓宽了经纪人的资格范围，扩大了经纪人的队伍，一方面，一名经纪人可以同时为数名甚至数十名委托人做同一项目代理；另一方面，一名运动员可以同时拥有多名经纪人，代理不同方面的事务。这种委托代理关系的优点是专业化和权威性，并相应降低了委托成本。

在单向代理、运动员经纪不断走向专业化后的基础上，又出现了运动员经纪人与经纪公司联合经营，追求规模效益的发展趋势，为运动员提供更加全面的服务。在高尔夫球手代理中居领先地位的国际管理集团（IMG）为世界 50 多名顶级高尔夫球手提供代理服务，公司有由不同领域的专业人员组成的经纪人队伍，其向委托人提供包括比赛、保险、法律、投资、公共关系等高尔夫球手所需的全方位服务，专业化成为新的运动员经纪活动的发展方向。

3. 体育经纪活动范围全球化

随着体育交流范围的扩大，电视转播遍及全球，体育经纪人的业务范围已绝不仅限于本国的体育市场，他们已将触角伸及其他国家和地区，表现出显著的国际化特点。无论是独立行事的个体经纪人还是集团作业的经纪公司，无一不努力开拓国外业务，竞相与国外优秀运动员、体育组织、赛事主办者以及著名生产企业联系签约。他们有着丰富的实践经验和勇于开拓的精神，不断开创海外市场。在他们的操作下，国际化的大流动、大循环使体育产业充满了生机和活力。

4. 从行业竞争向规范化管理发展

任何一个行业的可持续发展都离不开合理规范的管理制度。随着体育职业化和商业化的发展，体育经纪人队伍的壮大使得其间的竞争也日趋激烈，招揽更多的体育明星已成为绝大多数体育经纪人的目标。其中既有靠优质服务取胜的，也有不择手段的，美国职业拳击界已屡现体育经纪人方面的争端。因此，各体育组织都越来越重视体育经纪人的法治化和规范化管理，纷纷制定相应的法规。美国已形成了以有关法律法规为核心的体育经纪人管理监督体制，体育经纪人在这样一种法治化经营环境和相对公平合理的经济秩序中，通过规范的经纪活动取得相应的利益。

5. 体育经纪活动网络化

20世纪90年代，国际互联网超乎寻常的发展，使体育经纪活动更加全球化和网络化。网络对社会的方方面面产生着巨大的影响，包括体育经纪行业，越来越多的体育经纪人开始利用电子商务、互联网和俱乐部、运动员开展经纪活动。例如，美国的体育经纪公司（E-sportventures）针对美国的棒球市场，开发了包括所有美国棒球运动员的资料数据库，面向全世界提供服务。

此外，体育经纪人或经纪机构也可以通过网上咨询帮助那些想成为体育经纪人的人们进入这一领域，并指导他们的实践。体育经纪人或经纪机构通过提供产品和服务，使客户能从网上获得大量的与体育经纪有关的信息以及专家级的指导和建议，为客户的经纪实践带来机遇。

课后思考题

1. 怎样对体育经纪人进行分类？
2. 体育经纪人的作用是什么？
3. 体育经纪人的权利和义务包括哪些内容？
4. 阐述体育经纪人的发展趋势。
5. 我国体育经纪人的发展面临着怎样的机遇与挑战？

第二章
体育经纪人的职业素质、知识结构和职业能力

DIERZHANG

一名优秀的体育经纪人不仅需要有很高的职业素质，也需要各个方面的知识，最重要的是还要有极强的专业技能，所以说体育经纪人应该是一个全面发展的人。

第一节　体育经纪人的职业素质

一、道德素质

职业道德是指同人们的职业活动紧密联系的符合职业特点所要求的道德准则、道德情操与道德品质的总和。体育经纪活动首先是一种商业性质的活动，因此要注重经济效益，但同时体育还是一项具有广泛社会影响的社会活动，这就决定了体育经纪人在实践过程中要注重社会影响。因此，体育经纪人既要遵守商业道德，又要遵守社会道德。诚实从业、努力敬业、恪守信誉、保护名誉、公平经纪、遵纪守法应当是体育经纪人最基本的职业道德，是从事体育经纪过程中必须遵守的行为规范。体育经纪人的道德素质具体应该体现在以下几个方面：

（1）热心为委托双方服务，待人热情主动、礼貌文明，时刻为客户着想，为客户创造方便；既要周到服务，又要有理有节。

（2）对委托双方一视同仁，如实介绍情况，在任何情况下，都不能欺骗委托人；既要重友情，又不偏袒某一方。

（3）对客户要以诚相待，信守合同，严格履约，随时注意维护商业信誉，保护行业、客户和自己的名誉。

（4）正确处理好国家、客户和自己三者间的关系，维护各方面的根本利益，依法从事经纪活动，照章纳税。

二、心理素质

在社会主义市场经济的激烈竞争中，体育经纪人必须具备良好的心理素质，才能从容应对市场中千变万化的情况，这是体育经纪人获取成功的重要保证。体育经纪人良好的心理素质主要体现在信心、决心、雄心、良好的心态、心胸开阔、积极向上等诸多方面。

（1）信心是成功之本。体育经纪人要自信，相信自己的实力和能力，坚定的信心可以帮助体育经纪人勇于面对挑战，克服任何困难。

（2）决心是指办事果断，雷厉风行。在遇到难题之际，体育经纪人要敢于和善于下决心，这样有利于体育经纪人及时抓住机遇。

（3）雄心是指做好任何一项事业都必须有远大抱负，做好体育经纪人也是如此。远大的目标和宏伟的志向是人前进的动力，有雄心的人最终才会取得巨大的成功。

（4）良好的心态是指体育经纪人无论面对成功或失败，都应当保持良好的精神面貌，成功不骄傲，失败不气馁。只有这样，体育经纪人才能在成功面前保持平和的心态，取得进一步的成功；在失败的时候不消沉，再接再厉，取得成功。

（5）心胸开阔是保持良好的心态的基础，对待难以纾解的心理问题时，要记得"退一步则海阔天空"，心宽自会万事兴。

（6）积极向上是指体育经纪人要有对事业的追求，永不言退，要有饱满的工作热情。

三、技能素质

技能素质是体育经纪人应具有的从业能力。一个成功的体育经纪人应当具有良好的社会交往能力、敏锐的商业头脑以及个人处理事务的能力。

（1）体育经纪人的职业特征表现为广泛的社会性。因此，社会交往是体育经纪人最基本和必须具备的职业能力。良好的社会交往能力并不仅仅是一种技巧，更重要的是体现了"以诚待人，以诚待己，以诚待事"的原则。体育经纪人必须能够获得委托人的绝对信任，同时也必须取得任何合作方的信任，否则将寸步难行。体育经纪人还应注意培养广泛的社会活动网络和人际关系，使自己能够经常性地、多渠道地获取有关信息，时时处处得到各方面的帮助。

（2）敏锐的商业头脑。敏锐的商业头脑是指对市场行情具有充分的了解欲望以及在此基础上，具有准确的市场判断能力、灵活的市场应变能力、敏感的机遇捕捉能力和果断决策的市场驾驭能力。正确判断的基础是掌握信息和对信息、环境、事物以及相关人事间复杂关系的正确理解；灵活的市场应变能力则是在不断变化的环境下，仍能保持高度冷静的头脑，随机应变，相机而动，而且应具有前瞻和预测的能力。敏锐的商业头脑的落脚点就是最后能抓住机遇，体育经纪人要勇于抓住机遇，善于把握机遇，敢于创造机遇，具有了这一点，也就具有了驾驭市场的能力。

（3）独立处理事务的能力。独立处理事务的能力是指做好体育经纪业务具有的本领。它包括信息收集和处理的能力，调查研究和掌握情况的能力，协调撮合和说服鼓动的能力，口头与文字的表达能力，谈判能力与技巧，网络化信息的利用能力等。

第二节　体育经纪人的知识结构

体育经纪是一个要求综合性知识和技能相结合的行业，它既需要一般经纪活动必备的经济和法律方面的知识，也需要体育经纪人熟知体育知识，甚至最好有从事体育工作或活动的经历和背景。这样有利于体育经纪人全面地、深层次地了解委托人和合作方的需求，掌握情况，寻找更多商机。

一、体育专业知识

体育经纪人应该掌握和了解的体育知识包括体育的普遍规则，熟悉某个或某几个体育运动项目（如足球、篮球、田径等）的发展历史、技术、规则、比赛方法以及该项目运动员的情况等。

要想成为一名成功的体育经纪人，需要掌握的不仅仅是某一项或几项运动的专项知识，更需要深入地了解体育经纪项目的当前发展情况和市场情况以及熟知有关体育组织及其法规规定。

例如，足球经纪项目，既要熟悉它的一般规则，也要熟悉它的联赛和职业化情况。由于我国的足球联赛是最近几年才开始举行的，运动员转会规则，国外教练员、运动员引进所需的条件，俱乐部的经营管理，赛事规程，电视转播权、赞助和广告经营规则等都在不断完善之中，这就需要经纪人不断地学习，随时掌握最新情况。只有这样，经纪人工作起来才能驾轻就熟，游刃有余。

二、法律专业知识

体育经纪活动是一项法律观念很强的业务活动。体育经纪人需要较好地掌握和运用法律法规，以便更好地开展经纪业务。同时，体育经纪人也要受到法律法规的约束，做到知法守法，在必要时，也可以通过法律手段维护自己的合法权益。

体育经纪人需要掌握的法律法规除了有关经纪人方面的法律外，还应该包括国家颁布的其他有关法规和体育行业的有关法规。例如，我国颁布的有关法律法规主要包括《中华人民共和国民法典》《中华人民共和国公司法》《中华人民共和国广告法》《中华人民共和国商标法》《中华人民共和国保险法》《中华人民共和国仲裁法》以及所得税、消费税、增值税等税收法律法规及其实施细则等。

体育方面与经纪活动有关的法律法规包括国际和国内部分。国际上，不少国际体育组织，如国际足球联合会、国际田径联合会、国际网球联合会、国际拳击联合会等都出台了有关项目体育经纪人管理的规定以及赛事推广、获取赞助等方面的规定。我国国内的相关规章制度正在逐步建设和完善之中。

在体育经纪人管理方面，国家工商行政管理总局和国家体育总局虽至今没有出台正式的、统一的体育经纪人管理国家法规，但国家体育总局运动项目管理中心或单项运动协会的管理办法对从事体育经纪活动既有宏观指导意义，也是具体操作指南，体育经纪人应当认真学习掌握。例如，中国足球协会出台了《中国足球协会足球经纪人管理办法》，规定依照该办法上岗的足球经纪人可以凭合法身份在中国足球协会管辖范围内从事足球经纪活动，同时也规定了国内足球经纪人资格考试、许可证的申报和颁发、注册、职责等内容。中国篮球协会出台的《篮球项目体育经纪人管理暂行办法》也为篮球经纪人的管理提供了依据。中国田径协会出台了《中国田径协会马拉松经纪人管理办法》《中国田径协会路跑经纪人管理办法》，用于管理经纪人的活动，确保其遵守职业道德和行为规范，保护运动员和俱乐部的权益。随着体育事业的发展，这些项目的法律法规都将逐步完善，体育经纪人应该了解并遵守。

三、经济管理专业知识

经济管理专业知识是体育经纪人知识结构的重要组成部分，也是做好任何行业经纪人都必须掌握的基本知识。经纪活动本身与营销、商贸、保险、税务等领域有着千丝万缕的联系，需要涉及方方面面的知识。

经济管理专业知识既包括基础理论知识，如政治经济学、西方经济学、市场营销学、人力资源管理理论等，还包括实际应用知识，特别是市场营销学的相关知识，如市场观念、市场调研分析、目标市场、市场策略、产品与价格（佣金）策略、促销策略以及更为实际的广告营销、电视转播权营销、赞助理论指导方法等。市场营销学是研究市场规律的科学，体育经纪活动本身就是一种市场活动，因此从某种意义上说，体育经纪人的生存空间、活动场所、交易环境的统一舞台就是体育市场，不理解体育市场，就无法活动。研究体育市场环境、供求规律、竞争形势、销售策略和体育市场的变化趋势对体育经纪人尤为重要。

随着体育改革的深化，一些群众喜闻乐见的运动项目，如足球、篮球、排球、乒乓球、围棋等都走入了职业化，人才、竞赛市场不断拓展，经纪活动日益增多。由于这些领域的经纪活动尚不够规范，那么如何在这种情况下运用好掌握的经济管理专业知识，也是对体育经纪人专业知识和实践能力的一种检验。

四、其他方面的知识

体育经纪人应受过良好的教育，具有宽广的知识面，除具有经纪人专业知识和体育专业知识外，还应比较精通经济管理专业知识以及管理学、市场学、心理学、计算机网络、公共关系学等方面的知识。

（一）管理学知识

体育经纪需要与人协作，并通过他人使经营活动完成，这需要体育经纪人有效地进行有关计划、组织、领导和控制等方面的活动。管理学知识能调动各方面的积极性，让体育经纪人团队合理利用资源，降低经纪成本，提高资源利用率，提高协作效率，实现经营的最终目标。

（二）市场学知识

体育经纪业务从本质上讲就是市场运作。市场运作的成功与否主要取决于商品、价格、经纪人信誉、环境等要素。因此，体育经纪人应掌握体育市场环境、体育营销、体育市场竞争以及交易过程等方面的知识。

（三）心理学知识

体育经纪人是与人打交道的职业，因此体育经纪人必须具备心理学方面的知识，很好地了解和掌握委托人、对手、社会大众的心理状态和心理活动规律。此外，体育经纪人还应具备体育心理学、谈判心理学等方面的知识。良好的心理学知识有助于融洽各方的关系，增加谈判成功的把握。

（四）计算机网络知识

在未来社会里，不懂计算机将被视为现代社会的新"文盲"。对体育经纪人来说，具备一定的计算机网络知识是必不可少的。体育经纪机构，如经纪人事务所、经纪公司、咨询公司等，均设有自己的信息处理系统，从信息采集到整理、分类以及日后的信息处理，均离不开计算机。体育经纪人利用计算机网络可以把国内外相关信息收集起来，建立互联网信息库，并和国内外体育经纪机构建立永久关系，互通信息。

（五）公共关系学知识

各种经纪活动都是在与人打交道，许多经纪活动都需要社会调查，需要公众的支持，需要接触各行各业，良好的公关能力和社会关系能使经纪活动顺利地进行。

从某种程度上讲，一个体育经纪人需要成为"全才"，需要学习各个方面的知识。这些理论上的知识并不是学习的最终目的，学习这些知识是为了将这些理论应用于实践当中去，用理论来指导实践，在体育经纪活动中获得更大的成功。

第三节　体育经纪人的职业能力

能力需要以知识基础为支柱，无知即无能。许多能力只有在掌握知识的基础上才能形成和发展。有了知识并不等于自然而然地就有了能力，还需要有目的地加以培养。许多知识只是一种载能体，只有转化为能力才有直接可用性。体育经纪人应知能并举，成为具有知识和能力的复合型人才。体育经纪人应努力具备以下能力：

一、社交能力

对于体育经纪人来说，社交能力具有举足轻重的作用。体育经纪人需要接触运动员、运动队、体育协会、政府组织、公司企业等各种各样的人和组织，体育经纪人的人格魅力和亲和力会使其更容易被别人接受。敏锐的观察力利于了解和挖掘有用的信息，熟练地运用社交技巧可以有效地沟通各方当事人，协调各方面的关系，提高谈判的效率，达到事半功倍的效果。

（一）人格魅力

人格魅力是指体育经纪人用自己的人格力量去吸引对方的能力。较强大的体育人格魅力有利于体育经纪人搜集相关信息，扩大社交接触面，减少交往阻力，增强对他人的影响力。在日常经纪活动中，具有人格魅力的体育经纪人可以使委托人对自己产生充分的信任。在完全取得了委托人的信任后，体育经纪人可以充分地告诉委托人应当如何去做。有了信任感，体育经纪人与委托人之间的沟通就会更加容易，工作效率就会大大提高。

（二）亲和力

亲和力是指体育经纪人易于接近别人，同时也易于被别人接受的能力。亲和力是以学识、能力、品德、为人处世、办事方法等赢得别人的尊重，在长期的合作共事中建立起相互间的理解和信任。亲和力是通过真诚交往、相互理解、相互信任、相互依托，直至相互托付而逐步升华建立起来的。具有亲和力对于体育经纪人与人交往、获得事业成功非常重要。只有当委托人或对手真正地感觉到经纪人是一位易于接近、真诚交往、值得信任甚至可以互相理解的人的时候，委托人才能将自己的业务托付给经纪人，并真诚地交往与合作。

（三）观察理解力

观察理解力是指体育经纪人能迅速而准确地通过各种途径获得委托人、对手以及社会大众、新闻媒介的有关信息的能力。敏锐的观察理解力能让体育经纪人及时和快速地发现别人尚未发现的机会，掌握第一手材料。只有这样，体育经纪人才能在与第三方的洽谈中赢得主动权。理解能力是正确处理错综复杂的关系的基础。体育经纪人随时处于人、财、物的交叉、失衡、重新平衡的错综复杂的关系之中，没有较强的理解能力是不能处理这些错综复杂的关系的。

（四）沟通能力

沟通能力包括口头沟通能力，即用口头语言的方式快速正确地传递信息，并在最短的时间里得到对方信息的能力；书面沟通能力，即用文字条理清楚、周密准确传递信息的能力；非语言沟通能力，即通过体态、手势、语调、表情等准确传递信息的能力。

体育经纪人一定要懂得社交中的各种不同的礼仪、习惯和风俗，对不同的人在不同的场合，要采取不同的接待和应酬方式。

二、创造能力

创造能力是指综合运用知识、经验与体育实践相结合，在已知中求突破，在未知中求发现，解决体育经纪中出现的新问题，开创新局面的能力。创造能力是体育经纪人处理业务的一种很重要的能力。在复杂多变的经济环境下独立分析问题和解决问题，包括解决特殊的问题，要求体育经纪人具有较强的创造能力和想象力以及

综合分析问题的能力。

三、判断能力

竞争激烈的市场变幻莫测，真假信息令人难辨。体育经纪人敏锐的捕捉信息能力可以帮其占有各种资料和信息，准确的判断能力能使其对所有的信息进行综合分析，从而作出正确的决定。对信息的敏感和准确的判断又能让体育经纪人及时地对市场变化作出反应，及时地修正自己的行为，对已经作出的决定采取有效的补救措施。判断能力是体育经纪人不可或缺的一种能力。体育经纪人经常面对环境和形势要作出冷静的、客观的、全面的分析判断，进而作出明智的选择。

四、运筹策划能力

体育经纪特别是赛事经纪往往都具有较大的规模，而且运作的周期较长，这就需要体育经纪人必须有很强的运筹策划能力。

体育经纪人要有周密的计划，如对赛事市场的调查研究、如何进入这一市场的规划、运作过程中的每一个步骤等。统筹兼顾才能把事情办得更好，详细的计划才能让组织者运筹帷幄。

体育经纪人要考虑周全，如从赛事有关方面看，涉及赛事组织者、承办者、赞助商、媒体、观众、志愿者等；从赛事的环境和条件看，涉及赛场条件、气候条件、风俗习惯以及其他事件的冲突和影响等。这些方面都要处理得当，有时稍有不慎，就会因一事而影响全局，甚至功亏一篑。

例如，1992年我国体育经纪人的最初尝试者李伟筹划在国内举行首次职业拳击赛时，将时间预定在北京气候最宜人的季节10月。但当组委会对外正式宣布这一消息后不久，美方拳击选手们正在准备订购来华的机票时，我国有关方面明确要求举办单位重新确定这次职业拳击赛的时间，原因是中国共产党第十四次全国代表大会将于10月在北京举行。了解国情的人应知道，10月的北京是经常进行各类重要政治活动的时候，如果举办活动在时间上与此发生冲突，其他活动必须让路。李伟不得不就这次职业拳击赛的日期与美方重新商量。这无疑等于给了已经违约过的美国拳击经纪人威勒一次反攻倒算的机会，威勒很自然地提出了很多苛刻的条件，导致了这次活动的"流产"，并引发了李伟在美国的一场旷日持久的官司。

又如，2019年美国费城马拉松赛事，由于赛事经纪人在筹划费城马拉松赛事时，未能妥善安排赛道和交通管控，导致比赛期间出现了交通堵塞和混乱，使得部分选手和观众无法按时到达比赛地点或离开现场，严重影响了比赛的流程和参与者的体验。

在市场经济和体育商业化不断发展的今天，体育经纪活动已经绝不仅仅是传统意义上的个体中介活动。体育经纪活动的范围已经大大拓展，特别是对赛事和对球队、体育明星的推广与包装等方面。体育赛事不仅需要媒体的介入和电视、网络传媒的运作，还需要赞助方的投入以及尽可能多的观众的参与，这些都为体育经纪人提供了多层次、多方位的介入和代理机会以及获取赛事附加值的策划领域。例如，在北京举办的 2015 年世界田径锦标赛中，赛事筹办方面面临媒体报道不足的问题。由于赛事经纪人在赛事筹备过程中缺乏与媒体的充分沟通和协调，导致仅有少量媒体参与和报道，影响了赛事的曝光度和影响力。这使得一些赛事精彩瞬间无法得到广泛传播，错失了宣传推广的机会。因此，现代体育经纪人必须不断学习和提高自己的策划、筹谋能力。策划能力主要体现在对市场的了解、对市场价值的判断和对市场机会的把握上。把对市场的了解与自己的智慧结合起来，就形成了策划。现在很多事情都讲究包装，体育赛事也是如此。一个普通的赛事，不经过策划，是很难拉到赞助的，影响力也不会很大，效益更不会太高。但如果经过充分的策划和包装，如设置冠名权、聘请社会名流、策划观众竞猜、加大媒体宣传力度、电视转播、网络直播等，就会造成许多新的市场热点，大大增加赛事的附加值，从而使赛事组织者、参与者和经纪人都能获得更大的效益。

五、谈判能力

谈判是双方或多方互换商品或服务，并试图对其兑换比率达成协议的过程。体育经纪人在职业活动中常常都要谈判，因此对于体育经纪人而言，谈判能力是极为重要的。它是体育经纪活动的基本程序，每一个成功的经纪活动都需要多轮次的谈判。谈判是一门有许多技巧的艺术，只有掌握谈判的规则和技巧，才能在谈判中居于主动，使谈判结果达到预期目的。如同国际田径经纪人联合会秘书长詹宁斯所说，成功的体育经纪人应能运用几国语言周旋于谈判席间，谈判能力算是一名体育经纪人的必备能力。

（一）谈判能力首先表现为了解对手的能力

体育经纪人要充分掌握谈判对手的兴趣、爱好、性格、家庭以及对手想达到的目标等方面的信息，并对此认真分析，在充分了解对手的基础上采取有效的谈判策略与方式。

（二）以情动人的能力

谈判过程是理性、情感错综复杂的过程。在这一过程中，谈判者不仅要有理性，而且要重视以情动人，必须见机行事。正如一位体育经纪人所讲的，"你所谈判的对手毕竟是凡人，希望自己体面、受欢迎，就跟我一样。只要掌握这人性化的一面，我们可以平起平坐！"如果寻找委托人，体育经纪人一定要注意记住委托人的具体比赛细节或生活中的细节，这些可以证明自己很关心委托人、了解委托人，这是取得委托人信任的非常重要的条件。在这种充满友好的气氛中谈判，对于谈判的成功是很有好处的。

（三）契合对方的能力

体育经纪人在谈判的过程中一定要从事情的好处着手，要能够双方互惠，并让对方充分地了解与感受到这点，即双方目标契合，均在寻求使本方与对方都能成功、都能更好地维护与获得利益。

（四）体育经纪人需要有很好的文字表达能力

经纪活动中的业务文件一定要主题鲜明，层次清晰，用词准确、恰当。体育经纪人在谈判中要注意口头表达的感染力，口齿清楚，言简意赅，有理有据，有人情味，创造友好的谈判氛围，寻求双方共赢的契合点。

综上所述，在新形势下，体育经纪人只有具备了一定知识和能力才能有效地开展工作，推动我国体育事业的发展。

课后思考题

1. 体育经纪人应该具备哪些职业素质？
2. 体育经纪人应掌握哪些专业知识？
3. 体育经纪人应具备哪些职业能力？
4. 作为一名体育经纪人，如何提高自己的职业素质和职业能力？
5. 如何成为一名优秀的体育经纪人？

第三章
运动员经纪
DISANZHANG

第一节　运动员经纪概述

围绕运动员开展体育经纪活动是体育经纪活动最初的业务活动内容，尽管当前体育经纪活动的内容较之以前已经大为拓展，运动员经纪却始终是体育经纪最重要的内容。随着职业体育的全球化发展，每年要跨越国界、为不同国家的体育俱乐部或球队效力的运动员数不胜数，职业俱乐部或球队之间的转会几乎成为常规工作。因此，运动员经纪一直拥有巨大的运作空间。

一、运动员经纪的概念

运动员经纪是指围绕运动员进行的各种经纪活动。其内容主要包括运动员转会经纪（代理转会签约事务）、运动员参赛经纪（安排委托人的比赛和表演）、运动员无形资产开发经纪（运动员形象的商务开发）、运动员日常事务代理（为委托人提供全方位的个人服务）等。

运动员经纪是职业体育的伴生产品，其发展也与职业体育的发展息息相关。职业体育在 19 世纪末产生于欧美发达国家，球员经纪人于 20 世纪 20 年代产生。20 世纪 70 年代中期，随着自由转会制度和竞争性联盟的兴起，运动员经纪也得到了极大的发展。由于运动员转会事务的复杂性和专业性以及合同对运动员经济收益的重要影响，运动员需要委托专业的体育经纪人帮助其追求最大化的经济收益。随着运动员转会合约金额的不断攀升，运动员经纪业务的利润也在不断增长。目前，西方各国基本上都采取了经纪人制度，许多著名运动员常年聘用固定的经纪人作为自己的全权代表。经纪人的职责不仅仅在球员的转会，而且在球员的日常生活中，也发挥着不可替代的作用。实践证明，这是一种比较成功的做法。

二、运动员经纪的主要内容

（一）代理运动员和俱乐部签约谈判

接受职业体育俱乐部雇用，出卖其劳动力以获取劳动报酬是职业运动员特别是集体项目的职业运动员的重要特征。因此，代理运动员和俱乐部签约谈判是运动员经纪的主要内容，此项业务的核心是为委托人争取在可能条件下的最大利益。在运动员和俱乐部签订的合同中需要明确包括各种收入在内的多项利益条款。不同的运动项目，其合同中的具体条款会有所差异。

（二）运动员市场营销

相对于其他职业而言，运动员的职业生涯十分短暂。如何在有限的时间内充分把握每一次商务机遇，进行良好的市场营销，最大限度地开发运动员的经济价值，是运动员经纪活动的重要内容。

运动员市场营销的基础工作如下：

（1）运动员商务许可情况评估。这包括运动员希望许可什么样的产品、愿意在什么样的场合登台亮相、喜欢和不喜欢的产品以及自身的弱点和长处等。

（2）运动员无形资产开发。这包括运动员的社会形象、声誉、地域吸引力，场内、场外成就，独特的技能、个性，公共场合的演讲能力以及外表等方面。

（3）强化运动员形象，建立委托人商业许可合同网络。为了有助于增大商业开发的机会，经纪人还要着手建立一个委托人商业许可合同网络。这个网络既包括体育用品公司，也包括非体育用品公司。由于运动员形象的商务开发从根本上讲取决于运动员形象对厂商的吸引力，因此目前在很多发达国家，许多经纪人已经开始为委托人聘请"体育媒体教练"，以强化运动员形象的吸引力。

经纪人在代理运动员许可合同签约时应主要把握如下的条款：

（1）许可产品的界定。

（2）订立合约的地区。

（3）期限。

（4）每年的基本补偿、红利补偿、实物补偿。

（5）签名产品。

（6）公司方面应尽的推广义务。

（7）运动员亲自出场的约定。

（8）运动员对公司广告的承认。

（9）运动员使用产品的规定。

（10）公司对运动员许可的保护。

（三）为运动员提供个人服务

从保持和提高运动员人力资本的角度考虑，运动员的生活管理在运动员经纪活动中占有十分重要的地位。运动员的生活管理的主要任务包括帮助运动员确定目标、认真对待运动员的合理需求以及督促运动员遵守各项规章制度等。各种日常工作的目的是有效保持运动员集中精力从事运动训练，提高运动成绩。

1. 帮助运动员确定目标

现代竞技体育的发展需要不断挖掘人体的运动潜能，需要运动员不断地向人体的极限挑战。运动训练是一个艰苦的过程，需要运动员全身心地投入。体育运动员如果没有远大的理想和坚强的毅力，很难攀登体育高峰。体育经纪人在对运动员的指导过程中，必须认真分析运动员对物质和精神的愿望与理想，帮助其确定切实可行的目标。只有确定了可行性目标，运动员才有可能产生巨大的内聚力，才会自觉地为此而努力。这也是运动员取得优异运动成绩的先决条件。例如，2014年美国职业篮球联赛（NBA）热火队球员勒布朗·詹姆斯想帮助家乡的骑士队拿一次NBA总冠军，他与经纪人里奇·保罗商议后毅然放弃留在热火队，转而签约骑士队。2016年6月20日，勒布朗·詹姆斯带领骑士队客场击败勇士队，获得NBA赛事总冠军，实现了自己的梦想。

体育经纪人应该注意保证与运动员、教练员、管理人员间的有效沟通，一起进行学习、切磋。在确定了长远目标之后，体育经纪人还要制定相应的阶段性目标，以使运动员能够产生和保持强大的驱动力。体育经纪人还应通过各种科学的激励手段，激发运动员的训练热情，使运动员保持较高的竞技水平。运动员的竞技水平直接影响到其公众号召力及委托双方的商业利益。因此，帮助运动员确定切实可行的目标，使之自觉为之努力，促进竞技水平的提高是运动员日常生活管理的重要内容。

2. 认真对待运动员的合理需求

现代行为科学认为，需求是产生行为的动机。因此，解决运动员的需求是调动他们积极性的重要方法，也是思想工作的重要内容。在现实中，运动员的许多思想问题都与他们的实际需求交织在一起，在运动员的生活管理过程中，体育经纪人绝不能回避运动员的合理需求。在管理工作中，体育经纪人对运动员的需求应认真分析，有针对性地采取不同对策，对运动员的合理需求，能够解决的要通过各方面的努力尽量解决；一时解决不了的要创造条件尽早解决。体育经纪人在面对运动员的不合理需求时，要进行耐心教育和引导。

3. 督促运动员遵守各项规章制度

督促运动员遵守各项规章制度是运动员管理的重要保证措施。体育经纪人也可以为运动员提供法律方面的咨询、代理运动员解决纠纷、处理与运动员日常生活和

参加体育比赛有关的法律事务。

4. 做好与比赛相关的服务工作

在体育赛事的实际操作中，运动员参赛的经纪活动还包括许多具体的服务性工作。例如，为运动员预订机票并及时送到运动员手中、联系接送运动员的交通工具、安排好运动员的训练和食宿、参加与比赛有关的技术会议、向运动员解释具体的比赛安排、为运动员领取出场费和奖金、为运动员办理出国参赛手续等。体育经纪人只有做好这些与竞赛高度相关的服务性工作，才能保证运动员可以专心训练和比赛。

5. 日常及财务安排

运动员的生活管理是一个十分复杂的问题，涉及众多方面。从保持和提高运动员人力资本的角度上考虑，运动员的生活管理在体育经纪活动中占有十分重要的地位。从经纪活动的角度进行分析和阐述，运动员生活管理的主要任务具体包括为运动员进行财务管理、投资计划、旅行安排等，甚至包括买车、购房、帮助照料运动员的家庭；安排运动员参加社会公益活动，从事公益事业；安排运动员的娱乐活动、医疗检查和休假等工作。例如，中国台球运动员丁俊晖所从事的商业活动完全由其经纪人团队打理，所有收入由运动员个人支配。

如何帮助运动员进行退役后的职业生涯设计，甚至帮助运动员安排退役后的生活，并尽早帮助他们学习相应的职业技能，也是完善的运动员经纪服务所不可缺少的部分。一般情况下，体育经纪人要确定合同内容，做好财务规划，保证运动员有一定数量的净收入以维持退役后一定时间的生活。另外，帮助运动员做好职业运动生涯结束时的心理准备也很重要。

三、运动员经纪的要求

（一）了解和熟悉体育运动业务

了解和熟悉体育运动业务是做好运动员经纪活动的必要条件。运动员经纪是一项专业性很强的经纪活动，从事这项业务的体育经纪人除了需要有一般经纪活动的知识外，还需要有比较丰富的体育知识，对委托人所从事项目的管理体制、管理制度、竞赛规则、技术或战术特点以及各俱乐部的状况和需求等情况要相当熟悉。如果经纪人本身有从事委托人项目的职业经历是最理想不过的了，因为他能更了解委托人的需要。例如，荷兰著名的体育经纪人赫曼斯就曾经是中长跑项目的世界级优秀运动员，而他也主要从事田径运动员的代理业务，世界著名的田径运动员，如克拉贝、普尼瓦洛娃、拉普塞拉希以及我国的著名田径运动员黄志红、李彤都曾由他代理。

（二）遵守有关规则

遵守有关规则是做好运动员经纪活动的重要条件。例如，中国足球经纪人应当遵守以下规则：遵守中国足球协会、亚洲足球联合会以及国际足球联合会的章程及规定；如实、及时地向当事人介绍有关情况，为当事人保守商业机密；接受委托管理运动员个人的财务，必须与自身的财务分账管理，定期将财务情况向运动员汇报，并如实填写账簿，原始凭证、业务记录、账簿和经纪合同须保存五年以上；收取佣金和费用应向当事人开具发票，并依法缴纳税费；接受中国足球协会、体育行政主管部门和工商行政管理部门对其日常经纪行为的监督检查，提供检查所需要的文件、凭证、账簿以及其他资料。

（三）提供及时足够的市场资讯

及时提供市场行情与动态也是做好运动员经纪活动不可缺少的条件。体育经纪人一旦与俱乐部和运动员签订了代理合同，就必须定期向委托方提供本国和世界各国该项目的市场行情与动态，以供参考研究，并与委托人共同作出决策。体育经纪人往往需要在收集相关资料上投入大量精力，拥有丰富而及时的相关资讯是优秀的体育经纪人的优势所在。例如，NBA 著名经纪人施瓦茨为收集和传递多元化信息、维护人际网络，每年有约四个月时间花在行程上，他走访过 40 多个国家和地区，每赛季要飞往各地观看超过 50 场 NBA 比赛，将所收集到的数据用于分析和处理自己旗下球员的相关事务。

（四）经纪人与运动员关系的维系和探索

运动员经纪的主要发展趋势包括单项委托代理的发展、经纪活动涉及范围的扩大、经纪人之间的竞争加剧等。这些都是一些表层的现象，而更深层次的问题是随着职业体育市场的日益成熟，经纪人和运动员的关系应当具有怎样的属性？雇主、朋友，抑或其他？应当说，经纪人工作的角度、服务的角度对运动员在生活、专业乃至情感等各方面倾注了全方位的关注。两者的职业生涯也在很大程度上存在着相互依存的关系。双方融洽而微妙的关系，应当在整个运动员经纪活动过程中精心地维系和探索。很多时候，经纪人还需要和球员的家庭建立起良好的关系。例如，28岁的经纪人哈里森·盖恩斯就成功签下美国职业篮球极具潜力的球员朗佐·鲍尔。盖恩斯从鲍尔还在高中联赛时就向鲍尔的父母推荐自己的经纪能力，盖恩斯会在日常甚至半夜为练习投篮的鲍尔三兄弟捡球。经过长时间的付出，他成为鲍尔家庭最亲密的关系圈中的一员。

四、运动员经纪的主要业务

运动员经纪的主要业务包括运动员转会经纪、运动员参赛经纪、开发运动员无形资产、管理运动员的日常事务、代理运动员投资、运动员职业和素质培养等。

（一）运动员转会经纪

体育经纪人代理运动员转会的主要内容是介入运动员与俱乐部间的谈判。试想在没有经纪人的情况下，劳资谈判通常会出现这样的情形：一方面是血气方刚、缺乏经验的20多岁的年轻人，另一方面却是经验丰富的50多岁的生意人。这些年轻的运动员们不了解劳资双方的法律法规以及不熟悉要与之签约的球队的基本情况，甚至不知道各队制定的工资标准。而俱乐部经理们掌握这些信息，在谈判中他们会占据主动，其结果是运动员的收入通常会大大低于他们的实际价值。有时即使运动员对商业方面的事务比较熟悉，他们也往往碍于面子而不愿自己出面与资方就这些问题进行谈判。因为大多数的年轻运动员在首次涉足职业体育圈时，都希望得到雇主的认同和博得雇主的好感，这种想法也往往妨碍了运动员最终得到一份公正的合同。通常的情况是年轻的运动员对从事职业体育充满了热情，他们不去过多考虑后果和相应的待遇，很容易就接受了雇主方面的条件。因此，没有第三方介入的运动员转会谈判通常对运动员是不利的。

通过体育经纪人介入谈判，运动员可以更准确地表达自己的诉求。体育经纪人还能在劳资谈判中起到缓冲作用，帮助运动员表达自己不好意思表达的一些想法。体育经纪人对横向情况了解比较多，可以通过对比其他运动员的薪金和对某球队的全面调查，主动出击，改变谈判中的不平等现象。

保持谈判双方的平等性不仅有利于运动员，而且有利于俱乐部，特别是当有些运动员提出过高的工资要求时，经纪人可以根据实际情况进行协调处理。在运动员对工资合同不满意时，经纪人往往能够消除运动员与资方之间出现的敌对状态。有经验的经纪人在驾驭谈判时得心应手，使运动员和俱乐部双方在谈判中互相了解和理解，从而达成一致。因此，守信誉、讲道理的经纪人也受到了球队和俱乐部的欢迎。

转会谈判的重要内容是确定报酬，并在此基础上签订运动员转会的工作合同。

经纪人需深谙各俱乐部的需求以及各位明星运动员和有潜质的后备运动员的特点与情况，奔走于俱乐部和运动员之间，穿针引线，牵线搭桥，经过艰苦细致的谈判才能成功。长期代理的运动员还可能发生多次转会。

经纪人在拟订合同时应要求俱乐部在支付薪金方面尽量体现运动员的利益，如避免延期支付、要求有保障的年薪制、避免过多的税赋等。

（二）运动员参赛经纪

安排运动员参加比赛，包括选择比赛、指定比赛日程、筹措资金、参赛服务等也是经纪人的重要服务领域。其中，合理地选择和安排比赛最为重要，比赛时间、地点、比赛的级别和重要程度、比赛与训练的结合、奖金情况甚至出席的对手（从胜出概率和名誉角度等出发）等都是需要考虑的因素，要做到既有利于运动员水平的提高，又能为运动员带来更多的经济效益。

为了共同的利益，即为了确保运动员赢得比赛，经纪人对比赛中的每一个细节都要考虑得非常仔细周到。例如，代理田径运动员，甚至连分组、跑道安排等都要锱铢必较，为运动员赢得胜利的同时，也给自己带来事业的成功、社会的认可和可观的经济收入。

（三）开发运动员无形资产

近年来，运动员形象开发、广告制作等也已成为体育经纪人开拓的领域。体育经纪人通过各种媒介的宣传，对运动员进行形象设计，最大限度地提高运动员的知名度，使运动员赢得市场；再利用运动员的知名度做更多的文章，从而获取更多的利益。作为一名职业体育经纪人，要提升运动员的商业价值，需要首先帮运动员维持社会热度。中国田径运动员苏炳添背后的经纪人团队为提高运动员的影响力，在2017年帮助苏炳添策划了婚礼，在2018年规划了苏炳添升级当爸爸的系列传播策划，让外界看到苏炳添除运动员形象之外，还是一个重情、爱家、温暖的好男人形象。2021年东京奥运会男子100米半决赛上，32岁的中国田径运动员苏炳添跑出9秒83的成绩获小组第一，震惊世界，他超越了年龄、伤病、体能的局限，获赞"中国飞人，亚洲之光"。苏炳添优异的赛场成绩让很多品牌看到了价值。苏炳添的经纪团队将他敢于拼搏、永不服输的精神与中国本土品牌小米相结合。苏炳添代言小米，成为体育营销领域的经典案例之一。

（四）管理运动员的日常事务

管理运动员的日常事务主要有帮助运动员安排比赛巡回间歇的训练和生活，这不仅要同比赛的组织者打交道，而且要与有关体育组织和训练基地搞好关系；管理运动员繁杂的日常事务，如管理赛事收入和财务收支、安排社会活动等。例如，田径运动管理中心允许体育明星刘翔成立自己的经纪人团队"翔之队"，刘翔的商业开发事宜由"翔之队"与田径运动管理中心共同商讨决定，刘翔在商业活动中获得的利益严格按比例分配给个人、田径运动管理中心、教练员、地方体育局、经纪团队等。

（五）代理运动员投资

随着体育的商业化，运动员一方面参加比赛，另一方面利用自己的资本积累或社会地位和名气，开始进行体育投资。这在国外已非常普遍，既有退役运动员，也有现役运动员。对运动员的投资给予咨询甚至代为管理正在成为体育经纪人新的服务领域。

（六）运动员职业和素质培养

保护运动员的经济利益只是体育经纪人职责的一个方面。体育经纪人另一个突出的作用在于向运动员提供个人生活和职业方面的建议，帮助运动员作为社会成熟分子发挥自己的作用。体育经纪人要善于发现运动员的需求、目标、价值和个人情感，在确定合同时要充分包容其独特的个性。与教练员不同，体育经纪人在提供个性化服务时，通常以非正式的方式与运动员接触。体育经纪人与运动员一起旅行，长时间讨论谈判战略，充分了解运动员的性格。因此，体育经纪人应能及时预测运动员可能陷入的各种困境，提醒他们可能会遇到的各种伤害，告诉他们如何预防和防止可能发生的各种困境和伤害，学会怎样与俱乐部打交道等。体育经纪人还应要求运动员严肃地履行义务，维持良好的公众形象，鼓励他们涉足体育以外的领域，为运动生涯结束后的生活做准备。

此外，体育经纪人有时还需要帮助运动员解决纠纷等。近年来，一个出现得越来越多的现象是一些运动员因服用兴奋剂遭到处罚或因经济纠纷而引起各类官司。这不仅需要律师的介入，也需要作为运动员代理人的体育经纪人从中斡旋，以使运动员的名誉和经济损失都降到最低程度。

五、我国运动员经纪的现状

（一）市场巨大，但是起步较晚

运动员经纪是体育职业化和市场化的产物，于20世纪80年代在我国兴起。国际管理集团（IMG）开创了中国足球职业联赛，这标志着我国体育职业化进程的启动。目前，我国职业联赛的大部分市场份额都被国际经纪人公司所把持并且从中赚取丰厚的利润。国外不少著名运动员的经纪人工作已覆盖了运动员生活和比赛的各个方面，如与俱乐部签约，商谈转会事宜，安排运动员的活动和社交应酬，洽谈广告、赞助，管理运动员财务，帮助运动员进行投资管理等。相对而言，我国的运动员经纪目前依然处于起步阶段。这与体育市场的综合发展程度是分不开的。因此，无论是体育经纪人的发展历史还是综合水平，我国和发达国家相比都存在着较大的差距。

（二）体制影响深远，运动员经纪受到限制

在我国现行的体育体制下，有关部门对运动员和运动队的管制使得运动员经纪活动的开展受到了很大的限制。国家体育行政管理部门实际上就是运动员最大的经纪人，其代理和安排了运动员大部分的比赛与生活。

当前体育行政管理部门的管理体制存在其合理性，但是随着职业化的不断深入和市场的逐步开放，总体的趋势是现行管制机制必将让位于市场机制。中国体育经纪人，尤其是运动员经纪人的空间也必然会广阔起来。但是其前提是要培育一个开放和发达的市场，而当前即使是规模已经相当大的足球和篮球产业，经纪人的市场运作空间仍然十分有限。另外，有关部门转变观念，采取市场经济管理模式也是必不可少的，是未来体育经纪市场发展的大势所趋。

案例

雷·斯坦伯格的体育经纪人生涯

在美国，雷·斯坦伯格被誉为"体育经纪人之父"。20多年的时间，他先后为150多名运动员提供过经纪服务，他为客户签订的合同金额已突破2亿美元。他是世界体育、影视及传媒史上的一个传奇。实际上，斯坦伯格不仅仅是体育经纪的代名词，同时也是文化传递者的化身。

电话改变了"我"的命运

斯坦伯格的体育经纪人生涯开始于一个电话。1975年，斯坦伯格就读于加州大学伯克利（Berkeley）分校法学院。当时读书的他便显露出不凡的领导才能与独特的个人魅力，并担任了校学生会主席，也是学生公寓的法律顾问。

一天，好友史蒂夫·巴科夫斯基（Steve Bichaikovsky）打来电话，希望斯坦伯格做他的经纪人。当时巴科夫斯基刚刚入选美国国家橄榄球联盟（NFL）亚特兰大猎鹰队，急需一个经纪人来帮他讨价还价，从而获得一份不错的收入。斯坦伯格毫不犹豫地答应了，正应了"初生牛犊不怕虎"这句话。不知深浅的斯坦伯格一出手就拿下了一份4年60万美元的合约。这个数字，创当时美国国家橄榄球联盟新秀薪金的纪录。斯坦伯格立刻成了焦点人物，风头甚至超出了巴科夫斯基。

斯坦伯格从小就喜欢运动，棒球、篮球，样样都玩，甚至还梦想能成为职业球员。随着年龄的增长，他渐渐地意识到自己已经不可能成为一名职业球员了。为了离职业体育更近一些，他希望能用自己的法律知识，为需要帮助的职业球员做些事情。巴科夫斯基的这份合约，坚定了斯坦伯格作为一名体育经纪人的决心。

1984年，史蒂夫·杨大学毕业，当时的美国橄榄球联盟（USFL）和美国国家橄榄球联盟两大职业橄榄球联盟都对他垂涎欲滴，而杨更希望去美国橄榄球联盟。于是，斯坦伯格和杨同洛杉矶快车队的老板奥登伯格（Ortenberg）开始接触。在奥登伯格位于旧金山的办公室里，斯坦伯格坚持要求对方作出按合同金额付钱的保证，这令奥登伯格颇为不悦。他把一大捆钱扔在了斯坦伯格与杨的面前，大声喊叫着："这就是你们要的保证！"奥登伯格要求和杨单独谈谈，他用手指指着杨的胸脯威胁道："如果你不接受这份合同，我将怀疑你是不是真会打球。"杨的火气也不小，他毫不客气地警告奥登伯格："你要是敢再碰我一下，我立刻把你扔出窗外！"气得奥登伯格抄起了一把椅子。双方剑拔弩张，互不相让。凌晨3点钟，斯坦伯格和杨被奥登伯格赶到了大街上。第二天，一份价值4200万美元的合同诞生了，创造了美国橄榄球联盟的新纪录。这是迄今为止，斯坦伯格进行的最富戏剧性的一次谈判。

8年后，斯坦伯格为杨签下了又一份破纪录的合约，5年2650万美元。这时的杨已经成为美国国家橄榄球联盟最有价值的球员，也是美国国家橄榄球联盟历史上最著名的球员之一。

"我"不是一个拜金主义者

如果你认为频频创造天价合约的斯坦伯格是一个金钱至上的拜金主义者，那就大错特错了。斯坦伯格说："我不仅要帮助球员获得合约，还要帮助他们赢得社会的尊重和球迷的心。"

1984年，在签下平生第一份合约后，斯坦伯格就想办法说服了好友巴科夫斯基和猎鹰队老板，让他们从那份高额合约中拿出一部分钱来，降低了球队比赛的门票价格。斯坦伯格认为，体育的未来掌握在未来的球迷手中，他们可能是暂时不具有购买职业比赛门票经济能力的未成年人，也可能是无力支付高价球票的低收入家庭，职业体育不应当将他们拒之门外。

在斯坦伯格之前，体育经纪人普遍只对钱感兴趣，而斯坦伯格却要求他的客户必须和社会共享利益。因此，他坚持每一份合约都要拿出部分金钱，回报该体育明星的家乡、学校，设立慈善基金或奖学金，从而为社会做出贡献，他认为这是每一个体育明星成长经历中的重要过程。到 20 世纪 90 年代末，斯坦伯格手下的球员向慈善机构捐助的款项累计已经超过 6 000 万美元，先后有几十名运动员在各自毕业的高中和大学设立了奖学金。斯坦伯格用行动颠覆了业内的一贯准则，赚得了"现代罗宾汉"的美誉。

在拯救美国国家橄榄球联盟和美国篮球职业联盟两大职业联盟的过程中，斯坦伯格也扮演了重要的角色。

1992 年，职业联盟的"职业病"——劳资纠纷终于在美国国家橄榄球联盟爆发。作为一名律师，斯坦伯格认为，联盟应当设立最低工资标准，保证球员有固定的工资收入，然后就是通过出卖电视转播权获得更多的经济收入，而不应在工资问题上同球员纠缠，这样除了浪费高额的律师费外，一无所获。他还提出，美国国家橄榄球联盟应该实行自由经纪人体制，每个球员有权利选择自己的经纪人，每支球队也能够有更多的机会去签下自己中意的球员。为此，斯坦伯格跑遍了美国，向各队老板与球员宣讲他的自由经纪人体制将为他们每一个人带来的好处。在斯坦伯格的努力下，劳资纠纷和平解决，采用"自由经纪人体制"的美国国家橄榄球联盟从而成为一个流动的联盟，健康地发展到今天。2002 年，美国国家橄榄球联盟的收入高达 48 亿美元，成为美国最成功的职业联盟。

1998 年夏天，美国篮球职业联盟再演劳资大战，斯坦伯格心急如焚。他告诫劳资双方："如果你们继续这样讨价还价下去，让球迷整日面对着空空荡荡的球馆，他们终将弃美国篮球职业联盟而远去。面对着来自美国国家橄榄球联盟、电视网（HBO）和迪士尼（The Walt Disney Company）等其他娱乐领域的竞争，美国篮球职业联盟必须将眼光放长远一些。"在斯坦伯格的斡旋下，劳资双方最终达成了协议。

"我"也是个双重角色的经纪人

斯坦伯格不仅为众多的球员签到了天价的合约，还和他们渐渐成为很好的朋友，这是其他体育经纪人很难做到的。

著名导演卡梅隆·克罗想拍一部以体育经纪人为题材的电影，他找到斯坦伯格，希望得到他的帮助。斯坦伯格同意了。为了这部电影，卡梅隆跟拍了斯坦伯格好几年。从1993年的美国国家橄榄球联盟选秀现场，到1994年的"超级碗"（Super Bowl）比赛，卡梅隆看他开会，看他谈判，看他讨价还价，看他签合同，看他现场搞定德鲁·布莱德索。

在拍摄过程中，"他们搬进了我的办公室，我的家具、奖杯和照片都成了他们的道具。"斯坦伯格笑着说，"作为技术顾问，除了亲自出演，我还参与了拍摄的全过程。"为了让饰演橄榄球运动员的小古巴·戈丁进入角色，斯坦伯格带着他泡在"超级碗"（Super Bowl）中许多天，并鼓励他说："卡隆梅是个总能带给人惊喜的导演，你是个总能带给人惊喜的演员，这是一个能够获得奥斯卡奖的角色。"说完两人相视哈哈大笑。

1996年年底，《甜心先生》公映后引起了轰动，获得了奥斯卡最佳影片、最佳原著剧本两项提名，小古巴·戈丁还真因为此片获得了奥斯卡最佳男配角奖。尽管斯坦伯格的本事比"甜心先生"杰里·麦奎尔（Jerry Magulre）大得多，他的故事几乎够得上杰里·麦奎尔的几倍，但是"斯坦伯格就是《甜心先生》中杰里·麦奎尔原型"的传说还是不胫而走，斯坦伯格由此名声大噪。

一部《甜心先生》，让一心一意做体育经纪人的斯坦伯格对影视产生了兴趣，其业务开始向福克斯电视网、华纳兄弟公司、ABC娱乐网和电视网（HBO）等影视娱乐业扩展。于是，有了在电视网（HBO）热播的《抢钱阿里》（Arli $ $）。这是一部描写体育经纪人工作和生活的连续剧。奥利弗·斯通也成了斯坦伯格的客户，他拍的以橄榄球为题材的电影《挑战星期天》（Any Given Sunday），由斯坦伯格担纲专业指导。斯坦伯格还同娱乐与体育节目电视网体育频道合作，率先革命性地推出了体育网站。

斯坦伯格成了体育与影视双栖明星，报纸、杂志、电视、网络，到处都有"甜心先生"斯坦伯格的身影。斯坦伯格也非常乐于人们唤他"甜心先生"并乘胜追击，于1998年推出了名为《诚实制胜》（Winning With Integrity）的畅销书，进行自我宣传。

《甜心先生》和《抢钱阿里》，让斯坦伯格成了曝光率最高的体育经纪人，也成了地球上最著名、最有权势的体育经纪人。

雷·斯坦伯格的北京之行

姚明在美国篮球职业联盟的成功是鼓舞斯坦伯格开发中国体育市场的动力。美国斯坦伯格投资咨询（北京）有限公司，作为斯坦伯格在海外的第一家公司正式成立，紧接着，有了斯坦伯格的北京之行。

斯坦伯格认为，中国的体育产业还处在初级阶段。他认为首先，体育产业与电视传媒是密切相关的，只有电视关注体育，体育才会发展。在中国，必须有电视传媒的发展、资金的介入，体育产业才会逐渐发展起来。1976 年，全美国只有三大电视网，现在已经有 200 多家，电视网络的发展速度、比例与运动、体育市场的发展是成正比的。其次，创造英雄才能吸引观众。只有体育爱好者和球迷是不够的，还必须通过明星效应把大多数人吸引到电视机前来，英雄形象对市场的培育起着决定性的作用。当然，并不是运动成绩好就可以成为英雄。一个运动员的价值首先要看有没有成为社会楷模的价值，是否为社会、所在城市、社区、学校、慈善机构做出过贡献。人品过关才有机会成为英雄。

北京之行，斯坦伯格的收获很大。他拿下了 2008 年奥运篮球希望之队从聘请外教、获得海外赞助到其他商业开发的一系列合作项目。他还准备在中国建设两所青少年足球和篮球培训学校，致力于挖掘和培养 12~14 岁的有天赋的年轻运动员，并希望以此为突破口，全面涉足中国体育产业。

错失了姚明的斯坦伯格已经将巴特尔"收入囊中"。他说，如果中国再出一个姚明，他会毫不犹豫地与他签约。

——资料来源于陈红燕. 雷·斯坦伯格的体育经纪生涯［J］. 经纪人，2005（8）：50-51.

第二节　运动员转会经纪

一、运动员转会经纪的一般概念

（一）运动员的商品性与转会概念

所谓运动员的商品性，通常是指在体育竞赛市场，尤其是在资本参与的职业体育竞赛市场中，在市场规律和价值规律的作用下，运动员如同其他商品一样所具有的使用价值和价值的双重属性。

运动员，尤其是优秀运动员的商品性，在于其是否能够在竞赛市场及其关联市场创造巨大的"票房价值"或市场轰动效应。在奥林匹克水平的竞技体育对抗中，

运动员被视为极具使用价值和价值的商品。其使用价值在于运动员卓越的运动技能和精神品质通过竞技比赛或表演市场，为受众带来体育特有的视角冲击、心理体验和文化享受，并通过赛事现场和电视媒体为社会提供丰富而健康的体育大餐，从而体现其特有的使用价值。运动员的价值体现在运动员通过职业化和商业化的体育竞赛市场，尤其是现代体育赛事的市场营销技术提升运动员的市场价值，从而为运动员本人及其所在的职业俱乐部等体育组织获得丰厚的经济回报和资本聚集。

运动员因其具有商品性而必然具有流动性，开放的体育市场加剧了职业运动员的流动性，使运动员乃至整个运动队从某个俱乐部流动到另一个俱乐部成为可能，甚至成为一种必然，从而出现了体育领域中特殊的人员流动现象，即运动员转会现象。

运动员转会从商品所有者的角度看，是指其雇佣关系的变更，其转会过程就是运动员的买卖过程，而左右运动员转会及其转会合同谈判的关键还是运动员本身的价值和使用价值。

运动员转会的经济基础是买方市场的存在。出售运动员已经成为当今许多俱乐部维持运转的重要财源。在比较成熟的职业体育项目中，运动员转会收入和电视转播权的销售、广告赞助、门票收入和标志产品的出售一起，被认为是现代职业体育的五大收入。

在运动员转会市场，运动员的身价是以货币单位进行评估的，也就是转出运动员的俱乐部要向转入运动员的俱乐部收取一定的转会费。从经济学角度分析，运动员的训练和比赛在本质上也是一种劳务，虽然不直接生产物质产品，但是产生精神形态的劳务。职业运动员的转会费实际上体现了社会对运动员劳动成果、劳动能力和劳动价值的承认。发达国家多有专门的法规对运动员转会进行规范，并有专门的计算方法来确定运动员的转会费。

(二) 运动员转会经纪的概念

运动员转会经纪是体育经纪人受运动员或俱乐部委托，为运动员在不同国家的协会间或同一国家的不同俱乐部间转会提供的居间或代理服务。运动员被培养到一定程度，为谁效力，谁就出钱；反之，谁能付出相应的价钱，谁就有可能得到这些运动员。运动员转会经纪活动就是要促成运动员的有价转让或市场交易，从中获得相应的经济利益。

二、运动员转会经纪的产生

（一）职业体育的竞争性是运动员转会的客观要求

以竞赛为核心的体育产业的发展推动了体育职业化的进程。职业体育的基本表现形式是体育竞赛，竞争性是职业体育的本质特征。各职业体育俱乐部需要在职业联赛中争取尽可能好的成绩，以保持足够的支持率和号召力，以保障自身的市场价值，而取得优异成绩的首要条件是拥有优秀的运动员。职业体育自由转会制度正是在这样的客观要求下产生的。运动员转会为职业体育俱乐部和运动员提供了改变和选择的权利，俱乐部可以根据自身情况打造最具竞争力的运动队，运动员则可以根据经济条件和运动能力的发挥需要选择合适的位置，这对俱乐部和运动员都是有利的。

从 20 世纪 60 年代开始，欧美各职业体育俱乐部为吸引优秀运动员加盟，放宽政策，给予运动员更大的谈判权利和更优厚的条件，促使运动员的转会更加频繁和复杂，运动员转会市场也越来越大，转会的经纪活动开始向专门化的方向发展。随着职业体育的全球化发展，每年都有为数众多的运动员要跨越国界，为不同国家的体育俱乐部或球队效力，职业俱乐部或球队之间的转会更是频繁。从事转会中介活动的体育经纪人因获得了巨大的发展空间而逐渐兴旺。

（二）职业体育的商业性是运动员转会的经济动因

职业体育的一个本质属性是商业性。俱乐部经营者的根本目的是追求商业利润，购买运动员的目的除了填补场上的欠缺位置，促使运动队战术水平的提高，实现运动队资源的最佳配置以外，还有利用入队运动员的号召力，吸引更多的观众，扩大影响，提高运动队的获利水平。对于转让运动员的俱乐部来说，其主要目的也在于盈利。运动员在转会市场上有其自身的价值，出售运动员可以成为许多俱乐部维持运转的重要财源。因此，运动员转会也是俱乐部盈利的重要策略。

（三）运动员转会经纪活动的制度化

在所有体育项目中，足球项目的联赛制度和转会制度最为完善。1876 年，苏格兰足球运动员詹姆斯·兰转会到英格兰的俱乐部，是历史上记载的最早的转会。从 20 世纪 60 年代开始，以足球为代表的体育职业化达到了相当高的程度。许多体育发达国家都建立了完善的职业化足球体制，形成了完全以市场为依托的职业足球联赛体系。以竞赛为核心的足球产业规模迅速膨胀。

　　根据国际足球联合会的规定，只有获得国际足球联合会许可证的足球经纪人才有资格从事球员间的国际转会。从 1991 年开始，国际足球联合会制定了专门的《足球经纪人管理条例》，并且对转会经纪人进行了详细规定。目前，经国际足球联合会批准的有资格从事国际转会经纪活动的转会经纪人已达 500 多人，分布在 50 多个国家和地区。同时，针对本国国内球员转会的经纪，一些国家的足球协会也制定了相应的足球经纪人管理规定，建立健全了国内转会经纪人制度。1998 年，经英格兰足球协会批准，有资格从事英格兰各俱乐部之间球员转会的足球经纪人有 26 人。

　　随着我国体育体制改革的不断发展，我国已经有多个体育项目走上了职业化和半职业化的道路，运动员的转会市场正在建立和完善之中，足球和篮球等一些项目的转会经纪活动日趋活跃起来。

三、运动员转会经纪的流程与要务

（一）转会经纪流程

　　运动员转会经纪主要有两种情况：一种是经纪人接受运动员本人或运动员所在俱乐部的委托，为该运动员转入新俱乐部提供中介服务；另一种是经纪人接受某俱乐部的委托，为该俱乐部寻找新的运动员提供中介服务。运动员转会经纪谈判的核心内容是两份合同，即运动员原属俱乐部与转入俱乐部的转会合同和运动员与俱乐部（原属、转入）的工作合同。运动员的转会经纪也紧紧围绕着这两份合同的洽谈与签订而安排流程。

　　以经纪人为运动员转入新俱乐部提供中介服务为例，其转会经纪流程大致如下：

　　（1）获得从事运动员转会的经纪资格证书。

　　（2）接受运动员本人或所在俱乐部的转会意向。

　　（3）签订转会委托协议或合同（委托合同的核心内容有完成期限和具体要求、双方的权限范围、佣金数额及支付方式、违约责任及纠纷解决方式）。

　　（4）寻找可能接受该运动员转会的新俱乐部。

　　（5）洽谈该运动员转入新俱乐部的条件和要求。

　　（6）起草该运动员的工作合同和转会合同（工作合同是指该运动员与转入俱乐部之间的合同，转会合同是指运动员原属俱乐部与转入俱乐部之间的合同）。

　　（7）签订该运动员的转会合同和工作合同。

　　（8）公证及相关的国际或国家管理机构备案。

　　如果经纪人从事的中介业务是代理俱乐部寻找新的运动员，则其转会经纪的流程稍有变化，经纪人需要首先与俱乐部签订委托代理合同。转会代理的主要内容将着重于：第一，寻找合适的拟转入运动员；第二，与该运动员本人或运动员现属俱乐部进行转出合同谈判。

（二）转会经纪要务

1. 先决条件和准备工作

　　在前面的章节中曾经提到过，由于工作的复杂性和专业性，运动员转会经纪人首先必须全面地了解各方面的信息。转会经纪人除了要对体育项目有相当深入的了解、熟悉委托人从事运动项目的规则等，还要能够准确地洞察和预测所代理的运动员的技术特点，能够了解哪些俱乐部或球队需要这样的运动员。从事转会中介的经纪人还要尽量了解一些俱乐部或球队各方面的情况。掌握足够的信息是促成运动员转会成功的先决条件。

2. 主要转会合同

　　（1）转会经纪委托合同。委托合同是转会经纪人接受委托人的委托，与委托人之间签订的以委托人的名义或以其个人的名义，为委托人办理转会事务，并按规定或约定收取报酬和其他费用的协议。该合同本质上是一种提供转会经纪服务的经济合同。转会委托合同一般必须包括以下内容：委托人和经纪人的名称与姓名、住所，转会活动的有关事项、完成期限和具体要求，双方的权限范围，佣金的数额以及支付的时间、方式，违约责任，纠纷解决方式等。

　　在为委托人找到适合其发展的运动员或俱乐部后，转会经纪人必须与各方面接触，促成委托人与俱乐部或运动员达成转会意向。然后，转会经纪活动就必须围绕三个相互联系的合同关系，确定运动员的转会细节。这三个合同分别是运动员与原属俱乐部的工作合同、运动员与接受俱乐部的工作合同以及原属俱乐部与转入俱乐部的转会合同。

　　（2）运动员与（原属、转入）俱乐部间的工作合同。现代职业体育俱乐部或球队完全按照企业的方式进行运作，运动员与俱乐部的合同关系实际上是雇佣劳动的关系。运动员加入俱乐部后，完成的工作即是向俱乐部提供劳动力；俱乐部根据运动员技能水平的高低及场上表现向运动员提供工资、奖金、津贴或其他福利待遇。运动员与俱乐部的工作合同属于劳动合同。签订这类合同时，各方必须遵守劳动方面的法律。从事转会中介活动的体育经纪人要为自己的委托人制定这类合同。在实际操作中，如果委托人希望转会，经纪人必须首先向所属俱乐部确定该委托人的自由转会的权利。无论运动员与所属俱乐部的合同是否期满，运动员都有转会的权利，但在转会费的计算方面会有所不同。"博斯曼事件"后，欧洲足球运动员在自由转会方面享有更大的自由。

在确定委托人的工作合同时，经纪人还必须明确规定运动员的工资、出场费、奖金、津贴等报酬和其他福利的计算办法与享有情况。一般情况下，工作合同还要明确运动员应该享有的休息时间（假期）、医疗保险等。例如，马拉多纳从阿根廷的博卡青年队转会到意大利的那不勒斯队时，除了每年的 100 万美元的年薪外，每参加一场比赛的出场费为 18.5 万美元，每踢进一球又得 1.8 万美元，工作合同还详细规定了他的休假时间、保险金额等，同时也规定了他必须遵守球队的有关规定。

（3）原属俱乐部与转入俱乐部间的转会合同。根据职业体育的国际惯例，职业运动员与原属俱乐部不论何种情况终止工作合同后，如需要加入新的俱乐部，均应由原属俱乐部与接收俱乐部签订转会合同。从法律性质看，转会合同是一种民事合同。在进行运动员转会的经纪活动时，重点就是要确定转会合同中的具体细节。其中最重要的部分包括以下几个方面：

第一，转会费数额。一般情况下，接受运动员的俱乐部必须向运动员原属俱乐部或培训单位支付一定数量的转会费。职业体育的管理机构大多对具体的计算方式有专门的规定，但也有一定的浮动幅度。在运动员转会经纪中，体育经纪人的重要职责之一就是协调各方面的关系，确定各方都能接受的转会费数额。如果转会费数额过高，就会妨碍运动员在各俱乐部之间的正常流动；如果转会费数额过低，也会损害俱乐部对运动员进行培训、提高其运动技能的积极性。

运动员转会合同中的"转会费"不同于运动员与俱乐部工作合同中的"报酬"。这是两个完全不同的概念：转会费体现的是运动员本身的商业价值，而报酬体现的是运动员提供劳务的价值，两者之间有着本质的差异。例如，1987 年世界最佳足球运动员古力特由荷兰的阿贾克斯俱乐部转会到意大利的 AC 米兰俱乐部时，其转会费高达 850 万美元，但古力特本人的年薪只有 96 万美元。经纪人从运动员转会经纪业务中获得的佣金收入与转会费基本上没有确定的比例关系，但是与工作合同中约定的运动员收入高度相关。一般情况下，在竞技体育发达国家，代理运动员进行劳资谈判的经纪活动的佣金标准大约是运动员年收入的 0.5%～5%。近年来，球员转会费直线上升，经纪人的佣金也随之节节攀升。2019 年，国际足联对经纪人佣金做出限制。新规定在 2020 年开始执行。球员经纪人只能收取交易三方（买方俱乐部、卖方俱乐部和球员）中一方的佣金，并且最高只能向卖方俱乐部收取 10%，最高只能向买方俱乐部或球员收取 3%。

第二，双方的权利和义务。

第三，转会的具体生效日期。

第四，违约的责任。

受运动员的委托，转会经纪人必须要围绕这些合同的有关条款与转让俱乐部和转入俱乐部进行谈判，以确定各方面都能接受的合同细节。

四、运动员转会经纪活动的收益

经纪人从事工作合同谈判代理活动的目的在于获得经济效益。相对其他体育经纪活动而言，这种代理活动的佣金提取形式种类较多。最常见的方式是按比例收费，即代理人按事先确定的比例从运动员收入中提成。在美国的一些职业体育组织里，由职业运动员工会负责确定这一比例。美国篮球职业联盟（NBA）运动员工会确定的比例是佣金不超过 4%；美国国家橄榄球联盟（NFL）运动员工会确定的比例是佣金不超过 5%；美国棒球联盟没有确定固定的佣金标准，但是要求经纪人必须每年公开其收费情况。另一种比较常见的方式是按时间收费，以这种方式收费的代理人大多是律师。

有些代理人采取固定收费的方式，由经纪人事先确定一个佣金数额，此后经纪人在代理活动时所花费的时间和谈判所确定工资数额的多少与佣金无关。职业体育中的普通运动员一般采用这种计费方式。特别是当运动员和代理人觉得谈判中工资不太可能有较大增幅时，采用这种方式比较公平。

综合收费方式是一种新型的收费方式，代理人在收费时综合考虑其花费的时间和精力以及达到的谈判成果，结合以上三种收费方式，向运动员协商收费。采用这种收费方式的代理人一般有很强的经纪能力并且深得委托运动员的信任。

案例一

博斯曼事件

1995 年 12 月 15 日，欧洲最高法院作出裁决，裁定欧洲足球联合会现行的球员转会制度与外援上场名额限制是非法的。至此，一场持续近 6 年的转会官司以比利时球员博斯曼胜诉而宣告结束。

博斯曼生于 1964 年，10 岁加入了比利时著名的标准列日俱乐部。1986 年他正式与该俱乐部签约，成为一名职业球员。1988 年 5 月，他以 10 万美元的转会费与 RFC 列日队（Royal Tilleur FC Lige，以下简称"RFC 列日队"）签约两年，月薪为 2 500 美元。1990 年 4 月，合同即将到期，RFC 列日队提出按比利时足球协会规定的最低工资标准每月 1 000 美元与博斯曼续约一年，对此博斯曼当然不同意，拒绝签约。为此 RFC 列日队将其列入转会名单，后来该俱乐部同意他转会到法国乙级队敦刻尔克队。

3 个月后，RFC 列日队与敦刻尔克队就博斯曼转会问题达成协议，后者向 RFC 列日队支付租借博斯曼一年的租金 4 万美元。若一年后正式转会，则需另外支付 16 万美元的转会费。后来，RFC 列日队自行更改条件，将转会费提高到 100 万美元，使该协议成为一纸空文。同年 7 月，仍然不肯与 RFC 列日队签约的博斯曼被该俱乐部按比利时足球协会的规定，处以"无薪及不得代表 RFC 列日队以外任何球队踢球"的处罚。这样，博斯曼成了无家可归的人，他不愿再为 RFC 列日队踢球，后者又不许他为别的球队踢球。

博斯曼曾是比利时青年队队长，是一位很有前途的球员，加盟 RFC 列日队后心情一直不愉快。在寻求转会不成又面临俱乐部封杀的情况下，博斯曼决定诉诸法律，捍卫自己的利益。

1990 年 8 月，博斯曼一纸诉状将 RFC 列日队、比利时足球协会和欧洲足球联合会一起告上了法庭，控诉转会制的荒谬，使他永远失去了球员的黄金时期，要求赔偿他 1 000 万美元。

在向法院起诉的同时，博斯曼积极与比利时之外的俱乐部联系，努力推销自己。后来他找到了法国的另一支乙级队圣康坦队，对方的条件是博斯曼必须在这场官司中获胜。然而，RFC 列日队暗地里向圣康坦队施加压力，阻止他们收留博斯曼。

1990 年 11 月，列日第一地方法院判博斯曼胜诉，博斯曼终于能够从当年的 12 月到次年的 5 月在圣康坦队踢球。可是，RFC 列日队不服输，他们提出上诉，但列日高级法院裁定一审判决有效，并向欧洲法院提出要求，希望欧洲法院阐明欧洲联盟内劳工可以自由流动的概念。

1991 年 6 月，博斯曼合同期满，没有别的工作可做，只能领取救济金。无奈之下又将 RFC 列日队告上了列日第一地方法院，要求其支付赔偿金。列日第一地方法院根据《罗马条约》裁定欧洲足球联合会有关球员转会制度不合法，结果 RFC 列日队、比利时足球协会和欧洲足球联合会三家联合向比利时的最高法院提出上诉。

为了生存，博斯曼只好于 1992 年 2 月加盟法属留尼旺岛的圣丹尼斯队，这是一支名不见经传的球队，但博斯曼别无选择。

1992 年 6 月，列日第一地方法院裁定 RFC 列日队在博斯曼转会敦刻尔克队时进行了非法干涉。该法院表示，今后的审议属于违反《罗马条约》的范畴，因此特意委托总部设在卢森堡的欧洲法院进行判断。

1992 年 9 月，博斯曼结束了在留尼旺岛的踢球生涯，回到比利时。他既找不到新球队接纳他，又没法领取救济金，生活非常艰难。熬到 1993 年 5 月他才在比利时的丙级队沙勒瓦奥林匹克队找到一份差事，勉强糊口。他一边踢球一边打官司。

1994 年 5 月，博斯曼转会到丁级队维斯队。他已经顾不上什么级别的球队了，只要能糊口就行了。由于他一心想着打赢与 RFC 列日队的官司，他的心思并没有集中在踢球上，所以成绩也不理想。就这样，他度日如年。

1995 年 3 月，比利时最高法院裁定驳回欧洲足球联合会、比利时足球协会和 RFC 列日队的上诉。欧洲足球联合会不服，采取了多管齐下的办法，一方面向欧盟部长理事会施加压力，希望其能帮助欧洲足球联合会维护对球员的管理权；另一方面，欧洲足球联合会又向博斯曼表示和解诚意，提出以 800 万法郎私了。

至此，经过媒体渲染，博斯曼成了全球瞩目的新闻人物，他横下一条心将这场官司进行到底。

与此同时，欧洲法院受比利时列日第一地方法院的委托，正式受理了这起球员转会导致的官司。博斯曼案再起波澜。1995 年 6 月，欧洲法院聆听了博斯曼对转会过程的陈述。博斯曼除痛斥 RFC 列日队自私、目无法纪之外，更痛斥欧洲足球联合会转会制度的不合理性。他正气凛然，要向欧洲法院讨个说法、讨回公道。1995 年 9 月，博斯曼的主律师、欧洲法院的总顾问卡·奥·伦茨向欧洲法院建议，裁定欧洲足坛现行的转会制度以及外援上场名额限制是非法的。伦茨说："欧洲共同体通过的法律规定，严禁限制人流动的自由。而限制球员转会实际上是违反了这项法律，合同期满的球员可以自己寻找新的俱乐部而不应该再付给原来的俱乐部任何赔偿。"

伦茨在欧洲法律界极具权威，他的这番话引起了强烈反响。欧洲足球联合会及各国足球协会官员都惶惶不可终日，着急地等待着欧洲法院的判决。

1995年11月初，欧洲足球联合会为了向欧洲法院施压，联合了49个会员国的足球协会主席签名，要求欧洲法院支持欧洲足球联合会。因为一旦博斯曼胜诉，欧盟下属国家的足球协会与世界上的其他所有足球协会将产生分歧，在组织办法上将各行一套，不利于管理。

1995年12月13日，欧盟委员会竞争策略专员卡雷尔·范米耶特表示足球是一项经济活动，理应受到欧盟内部市场规则的约束。欧盟是在欧洲共同体基础上发展起来的具有统一货币、统一外交政策的欧洲国家联合体。该联合体采取三权分立，欧盟部长会议、欧盟委员会和欧洲法院分别为其立法、行政和司法机构。欧盟内部实行劳工流动自由化和农业保护政策。卡雷尔·范米耶特专员的这番讲话实际上代表欧盟对"博斯曼事件"表了态。

1995年12月15日，欧洲法院作出了判决，裁定现行的转会费制度与外援上场名额限制是非法的。此判决为最终裁决，不得上诉。此案再交回布鲁塞尔法庭，由该法庭判决博斯曼应该获得的赔偿金额。

1995年12月15日成了世界足球史上具有重要历史意义的一天，也成了欧洲足球史上具有里程碑的日子。一个名不见经传的三流球员博斯曼以一己之力将势力强大的RFC列日队、比利时足球协会和欧洲足球联合会都告倒了，实行了几十年的外援上场名额限制和转会费制度都被裁定为非法的。

欧洲足球联合会与欧洲法律的较量以欧洲足球联合会的失败而告终。判决下达后，欧盟立即介入了此事。1995年12月22日，欧盟委员会根据欧洲法院的判决，要求欧洲足球联合会立即接受这项判决。欧洲足球联合会还想做最后的抵抗，但欧盟的政治家们不为其左右。1996年1月19日，欧盟委员会给欧洲足球联合会下达了最后通牒：欧洲足球联合会必须在6周内接受欧洲法院有关"博斯曼事件"的裁决。

1996年2月19日，欧洲足球联合会决定接受欧盟的要求，废除外援上场名额的限制及现行的转会制度。这等于同意了欧盟关于"欧洲足球无权凌驾于欧盟法律之上"的观点。在欧盟看来，"职业足球"是一项经济活动，只有遵守欧盟的有关法规才能被视作合法的经济活动。

有趣的是，国际足球联合会在这件事情上一开始也曾声援欧洲足球联合会，但最终还是在欧洲法院的裁决面前低下了头，体育与政治的较量始终是政治占上风。实际上，对足球影响最大的是政治。

"博斯曼事件"给欧洲足坛带来了许多不良的影响，有钱的俱乐部可以随心所欲地买进世界级的球星，而财政拮据的俱乐部则只能以三流球员为主，贫富差距拉大，竞争越来越不公平。球员的双重国籍、合同期等问题也越来越突出。欧洲各国足球协会相应做了调整，但欧盟内部球员转会不受此判决影响；对欧盟国家以外的外援上场的数量仍然做了限制，但并没出现外援占绝对多数的情况。

在欧洲法院作出裁决的当日，博斯曼对记者说："在宣判的当晚，我根本无法意识到这一判决将会给欧洲足球带来什么影响。"

——资料来源于http://book.sjna.com.cn/longbook/1087529517-100 footballathlete/95.shtml

案例二

骤降 1 400 万欧元！加总已成谈判专家 巴神转会再造经典

北京时间2013年1月30日凌晨，据意大利媒体消息称，AC米兰已同曼城（又称蓝月亮）方面达成一致协议，巴洛特利（又被球迷称为"巴神"）重返意大利，正式加盟红黑军团。据意大利媒体《米兰体育报》透露，为成功引进"超级马里奥"，AC米兰只需向蓝月亮支付2 000万欧元（1欧元约合7.95元人民币，下同）的转会费外加300万欧元的浮动奖金。要知道，曼城当初把巴洛特利的身价定在3 700万欧元！

事实上，从巴洛特利离开国际米兰转投曼城之后，有关他的转会传闻便从未间断，其中AC米兰便是"超级马里奥"的追随者之一。然而，尽管对巴洛特利垂涎已久，但由于俱乐部资金紧缺，红黑军团并未有所行动，直到把帕托送回巴西球队之后，加利亚尼才开始运作这笔交易，希望能以租借的方式得到曼城前锋。不过，AC米兰副总的如意算盘最终被蓝月亮打破，曼城对巴洛特利的态度是只卖不租，且还向意大利人要价3 700万欧元。很显然，这个价格足以让囊中羞涩的AC米兰知难而退。但令人意外的是，加利亚尼动起了脑筋，他在接受媒体采访时回应："曼城始终坚持3 700万欧元，我们只能再等等看，如果再过几天还是这个价钱，巴洛特利会继续留在曼城。如果价格会降下来的话，我会立即赶往曼彻斯特。"

加利亚尼此言一出，曼城方面迅速传来消息，表示愿意将价格降低，为巴洛特利要价2 800万欧元。AC米兰方面原本是希望以先租后买的方式拿下"超级马里奥"，但眼看曼城态度坚决只卖不租，AC米兰副总最终改变了策略，将报价压低并向对方提出6年分期付款的条件。对于AC米兰的这一要求，曼城起初也已点头答应，但转会费不能少于2 400万欧元。而得知这一消息之后，加利亚尼立即通过媒体发表言论，称"卡卡和德罗巴101%不可能加盟AC米兰，而巴洛特利则是99.99%不可能加盟"。原以为"巴神"转会红黑军团已就此宣告夭折，但令人意想不到的是，加利亚尼在同拉伊奥拉见面会谈之后，让后者向曼城送去了一份2 000万欧元的报价，而经过再三探讨之后，双方俱乐部宣布协商一致，巴洛特利得以重返意大利。

其实，除了关于巴洛特利的这项交易之外，加利亚尼那独到而精明的转会运作比比皆是。从AC米兰在转会市场的投入来看，AC米兰副总所谈妥的每一笔交易都极具针对性。2010年的夏季转会中，AC米兰几乎在毫无征兆的情况下上演了最后的疯狂，借踢"甘伯杯"的机会，闪电般地引进了伊布拉西莫维奇。而在这两笔交易中，加利亚尼将他的转会才华发挥到了极致：以先租后买的方式拿下伊布拉西莫维奇，其中第一年属于免费租借，AC米兰只需向瑞典人支付薪水，赛季结束后正式将其买断，费用为2 400万欧元。需要指出的是，当初伊布拉西莫维奇转投巴黎圣日耳曼时，AC米兰从法甲豪门巴黎圣日耳曼那里拿到了2 400万欧元的转会费。

在2011年1月的冬季转会中，加利亚尼继续施展着自己在转会市场上的神奇手段。AC米兰率先从国际米兰手中抢下与桑普多利亚解约的卡萨诺，而且仅仅花费了不到200万欧元的转会费。由于卡萨诺的到来，罗纳尔迪尼奥也彻底失去了空间，被送回巴西，米兰也得以缩小了在年薪上的开支。此外，范博梅尔自由加盟，埃马努尔森以170万欧元的身价加盟，这样"白菜"般的价格的引援，让AC米兰阵容得到了最大化的补充。

作为贝卢斯科尼的亲信和世界足坛最精明的经理人之一，加利亚尼对于AC米兰的贡献有目共睹。以最小的投入为AC米兰带来最优秀的新援，这是他最独到的转会运作方式。从先租后买伊布拉西莫维奇，买断博阿滕，租借阿奎拉尼，低价引进诺切里诺，免签各路自由球员等，这些都是他向世人呈现的一个个经典引援案例，到又以如此令人咋舌的方式，为红黑球迷带来巴洛特利，不得不承认加利亚尼真是一个顶级的谈判专家！

——资料来源于 http://sports.21cn.com/integrate/other/a/2013/0130/07/20311534.shtml

第三节　运动员参赛经纪

一、运动员参赛经纪的概念

运动员参赛经纪是指体育经纪人受运动员的委托，有选择性地安排运动员参加体育比赛或表演，并且通过帮助运动员参加这些比赛或表演，在提高和保持运动员运动成绩的基础上，为运动员争取相应的经济收益的代理活动。

随着社会经济的发展和社会文明的进步，人们对体育赛事的观赏需求，犹如对影视艺术的观赏需求一样，开始迅速膨胀。在体育和经济发达国家，高水平体育赛事与其说是为人们提供了精彩刺激的观赏产品，不如说是为人们提供了朝圣仪式似的狂欢场景。全球的体育竞赛市场之大，已没有任何一项社会文化活动可以与之相媲美。发达国家如此，发展中国家的市场前景更被看好。2008 年北京奥运会、2010 年广州亚运会等赛事，证明了中国的高水平体育竞赛市场将空前繁荣。2022 年的北京冬奥会，来自 91 个国家和地区的近 3 000 名运动员奋力拼搏、挑战极限、超越自我，刷新了 2 项世界纪录和 17 项冬奥会纪录，奏响"更快、更高、更强——更团结"的华彩乐章。中国代表团以 9 金 4 银 2 铜刷新了单届冬奥会获金牌数和奖牌数两项纪录，名列金牌榜第 3 位，创造了自 1980 年参加冬奥会以来的历史最好成绩。

由于各运动项目的特点不同，其职业体育的运作方式也有差异。田径、网球、高尔夫球、自行车、拳击等个人项目与以足球为代表的集体项目在职业化的经营方式上有着明显的不同。一些个人项目运动员的收入来源于参加商业性比赛、活动出场费、奖金和其他商业机会。

二、运动员参赛经纪的产生

20 世纪 80 年代以来，电视技术的发展极大地推动了体育商业化的进程，传统的体育竞赛运作方式已经不能适应现代体育的发展，一些体育组织顺应体育商业化的潮流，尝试进行竞赛制度的变革。经过精心研究，许多体育组织都创立了既符合现代体育项目发展特点，又符合电视发展和市场营销规律的技能观赛制度和竞赛规则。

国际足球联合会（FIFA）、国际田径联合会（IAAF）、国际网球联合会（ATP）等国际单项体育组织充分利用其拥有的顶尖赛事资源，不断推出精品赛事，并在全球范围发放经营许可证，将其赛事资源最大限度地投入市场经营与运作。例如，国际网球联合会在澳大利亚网球公开赛、法国网球公开赛、温布尔登网球公开赛和美国网球公开赛四大公开赛的基础上，又于 2004 年推出了国际网球联合会北京网球公开赛，并宣称北京网球公开赛将与澳大利亚网球公开赛、法国网球公开赛、温布尔登网球公开赛和美国网球公开赛一起成为国际网球联合会五大全球公开赛。国际田径联合会在传统的世界田径锦标赛的基础上，又推出了极具创意的国际田径联合会黄金联赛。各大洲及各国的体育组织也纷纷将其手中拥有的赛事资源充分市场化，高水平的职业赛事已经成为人们社会文化生活的重要组成部分。一些顶尖的职业俱乐部为了推广其全球市场战略，也频频组织一些商业性质的全球巡回赛和表演赛。

高水平赛事由于其卓越的市场运作技术，为参赛的运动员或运动队提供了丰厚的出场费和高额奖金。丰富的赛事资源为运动员选择赛事提供了机会，但同时也提出了怎样参加赛事及参加什么赛事的问题。运动员参赛经纪较多地发生在单项运动竞赛，如田径、网球、拳击等。运动队参赛经纪则较多地发生在集体运动项目，如职业足球、篮球的参赛经纪活动近年来也日渐丰富。即便是运动员参赛经纪才刚刚开始的中国竞赛市场，在经纪人和经纪公司的运作下，也迎来了诸如拜仁慕尼黑、皇家马德里、曼联、阿森纳、AC 米兰、弗拉门戈等国际著名足球俱乐部以及诸如巴西、英格兰、德国等享誉全球的国家足球队来华访问比赛或进行商业性巡回赛。

然而，职业运动员受训练周期和运动伤病的困扰，只能选择性地参加一些竞技赛事或商业性赛事。更由于职业运动员与外界信息的不对称，他们必须委托专门的经纪人全权代理他们选择合适的赛事。职业运动员面临的一个普遍问题是在体育运动以外与其个人形象和品牌推广相关信息的严重不对称。大多数职业运动员在其所走过的人生历程中不可能知道媒体管理、公共关系、品牌塑造、品牌营销和体育营销等所需要的信息和知识。这种严重的信息不对称，必须有人帮助他们弥补，使他们的形象推广和财富积累走上健康的轨道。尽管体育经纪人未必是唯一人选，但他们一定是最好的人选。因为当今体育赛事，尤其是商业赛事的操作，涉及一些十分复杂的法律、财务、税务、保险、技术等方面的业务谈判以及一些十分具体的参赛条款谈判，所以经纪人代理运动员参赛经纪业务的出现与发展十分符合运动员参赛的实际需求，其经纪业务是市场需求的必然结果。

三、运动员参赛经纪流程与经纪要务

（一）运动员参赛经纪流程

运动员或运动队参赛经纪大致有两种类型：一种是代理运动员或运动队选择参加某项赛事，并全权代理有关参赛的合同谈判；另一种是策划某项赛事，邀请某运动员或运动队参加该项赛事，并直接与运动员或运动队当事人及其经纪人进行有关参加该项赛事的合同谈判。

运动员参赛经纪的谈判核心是参赛合同，其经纪服务内容也紧紧围绕着这份合同的洽谈与签订而安排流程。以经纪人代理运动员或运动队选择参加某项赛事，并全权代理有关赛事的合同谈判为例，其参赛经纪流程大致如下：

（1）获得从事体育赛事经纪的资格证书。

（2）选择合适的赛事，并与赛事组织者协商参赛合同。

（3）与运动员和所属体育组织洽谈。

（4）向运动员或所属体育组织递交参赛策划书。

（5）与运动员或所属体育组织拟订参赛合同。

（6）与运动员或所属体育组织签订参赛合同。

（7）参与运动员参加该项赛事的过程管理与控制。

（8）提出运动员参赛经纪评估报告，并备案。

经纪人策划、组织某项赛事，拟邀请某运动员或运动队参加该项赛事时，应直接与运动员或运动队的当事人及其经纪人进行有关参加该项赛事的合同谈判，其程序基本同上。

（二）运动员参赛经纪要务

运动员参赛经纪主要包括科学、合理地选择和安排运动员参赛；与比赛组织者进行谈判；开发运动员参赛的商业机会；做好与比赛相关的服务工作；及时处理比

赛中出现的问题；发现新秀，为其成长创造条件等内容。

1. 科学、合理地选择和安排运动员参赛

科学地安排和参加比赛是运动员提高运动水平的重要方面。无论是从获得经济收益还是保持运动水平方面来看，比赛是运动员必不可少的组成部分，也是运动员参赛经纪的动力来源。代理运动员参赛的首要原则是促进运动员保持和提高自身的运动技术水平和竞技能力。理想的参赛经纪结果是通过代理运动员参赛，既能使运动员获得相应的经济收益，又可以保持和提高其技术水平与竞技能力。这就要求从事运动员参赛经纪的体育经纪人对相关的赛事了如指掌，并能够与所代理的运动员及其所在的俱乐部、国家运动项目协会协商和制定运动员的比赛安排，有目的地选择运动员参加的比赛。在有利于运动员整体训练和安排的基础上，体育经纪人可以安排运动员适当参加那些有较高经济收益和较大影响力的赛事。

创立于20世纪90年代初的国际田径大奖赛（现为国际田径联合会世界杯系列赛）每年都设若干站一级系列赛和二级系列赛，最后还要举行总决赛，每项比赛的前8名均能得到丰厚的奖金。此外，每站比赛的组织者还会根据运动员的不同知名度，支付不同的出场费。在此基础上，国际田径联合会还举办"黄金大奖赛"（系列赛），获得五站比赛冠军的运动员可以平分数量诱人的黄金。高水平的田径运动员非常热衷于参加这项系列赛，但对于一名优秀的田径运动员来说，可供选择的国内、国际比赛很多，系列赛也不可能每站比赛都参加，这就需要经纪人与其所代理的运动员以及俱乐部认真协商，制订周密的参赛计划，以最佳的竞技状态投入所选定的比赛中，争取取得好名次。

2. 与比赛组织者进行谈判

从事运动员参赛经纪活动的关键环节之一就是要与比赛组织者就运动员的参赛问题进行谈判，以最大限度保障运动员的利益。谈判内容主要包括参赛费用、参赛的详细安排、出场费及奖金，甚至包括参赛对手等问题。由于谈判内容涉及比赛主办方的利益问题，这方面的谈判常常相当困难和激烈。优秀的经纪人一般拥有强大的综合影响力，能够为所代理的运动员在谈判中争取到比较多的权益。

在国际田径大奖赛上，田径经纪人之间往往会为所代理的运动员选择有利的跑道而相互争执不休。而职业拳击比赛的经纪人为了确定有利于自己委托人的竞赛时间、地点以及奖金分配问题，往往要进行多轮的谈判。1994年，国际田径经纪人集体与国际业余田联谈判，要求世界田径锦标赛向运动员颁发奖金，否则他们所代理的运动员将抵制这项世界上最有影响的田径赛事。经过艰苦的谈判，国际业余田联终于作出让步，决定向参加包括世界田径锦标赛和世界室内田径锦标赛等重大赛事的运动员提供奖金和奖品。

3. 开发运动员参赛的商业机会

现代体育竞赛由于其广泛的曝光率和影响力，已经成为商品营销和企业宣传的极好机会，而参赛运动员本身就是现代商业运作的最好载体。特别是一些优秀运动员由于深受观众和媒体的关注，在参赛过程中格外引人注目，更是赞助商和广告商眼中运作的最好载体。因此，可以说在运动员身上存在着大量的商业契机，如何充分开发运动员的无形价值，使运动员得到经济和社会影响力的双重收益，也是从事运动员经纪的重要内容。

经纪人代表运动员与广告商和赞助商洽谈时所要明确的内容包括广告形式及广告费；赞助的各项具体事宜，如所赞助钱物的数目、适用范围、期限以及双方各自应承担的责任和义务等。运动员参赛的商业机会包括比赛所使用的运动服、运动鞋和运动器材的品牌、胸前和背后的广告等，但前提是不能违反体育组织和比赛组织机构的有关规定。例如，著名网球选手伦德尔曾被其经纪人说服使用美津浓公司的网球拍，从而获得该公司 2 000 万美元的广告费。又如，在 1992 年巴塞罗那奥运会上，锐步运动服被指定为美国奥运代表团的正式领奖服，但是美国篮球"梦之队"的美国篮球职业联盟巨星们却坚持要穿耐克服装上台领奖，因为他们个人的赞助商都是耐克公司，结果引起争议。虽然经过各方面的协调，最终解决了这起争端，但美国篮球职业联盟巨星们的经纪人们从此对运动员参赛的广告合同更加慎重。

4. 做好与比赛相关的服务工作

运动员参加比赛，从筹备到结束是一个包含多个环节的过程。为了取得优异的成绩，运动员需要在训练和比赛中投入大量的精力，于是许多具体性的服务工作就由经纪人来经手。这些工作包括为运动员订取机票并及时送到运动员手中，联系接送运动员的交通工具和安排食宿，替运动员参加比赛的技术会议，向运动员解释具体的比赛安排，为运动员办理出国参赛手续等。这样就能保证运动员专心训练和比赛，为运动员解决后顾之忧。

5. 及时处理比赛中出现的问题

在比赛中可能会发生一些突发事件，如伤病、药检等。通常情况下，这些事件都是由经纪人出面处理的。例如，美国著名田径运动员雷诺兹在一次国际田径比赛

中的药检呈阳性，为了减轻国际田径联合会对雷诺兹的处罚，其经纪人做了大量的工作，甚至不惜和国际田径联合会对簿公堂。

6. 发现新秀，为其成长创造条件

运动员经纪的市场资源存在众多的影响因素，很多有远见的经纪人除了尽量吸引现有的优秀运动员以外，也十分注意未来资源的开发。凭借对某项运动项目的熟悉程度，很多时候，这些经纪人会扮演伯乐的角色，随时注意挖掘新秀，并为其聘请合适的教练员，进行培训，甚至出资来帮助运动员的训练、生活和工作。这样的投入是一种长期的可持续发展的策略，其收益往往非常可观。

例如，埃塞俄比亚长跑明星盖布雷塞拉西就是在其成绩还很一般的时候，被荷兰籍的经纪人赫曼斯发现并极力培养，最终在很短的时间内就成为多次打破世界纪录和获得世界冠军的长跑巨星。英国的经纪人麦克科尔则与肯尼亚的中长跑运动员有着非常特殊的关系，1994 年他就代理了 40 多名肯尼亚中长跑选手。麦克科尔十分熟悉肯尼亚国情，与该国田径界的关系密切，会从擅长中长跑的卡郎金人种中挑选人才，对他们进行精心培养。结果在以后的几个赛季中他所代理的肯尼亚运动员在各类世界大赛中出尽风头。著名的拳击经纪人唐·金也是一个眼光独到的拳击天才发现者，他十分擅长在黑人平民中寻找未来的"拳王"。

四、运动员参赛经纪的注意事项

在代理运动员参赛过程中，体育经纪人应注意以下事项：

（1）熟悉和遵守有关体育项目的国际体育组织和国家运动项目协会的章程与有关条例，并督促运动员遵守国际体育组织和国家运动项目协会关于参赛资格的有关规定。

（2）全面了解比赛信息，与运动员、教练员、俱乐部、国家运动项目协会共同商定运动员的竞赛安排。

（3）保证受代理的运动员参加国际体育组织和国家运动项目协会指定的比赛，如地区锦标赛、世界锦标赛、世界杯赛和奥运会的比赛。

（4）代理参赛的原则是不影响运动员的训练和参加重大比赛。

（5）在运动员授权的范围内行使权利，让运动员及时、全面地了解代理人以其名义所从事的商业活动和各项安排。

（6）一旦签订了参赛合同，应尽一切努力保证运动员履行比赛合同。

第四节　运动员无形资产的开发

一、运动员无形资产开发的概念

（一）运动员无形资产的基本概念

运动员的无形资产是指运动员的姓名权和肖像权以及由此衍生的名誉权利与财产权利。

法学界认为，名誉权是一个广泛的人格权概念，其包括了姓名权和肖像权这些名誉权因素。仅就姓名权和肖像权包含的人格权的内涵而言，似乎没有必要设定姓名权和肖像权，只有涉及姓名权和肖像权衍生的无形资产等非人格权的内涵时，才有姓名权和肖像权的独立意义。

事实上，自然人的姓名权和肖像权越来越具有直接的财产权的内涵，大多现时的姓名权和肖像权侵权行为，本身就是以营利为目的的商业行为。尤其是名人的姓名和肖像等具备知识产权特征的无形资产，具有很高的商业价值。如果不在立法上像保护自然人的姓名权和肖像权那样，那么在现有法律条件下，自然人的姓名权和肖像权是很容易受到侵害的，而且还得不到司法和行政救济。因为在现实社会中，同名同姓、长相雷同的相似者众多，法律不可能像保护法人名称权、商标权和发明专利权一样去保护自然人的姓名权和肖像权。自然人的姓名和肖像也就不可能像法人的名称、商标和发明专利一样，由法律设定专用权和不被雷同、相似的权利。

运动员，尤其是明星运动员的姓名权、肖像权等虽然不具备实物形态，但它们具有很大的使用价值，是一种能带来经济价值的无形资源。运动员的无形资产，有些是可以估价的，有些则难以估价。美国篮球职业联盟总裁大卫·斯特恩曾说，乔丹退出或重返美国篮球职业联盟赛场，对美国篮球职业联盟产业链的影响将以百亿美元计。关于乔丹与美国篮球职业联盟的产业关联，我们可能找不到相应的经济学模型，但美国篮球职业联盟市场却记录下了乔丹所创造的商业奇迹，这种现象只能用无形资产加以诠释。

（二）运动员无形资产开发的概念

对于经纪人来说，运动员无形资产的开发是指经纪人受运动员委托，代理运动员开发其姓名权、肖像权等无形资产的经营活动；对于运动员来说，运动员无形资产的开发是指运动员借其本身知名度或个人成就，通过广告的形式协助企业强化其商业销售或产品品牌形象，以达到供需两方双赢的经营活动。

在 2019 年《福布斯》全球运动员收入排行中，阿根廷足球运动员、巴塞罗那足球俱乐部球员梅西以 1.27 亿美元收入高居榜首，葡萄牙足球运动员、尤文图斯足球俱乐部球员克里斯蒂亚诺·罗纳尔多以 1.09 亿美元收入位居第二，巴西足球运动员、巴黎圣日耳曼足球俱乐部球员内马尔以 1.05 亿美元收入位居第三。上榜的运动员来自 25 个国家，但大部分运动员都来自美国。美国橄榄球运动员拉塞尔·威尔逊、阿隆·罗杰斯分别以 8 950 万美元、8 930 万美元收入位居第六、第七，篮球运动员勒布朗·詹姆斯、斯蒂芬·库里以及凯文·杜兰特分别以 8 900 万美元、7 980 万美元和 6 540 万美元收入位居第八、第九和第十。

美国体育明星的无形资产商业开发程度之大，较早之前可以从网球明星阿加西身上得到充分反映。阿加西在 1997 年参加网球比赛时，奖金收入只有约 13 万美元，但商业收入却高达 1 400 万美元。上述事例表明，运动员特别是体育明显的无形资产商业开发的价值是很大的，而美国的体育经纪人可以说将这种价值挖掘到了极致。因此，美国也有"超级体育经纪人故乡"之称。世界知名体育经纪人雷·斯坦伯格为其代理的运动员赢得了约 20 亿美元的商业合同。现在国际上较为知名的大牌体育经纪人有巴内特、波拉斯、门德斯、拉伊奥拉等，他们都是这个行业的佼佼者。

二、运动员无形资产开发的内容和载体

（一）运动员无形资产开发的内容

运动员无形资产开发的内容包括以下两个方面：

（1）利用运动员的形象，通过媒体推广企业的产品。

（2）运动员与企业联姻，由企业向运动员提供金钱、实务或劳务支持，以获得广告、专利或冠名等作为回报。

（二）运动员无形资产开发的载体

运动员无形资产的开发主要是以开拓体育明星的广告市场进行的。体育明星广告正是因为具有冲击力强、创意新颖、趣味性强、信息鲜明、感染力强、效果显著等特点，符合创意广告作品标准和市场要求，而深受企业的欢迎。一般商业广告就像陌生人推销商品，而体育明星代言人的方式则是人们熟悉、崇拜的名人提出他的

见解、建议，较能令人信服和接受。同时，企业品牌形象的塑造，犹如百年树人的工作，需要长期积累，而搭上名人形象的便车，则可减少其中的困难度。另外，体育明星广受媒体注意，曝光机会多，其既可以使代言产品接触广大群众，又能节省产品宣传促销费用。

体育明星的广告载体非常广泛，几乎涵盖了日常生活的各个方面，主要包括两种类型：运动类产品广告和非运动类产品广告。前者是指运动员为其本身从事的运动项目及所需使用的各种物品做广告；后者是指运动员为其他与运动项目无关的产品、服务做广告。体育明星广告的形式多种多样，包括采用肖像图片、电视、报刊、因特网等多种媒体形式为企业开展产品宣传、促销等活动。

随着我国的社会主义市场经济逐步推进及体育产业化迅速发展，我国体育明星广告市场也初见端倪。体育明星的成长道路颇为艰难，这种蕴含艰辛的"顶尖"概念提升了其附加值，使得体育明星更加受到企业的关注，并直接使一些企业改变了广告投资方向。郎平、聂卫平、田亮、熊倪、伏明霞等体育明星纷纷在电视广告中亮相就充分说明了这一现象。体育明星的价值也开始得到社会的认可，如著名球星范志毅1997年由阿迪达斯提供的年赞助额达到8.5万美元，拍摄广告片获13万美元，每在国家队以正选身份上场一次可获600美元，三项总计达20余万美元。2004年雅典奥运会后，刘翔、姚明等奥运明星的广告代言作用更加突出。

三、运动员无形资产中可开发的类别

（一）运动员形象

运动员形象是指与运动员运动表现相关的特征，包括运动员的专业性，即个人成就和专项运动的各项技能；竞技风格，即在比赛中体现出的特征；运动员品质，即是否具有公平竞争等良好的竞技观念；对抗能力，即和对手的竞争关系。

（二）运动员的外在吸引力

运动员的外在吸引力是指运动员具有吸引力的外貌特征，包括形体吸引力，即运动员在外貌上给人以愉悦的审美体验的能力；标志，即运动员吸引人的个人风格和标识；运动员的身材，即在相同竞技项目中运动员身材的好坏。

（三）有销售潜力的生活习性

有销售潜力的生活习性是指运动员在场外可销售的特质，包括生活故事，即能够反映运动员人生观和价值观的场外故事；个人形象树立，即运动员值得社会学习

的优秀品质；人际关系互动，即运动员在与观众、赞助商和媒体接触时表现出的积极的态度。

四、运动员无形资产开发的特点

（一）运动员无形资产开发的专业性

运动员无形资产的商业开发是与运动员转会、劳资合同制定、同俱乐部或联盟谈判完全不同的工作，具有很强的专业性。在单项委托日益兴旺的今天，已经有许多体育经纪人及其团队专门负责运动员无形资产的开发。例如，网球选手辛吉斯的身后就有一支 5~6 人组成的队伍为她提供商业开发服务。美国 SFX 体育集团擅长运动员的代理服务，而 OctoPn 公司的专长则是运动员的市场开发。目前这两个公司已经联合组成了 SFX 娱乐公司，两者各取所长，使其商业机会和运动员经济实力大增。

（二）运动成绩对运动员无形资产价值的决定性

从体育明星所具备无形资产的价值看，无形资产的产生和市场价值的大小，主要取决于本人的社会影响力和宣传效应。而其社会影响力和宣传效应主要是由运动员的运动成绩决定的。一般来说，个人的运动成绩越好，其拥有的无形资产的价值总量、市场开发的潜力以及交易的成功率也会越大。

（三）运动员无形资产价值与现代传媒的联动性

运动员的声誉及宣传效应不能自发地起作用，必须通过大众传媒，与媒体联动，才能实现其价值。在进行运动员的形象设计和开发时，电视、报纸、杂志等媒体的炒作是必不可少的先决条件。离开了这些宣传的媒体，开发运动员无形资产是难以想象的。通常，媒体越先进，影响面越广，宣传效应越强，体育与其联动创造的无形资产的价值就会越高。因此，许多体育明星的经纪人都要定期为自己的委托人精心设计和制造与传媒接触的机会，以维持他们的明星效应。这也是运动员无形资产增值的有效方式。

（四）运动员无形资产的利用与企业的高度相关性

运动员无形资产的生命力在于资产能否有效地应用于企业经营，给企业带来良好的声誉，提高企业的知名度，创造超额利润，从而取得最佳的社会经济效益。从事运动员无形资产的经纪活动必须是让运动员与企业双方以支持和回报交换为中心，以支持换回报，以回报换支持，两者进行等价交换。双方必须是互惠互利、共同得利的关系。双方只有平等合作、精诚团结、同舟共济，才能实现共赢。

（五）运动员无形资产开发的不确定性

运动员无形资产的潜在价值或理论价值可能很大，但是上市后其实际交易价格能否反映他的理论价值，则有很大的不确定性。在实际操作中，其开发利用和价值计算都存在一定难度，其价值实现弹性相当大。一方面，运动员无形资产价值的实现要受到项目水平、项目普及程度、项目商业价值和相应法规完善程度等一系列体育自身因素的影响；另一方面，运动员无形资产价值的实现取决于媒体的关注程度、大众的参与程度、购买企业的形象定位以及经济的景气程度等诸多因素的影响。在从事这类经纪活动时，体育经纪人要特别注意降低交易风险，尽可能实现市场价值。

五、体育明星广告的经济运作

（一）体育明星广告市场的中介机构

体育明星广告市场的中介机构主要包括两类：体育经纪人和广告公司。体育经纪人主要从代理运动明星的角度进行广告市场开发；而广告公司多从代理企业客户的角度实施广告市场开发。目前，国际上运动员无形资产的开发已经高度发达，体育经纪人和广告公司经常以合作的形式开展市场运作。

1. 体育经纪人（或经纪公司）在体育明星广告市场开发中的作用

体育经纪人（或经纪公司）通过自身工作，能够保护和提高运动员的无形资产量，通过媒体建立和强化运动员的公众形象，促成体育明星与企业建立伙伴关系，使体育明星的社会经济价值得到最充分的体现，并尽可能降低交易风险，化解不利因素。

2. 广告公司的作用

广告公司在开发体育明星广告市场上的真正价值在于有机地结合体育明星与广告客户品牌的实用性及独特性，即通过广告创意，以具备深刻和持久的感染力的方式传达给顾客，获得顾客的认可。要做到这一点，广告公司必须制定完整的市场开发策略，认真做好市场调研，搞好媒体组合，以提升体育明星广告市场效益。

（二）体育明星广告市场的运作规则

1. 运动员无形资产的权益分配

肖像权、姓名权属于运动员的无形资产。体育经纪人受运动员委托，对运动员的无形资产进行商业化运作，开发体育明星广告，一方面可以使运动员专心训练和比赛，有利于维持运动员的竞技水平和公众影响力，保持无形资产的价值量；另一方面也可以通过专业的市场操作使得运动员的无形资产得到最大限度的开发。

在西方社会，体育明星的无形资产是自我投资形成的，这些体育无形资产商业开发所形成的收益完全归运动员个人所有，并受法律保护。由于我国体育的举国体制，培养运动员的各项费用主要由各级政府的财政支付，因此我国体育明星的肖像权、姓名权的广告收益部分是属于国家（如以体育基金会、协会、俱乐部、运动队为代表）的；而优秀运动员成长过程的长期性和不确定性，决定了体育明星本人也开始在其广告收益中参与分红。

由于上述原因，我国体育明星的肖像权、姓名权的商业管理和市场运作是多种多样的。例如，中国足球协会明文规定俱乐部拥有职业球员的肖像权，球员拍摄广告的收入要按工作合同所规定的比例分成。市场管理规范尚未完全形成，在实际运作中会遇到许多难以解决的问题。目前最好的办法是在签订广告合同时，把体育明星的肖像权和分配事项写清楚，以得到法律的保护。

2. 体育明星广告经营中的注意事项

（1）体育经纪人（或经纪公司）的注意事项如下：

第一，不能影响运动员的训练和比赛。体育明星广告市场的开发依赖于其无形资产量。从体育明星所具备的无形资产的价值看，无形资产的产生和市场价值主要取决于本人的社会影响力和宣传效应。其社会影响力和宣传效应主要是由运动员的运动成绩决定的。因此，经纪人围绕运动员进行的商业开发活动不能影响运动员的训练和比赛。

第二，维护良好社会声誉，建立和强化公众形象。体育竞争倡导的公平竞争精神、奥林匹克运动的宗旨和理想使体育运动赢得了良好的社会声誉。如果运动员的声誉受损，其无形资产的价值就会迅速贬值。因此，体育经纪人必须要求其代理的运动员保持良好的体育道德作风，公平竞争，捍卫体育的纯洁性。

第三，通过媒体建立和强化运动员的公众形象。体育明星的形象等作为"无形资产"，也需要不断宣传、不断使用，使之"有形化"，从而增值。因此，体育经纪人在从事运动员经纪活动时，要十分注意正确处理与媒体的关系。运动员及其经纪人都要认真学习与媒体打交道的办法和技巧，充分利用媒体来树立运动员的公众形象。

第四，促成体育明星与企业建立伙伴关系。体育经纪人应通过自己的服务和关系网络，使体育明星不遗余力地或者推销企业产品，提高市场占有率，或者成为其品牌代言人，提高企业的知名度。这是建立在双赢基础上的平等合作关系。

第五，降低交易风险，化解不利因素。尽管体育明星无形资产的潜在价值很大，但体育经纪人要通过中介、代理、承办、服务、创意，使体育明星的社会经济价值得到最充分的体现，尽可能降低交易风险，化解不利因素。

除此之外，体育明星广告市场的开发还涉及许多因素，如运动员本人的形象、性格、气质、商业兴趣和敏感度等，这都是经纪人必须考虑的因素。

（2）广告公司的注意事项如下：

第一，创造性地实现体育明星和企业产品的有机结合。明星与产品的完美结合可以创造经典，穿越时空。如果仅以明星代替创意，让明星在电视里不厌其烦地硬性推销一些连他们自己也不可能使用的产品，显然只会令人反感。

第二，体育明星形象的选择要符合目标群体的特征。如果体育明星的形象符合产品消费群体的特征，这在心理上就已经获得了消费者的肯定。目标消费群体会觉得这种产品非常符合自己的身份，就有可能提高产品的购买概率。例如，耐克推出乔丹的广告策略。

第三，广告公司要注意过于耀眼的体育明星会覆盖产品的光芒。体育明星的形象过于耀眼夺目，常会覆盖产品自身的光芒。因此广告公司在用体育明星做广告时，千万不能喧宾夺主。

第四，如果体育明星承接多个广告，被宣传产品会受干扰。一个体育明星做的广告太多，产品之间经常会相互干扰，这对其代言的任何一种产品都是不利的。

第五，同类产品都由体育明星做广告，会造成品牌混淆。同类产品都由体育明星做广告，如品牌之间形象区别不够清晰，就很可能为竞争对手做了宣传。

第六，在体育明星广告市场中，产品要选择体育明星，体育明星也要选择产品。体育明星做广告时，除了获得广告形象，还要不断保持或提升自身的无形资产量，避免声誉受损。

六、运动员商业开发中的注意事项

（一）运动员形象权的控制与保护

目前，欧洲的许多足球俱乐部直接从运动员经纪人那里购买运动员的形象权，使其成为整体合同的一部分。2001 年，意甲联赛罗马队的队长托蒂与俱乐部的续约

就是一个例子。因为带有形象权的转让，俱乐部续签托蒂的费用大幅增加。运动员形象权的转让意味着俱乐部将拥有运动员的无形资产，并将负责运动员的市场开发，而经纪人的作用将只是谈判。运动员形象权打包在工资合同中一并出售，对经纪人来说究竟是利还是弊，还需视不同运动员的实际情况来确定。有利的方面是经纪人的工作会更加容易，他们每年只需坐下来为客户谈判一两次，而大部分纷繁复杂的开发工作就可以由俱乐部去处理了。不利的方面是将运动员的形象开发权交给俱乐部，经纪人如果仅依靠开发合同的比例收取佣金，他们的收入肯定要减少。

这里需要把握的是，事实上，形象权只是对那些真正有市场价值的运动员，即一流的体育明星运动员才有开发价值，而更多的职业运动员不可能获得普遍的关注，成为赞助商追逐的形象代言人。按照奥塔根体育经纪公司运动员事务部负责人克利福德的观点，企业还会像过去那样愿意花钱找运动员做形象代言人、拍广告，但是这些钱是集中在最好的5%的运动员的身上，而另外95%的运动员对经纪人来说不是可开发的资产，甚至可以说是负担。因此，对于经纪人来说，他们更愿意把普通运动员的形象开发权卖给俱乐部，先把钱装到口袋里再说；而对于真正具有商业开发价值的体育明星，体育经纪人还是应当充分保护和行使自己的开发权，以实现尽可能多的利益回报。

(二) 学会与企业打交道

随着企业请体育明星做代言人越来越普及，企业对运动员的控制力也日益加强。例如，耐克公司成立了专门的"体育经营"部门，为运动员提供"全套服务"，包括代言、职业指导和市场咨询等，而其中很大部分本来是应由经纪人完成的。以美国篮球职业联盟篮球明星莫宁为例，耐克公司依据合约安排了莫宁从头到脚，包括生活的方方面面，甚至是乡间别墅的水龙头。为了使这位身高6英尺10英寸（1英尺＝0.305米，1英寸＝0.025米）的巨人球员生活方便，耐克公司派专人将淋浴喷头和洗漱台调整到合适的高度。按照合约规定，耐克公司要求莫宁在个人生活用品上必须以公司为他挑选的为准，如他只能喝耐克公司指定的饮用水，只能去耐克公司指定的商店购买音响设备等。当然，耐克公司也为此付出了很大的代价。据说，耐克公司在莫宁的合约中保证为他及他的经纪人大卫·福尔克提供5年1 500万美元的保险金。

近年来，耐克公司已经在体育领域取得了毋庸置疑的地位，其名下的代言人曾有迈克尔·乔丹、安德烈·阿加西、查尔斯·巴克利、大卫·罗宾逊和迪恩·桑德斯等一系列响亮的名字。耐克公司作为美国乃至全球最大的体育赞助商，在这方面的花费1991年就已突破2亿美元。但是，耐克公司与其最伟大的球星代言人乔丹长达18年的合作，至少让耐克公司仅从篮球鞋这一项上就赚到5亿美元。耐克公司和乔丹成了世界广告模范搭档，耐克公司热衷于体育经纪活动，与众多的大牌体育明星签订了经营范围极广的代理协议。耐克公司负责运动员的媒体训练、形象设计、财务咨询以及代为寻求耐克公司以外的公司的代言机会等。耐克公司及其他一些企业以体育经纪人的身份代运动员谈判，这些做法已使一般的体育经纪人感到不安。同时，这也让俱乐部和体育联盟感到危机，它们在合同谈判中处在更加不利的地位。这是体育经纪领域近年来出现的一种新的情况，体育经纪人对此应当予以关注。

（三）把握好运动员形象开发的时机

有眼光的体育经纪人往往在运动员尚未成名时就开始将其收归自己的麾下，并在最适当的时候将其推出，以获取最大的市场开发价值。简·霍尔姆斯是著名的SFX体育经纪公司的经纪人，该公司代理的运动员包括迈克尔·欧文、阿兰·席勒和贝克汉姆等知名的足球明星。霍尔姆斯认为，运动员过早地参加商业活动会影响到他们的训练和比赛，尤其是刚刚出道即成名的年轻球员，如欧文和席勒。他们不可能像莱因克尔那些老球员有很多的时间参加商业性活动。对此，霍尔姆斯说，欧文显然有非常好的前程，他的商业敏感度非常高，但在他当运动员期间，首要的任务仍然是训练和比赛。莱因克尔在1986年世界杯上获得金靴奖时，霍尔姆斯并没有急于把他推向商界，而是在其准备结束足球生涯时才开始对他进行形象商业开发。由于莱因克尔在长期的足球生涯中积累了巨大的无形资产，加上此前霍尔姆斯对他进行的定期训练，教他怎样与媒体打交道，因此莱因克尔的商业开发一举获得成功。

（四）以娱乐为核心抓住媒体

进入娱乐业是运动员形象开发的最佳方式。欧美的很多体育经纪人都十分赞赏《娱乐经济学》一书中的观点："娱乐业几乎垄断了所有的商业市场。"SFX体育经纪公司的经纪人霍尔姆斯在运动员形象推广方面充分运用了这条法则，他让足球明星席勒在与麦当劳公司、莱因克尔和欧文在与WakerCisp公司的广告合作中以幽默娱乐的方式出现，取得了非常好的电视广告效果。

安德烈·米尔斯是大陆足球体育管理公司的经理，他也赞同这个观点。经纪人在为运动员提供常规的职业建议、运动发展、谈判签约等服务的同时，要特别注意建立运动员的媒体形象。对运动员来说，媒体是座巨大的金矿，需要经纪人和运动

员共同去挖掘。在这方面，体育经纪人要注意挑选的媒体和合作机构必须具有诚信，必须始终把运动员的利益放在首要位置。美国在体育市场营销和运动员形象开发方面处于世界领先地位的原因就在于：美国的体育经纪人十分注重运动员的媒体关系和公共形象，让运动员在职业生涯之初就开始注意积累媒体经验，并通过媒体建立良好的公众形象。

安德森足球经纪公司代理的运动员包括怀特、亚当斯和博格坎普等世界知名球员。该公司与电视台、广告机构都保持着良好的关系，曾经成功地把英格兰著名球星怀特推到了体育商业的顶峰。怀特是位天才球员，个性也非常突出。安德森足球经纪公司精心设计，充分发掘了他的球星效应和商业价值，利用他的足球天赋和个性使他在娱乐业干得同样出色。怀特成为英国第一个进入电视圈的现役球员。怀特的广告生涯从耐克公司开始，后来广告和片约不断，成了广告明星和电影明星。

（五）与运动员患难与共

运动员有时会因种种原因或偶然因素陷入困境，这时经纪人应勇于站出来对运动员加以保护。经纪人还必须提防媒体对运动员的意想不到的攻击。著名经纪人安德烈·米尔斯曾经很形象地比喻道："运动员和经纪人之间就像是一种婚姻关系，无论是在生病的时候，还是在健康的时候，都要支持和保护他们。具备良好媒体形象的运动员能获得实力雄厚的俱乐部的合同，有大笔的赞助交易和市场推广机会。经纪人和运动员之间是一条双向车道，运动员需要得到经纪人的帮助，经纪人也需要从运动员那里得到帮助。"

英国著名板球运动员麦克阿瑟顿曾经被指控参与一场假球事件，陷入麻烦。他的经纪人霍尔姆斯帮助他妥善地处理了这件事情。当时霍尔姆斯正在休假，得到这个消息后，立即取消休假，与媒体协商，消除了恶劣影响。现在，体育经纪公司有许多人在专门处理这方面的事务。

案例一

我们是这样帮姚明赚钱的

如果没有"姚之队"，姚明会不会成功？这是一个被章明基试图掩饰了很多次的问题。因为作为"姚之队"的核心人物，他一定说，没有姚明，他们什么也干不成。事实上，正如章明基所言，中国还可以有更多的姚明。姚明的成功首先是商业上的巨大成功，无论是美国篮球职业联盟造星机器使然，还是其个人的品牌价值累积。如果姚明的成功其中蕴涵着某种深刻的游戏规则，那么我们坚信章明基才是那个深谙游戏规则的人。"白沙事件"已经留给世人太多的遗憾，谁都会忍不住想，如果刘翔的背后有一个章明基……

姚明不会和刘翔犯同样的错误

《赢周刊》：在国内，同一时期，刘翔和王治郅应该是可以拿来和姚明做比较的运动员。先说刘翔，就在很多人都坚信这个获得110米跨栏奥运冠军、举世瞩目的中国男孩在未来将拥有不可估量的商业价值的时候，刘翔遭遇了"白沙事件"。你认为问题到底出在什么地方？中国运动员在自己的职业生涯上有没有办法走得更好？是不是因为没有像"姚之队"这样的团队站在他们的背后？

章明基：随着社会的发展，中国体育明星会越来越多地出现，而这些体育人才都会面临一个问题：在体育运动以外与其个人形象、品质和品牌有关的各方面存在着信息不对称。比如说，刘翔在他现在的年龄段和所走过的人生历程中是不可能知道什么是媒体管理、公共关系、品牌塑造、品牌营销、体育营销等种种他所需要的信息和知识。这种非常严重的信息不对称，必须有人帮助他完成这些工作，使他的形象和发展走上一个健康的轨道。当然，这个人不一定是个经纪人，有很多的组织和个人都可以做到这一点。但首先是刘翔和其他人员应该知道他本身有信息不对称的问题，而这些信息不对称问题是他个人所不能解决的。因此，当有些运动员出现问题时，我相信绝大部分是为他弥补这个信息不对称方面的人出了问题。

《赢周刊》：当年的王治郅在国内联赛的表现也非常出色，但王治郅在美国篮球职业联盟的表现与姚明则有着很大的差距。很多人会说，王治郅当年为了在美国篮球职业联盟打比赛而两次拒绝回国训练给他此后的职业发展带来了很大的负面影响，而姚明在这方面却处理得还不错。王治郅这样的结果，是不是说完全可以由王治郅的经纪人进行规避？

章明基：首先每个人都有他的特长和能力，很显然的是，姚明是一个比王治郅更优秀的篮球运动员。王治郅是不是应该做一些其他的事情、在决策上有没有失误，我想那不是我应该去评判的，但是我可以讲，如果姚明碰到这种问题，我们会尽可能地帮助他。我不知道是不是王治郅的经纪人沟通不成功或还有其他因素，但是我们只能看到最后的结果：王治郅的经纪人在这个位置上是有问题的，而姚明没有碰到这个问题。

《赢周刊》：其实是姚明和你们更懂得游戏规则吗？

章明基：游戏规则不是固定的而是一直在变的。姚明应该是非常清楚自己在这个游戏规则之下可以做到什么、做不到什么以及他怎么去影响这个游戏规则。当然，这里面有我们提供资讯的功劳。

《赢周刊》：很多人热衷于从商业价值的角度来把姚明与乔丹做比较。无论是在球场还是商业上，乔丹的成绩都令人刮目相看。您认为乔丹能够在商业中取得这样的成功，其经纪人在其间所起的作用重要吗？他的成功是一种必然还是一种偶然？

章明基：也许可以这样说，乔丹在品牌营销方面其实是有很多失败的例子的，而这些例子在姚明身上不会出现。乔丹如果没有这些失败的例子他会做得更好。你有没有看到乔丹做的其他广告？内衣广告、世界上最烂的热狗的广告……这些对他自身的品牌都有着负面的影响。从纯营销学的角度上来讲，乔丹自身的品牌价值已经是很高很高了，因此这些东西对他的打击不是很大。而像泰格·伍兹也是有很多品牌不是很成功的，如和别克汽车的合作。他本身并不开别克汽车，那么有谁会相信泰格·伍兹会去开美国人都认为是老爷车的汽车。这对他品牌的可信度就是一种打击，而这种打击是会转嫁到他其他的品牌代言当中的。我相信姚明是不会犯同样的错误的。

我们几乎没有一个人是靠代理球员谋生的

《赢周刊》：既然你认为运动员与外界存在着信息不对称问题，那么解决这种信息不对称问题最佳的途径是什么？

章明基：就是对提供这些信息的人有职业道德的要求。你要如实地把问题跟运动员讲："我在给你提供信息的时候，我有什么条件，我做不到什么。"有一点要非常注重，信息不对称到了最后就是利益冲突。经纪人和每个球员都有这方面的经济利益问题，很多经纪人都是收佣金的。从这个层面上讲，经纪人希望这个球员做的广告越多、价值越高就越好，但这样并不一定对球员有利。2003—2004年两年我们至少替姚明放弃了3 000万美元的广告代言费。

《赢周刊》：通过职业道德的要求来解决经纪人和球员之间的利益冲突，显然不是个可操控的方式。那么，这3 000万美元到底是怎样顺利地被你们或被姚明放弃的？"姚之队"又是如何规避这些利益冲突的？

章明基：最简单的方式是我们组成一个团队，而这个团队的决策机制把这些因素都考虑进去。比方说，我可以一个人做姚明的经纪人，但是我不愿意这样做。我用了五六个人，包括姚明的美方经纪人芝加哥大学教授约翰·海逊格、美国篮球职业联盟著名经纪人比尔·达菲、来自洛杉矶 BBA 体育经纪公司的小组市场总监比尔·桑德斯以及中方经纪人陆浩和中方律师王晓鹏。重大决策大家都有一票，阐述观点后投票决定。每个人都会从不同的角度去考虑，比方说负责媒体公共关系的人就不会管这个商业合同到底带来多少金钱，他不拿这个佣金，他会非常公正地以自己的专业角度来投这一票。每个人都必须拿出可以说服其他人的说法来征得大家的一致性。如果大家无法一致同意，那么最后就是由姚明决策，姚明有最后的一票。因此，基本上我们要求"姚之队"给姚明的建议和咨询必须先征得内部一致同意，但是姚明还是有最后的否决权。

《赢周刊》：那么你们的利益分配机制呢？就你上述所言，这样的决策机制事实上还是由一个利益分配机制在背后起作用，也许利益分配机制才是你们最根本的因素？

章明基：这个与利益分配没有任何关系。这个决策机制就是你怎么为他提供信息，提供信息的过程是最重要的，而不是利益分配。简单地说，就是说每做出一个决定都会有监督环节，没有一个人在这里面是独大的。我在领导这个"姚之队"代理小组的时候，我比所有人都多出的是最终否决权，但我也不能说我不听姚明的意见。

《赢周刊》：你和姚明真的像你以往在媒体上所说的那样没有金钱上的关系吗？

章明基："姚之队"的利益分配问题我不能回答，有很多我是不参与的。其实，我不是不参与，最后的决策每一个都是要通过我的参与才能决策，但从利益分配的角度来讲，对我并不是很大的一块，或者说相对于其他的成员来讲，他们在这里面的利益可能更多一点。我觉得我们这个团队有一个特征是和其他运动员的经纪人不一样的。你仔细看这里面的人，除了比尔·桑德斯以外，没有一个人是靠代理球员谋生的，这非常关键。因为这一点，与其他人相比，我们可以有很多运作方面的不同，所以我总在强调一个如何规避利益冲突的机制。

《赢周刊》：就目前的结果而言，"姚之队"本身的运作是成功的，其重要因素除了决策机制，还有什么是你们的特色？

章明基：科学的方式。我们是一个强大的组合——有专门负责公共关系和媒体管理的，从大学毕业以后就一直在公关公司；有一直在做篮球经纪人的；有一个德高望重的教授，从整个决策的逻辑出发提供监督；有一直在中国体育界和政府部门沟通多年甚至就是从这个体系里面成长的中方经纪人，负责中国事务的处理；在市

场营销方面，有一个长期从事美国篮球职业联盟球员营销、体育营销、娱乐营销方面工作的人；同时，我又是读工商管理硕士的，在美国和中国的经营都有一定的经验。另外，在文化方面我们也有很好的搭配，基本上是三个中国人四个美国人，从团队的组成方面来讲，这是一个非常合理和科学的组织。

《赢周刊》：那么你的责任是什么？

章明基：我是总负责，每一个决策我都要负责，基本上我最大的职责就是保证这个团队正常运行，把每个人的潜力都挖掘出来，使每个人都对这个团队有贡献。从知识层面来讲，在各个方面我都不能算是一个专家，但至少我知道一点，我本科是读数学和经济学的，所以事实上我不缺乏任何管理姚明所需要的东西。

姚明代理的品牌不会超过10个

《赢周刊》：你曾经说过，姚明最终合作的品牌不会超过10个，我想知道，现在姚明已经签约的品牌有哪几个？对于品牌的选择，"姚之队"有着什么样的原则和筛选方式，以避免出现错误？

章明基：苹果计算机、百事佳得乐、麦当劳、锐步、中国搜狐、中国联通，有两个公益项目和一些小的品牌。我想我们的原则就是让姚明整体品牌价值的最大化，然后使他所代言的每一个公司都能得到好处。我们在做姚明的品牌管理策略时采取的是科学性而非人为的方式，是非常先进的。我不相信在做品牌评估的时候，会有其他团队包括国际上的团队会像我们一样为了一个运动员到另外一个国家做全国性的抽样统计调查，而得到的结果又是用非常先进的数据模型进行分析。我相信很少有人会做到这点。人家说我们是一群书呆子，可能也是这个原因。当然这里面要有一个条件就是，姚明跟得上我们的这种意识，理解并且支持，愿意为此付出代价。

《赢周刊》：什么代价？

章明基：比方说，在与各品牌合作之前，他一分钱都没有赚回来的时候，我就要做市场调查，这是要将十几万美元扔进去的，但他认为这个付出是值得的，因为他了解了这里面会给他带来什么样的好处。

《赢周刊》：姚明和企业的商业合作已经有很多了，你们是否还会考虑一个问题：人们开始感觉到过度的商业化是否会削弱姚明本身的品牌价值？

章明基：到目前为止应该还没有。事实上，明星的品牌管理很重要的一点就是可信度，而这个可信度来源于明星给予消费者的真实感。奥运会以后，已经有很多品牌来和姚明联系，有些品牌已经开到了天价，一年的报酬超过500万美元，但是姚明不做，因为他没有办法喜欢该品牌的产品。我们不会让姚明去代言一个他不喜欢的产品，不管企业付多少钱，总是会被人看穿的。可信度是维持品牌价值最重要的一点。有了这个作为基础，然后你才可以说这个品牌与我匹不匹配，或者说是否能够为我带来升值。姚明曾经有过这样的经历，同时有两个品牌供他选择，广告费用相差十倍，最后姚明选择了费用少的那家公司——苹果公司。后来我们的市场调查和评估表明，费用多的那个品牌只会对姚明产生负面的影响，而苹果公司是一家非常优秀的公司，它对姚明的品牌形象会有非常高的提升，它的企业文化所代表的固有品牌价值如果可以转移到姚明身上，那么对姚明的价值会带来巨大的提升。

《赢周刊》：当时是姚明的意见和你们一样，还是你们说服了姚明？

章明基：姚明非常快就理解了，有多少运动员会作出这样的决定？很少！事实上，这个广告以后，姚明的身价马上就翻了一倍。从维护品牌价值的角度上讲，我们是要做检验的。做了一个品牌以后要得到的价值回报是什么，有金钱方面的因素，也有品牌提升方面的综合考虑。这一系列的工作里面，我们会运用很多先进的理论和工具。我们作出一个决策，经常要回过头去用市场调查的方式来验证我们的理论是不是对的。

《赢周刊》：有没有错过？

章明基：有过两次。根据我们调查的最后结果反馈，有两个本来要签约的公司因为这个原因最后都没有签，而签了和它们竞争的品牌。这种科学的方式可以规避很多风险，让运动员在这方面得到很多正确的信息，然后让他决策。

《赢周刊》：之前你们在状告可口可乐公司侵犯姚明肖像权的态度上感觉很强硬，而你们只是索要一元钱的赔偿金额。面对这么大的跨国企业，你们为什么对这件事情这么执着？

章明基：首先是个原则性的问题。毫无疑问，可口可乐是一个非常优秀的公司，在所有饮料公司里面他的品牌价值是世界上最高的，也为中国体育做出了很多的贡献。但这并不等于说可口可乐在没有授权的情况下就可以使用姚明的形象。如果我们不阻止的话，今天是可口可乐，明天是甲、乙，后天又是丙、丁，每个公司都会做同样的事情，总会有一家公司会对姚明造成灾难性的打击。

中国应该有更多的姚明出现

《赢周刊》：您认为"姚之队"的这种操作模式有普遍适用性吗？

章明基：这取决于两个因素：一个因素在于运动员自己的思想素质怎么样；另

一个因素在于是不是有一个好的游戏规则，营造出经纪人互相竞争规范运作的大环境。具备了这两个因素，我相信会有很多像我们这样的团队出现。

《赢周刊》：中国为什么会在这个时候出现了姚明这样的国际体育明星？目前中国的体育产业环境面临着一个什么样的阶段，它将为中国运动员带来什么样的影响？

章明基：我应该反问，为什么没有更多的姚明出现？我觉得中国是可以有更多的姚明出现的。现在我们讲市场化，其实讲的是产品市场——联赛的市场。球员作为产品在这个市场上活跃。事实上，我们忽视了"原料市场"的建立，整个过程其实和工厂是一样的。工厂有原料进来，工厂要把它加工制作，最后才有产品出去。"原料市场"的市场化建立不起来，中国是不可能有更多的姚明、刘翔出现的，至少不会大量涌现。

——资料来源于苏丹丹. 章明基：我们是这样帮姚明赚钱的 [J]. 中国商人，2005（7）：54.

案例二

我们是这样帮运动员赚钱的

著名的网球经纪人麦克斯·艾森巴德是莎拉波娃和李娜的经纪人，是国际管理集团（IMG）的王牌经纪人之一。国际管理集团（IMG）是全球最出色的体育经纪人公司之一，公司旗下拥有费德勒、莎拉波娃等众多国际一线体育明星。

除了尤里，艾森巴德是这个世界上对莎拉波娃影响最大的人，他领导的 20 多人的团队负责安排她的行程并管理商业事宜。艾森巴德是个"背黑锅"的人，在莎拉波娃成绩不好时，他总是被指责给球员安排了太多的商业活动。实际上，没有他，莎拉波娃的生活将一团糟。艾森巴德的团队一年要推掉三四百家世界各地媒体的采访要求，莎娃夺得大满贯时还要翻倍。他精心挑选代言品牌，让赛场上的莎娃成为活的广告牌——她新款的耐克球衣谁都可以买到、颁奖时佩戴豪雅手表、出入场时要背 Cole Haan Maria 系列时装女包、打电话时要使用索尼爱立信最新款的手机……在 2004 年，莎拉波娃夺得温网冠军一夜成名后，艾森巴德就为她赢得了 2 000 多万美元的代言费。根据"福布斯富豪榜"公布的数据，莎拉波娃在 2009 年共赚进2 450 万美元，位列全球女运动员首位，其中只有 100 万美元是比赛奖金和出场费。当然，如果她想要，还会更多。艾森巴德每两年都会举办赞助商峰会，以避免赞助商随意地推出广告宣传活动。无论莎拉波娃处在世界第 1 位还是第 20 位，每年只给赞助商 14~16 天的时间做宣传，这还包括在满贯赛事期间的宣传时间。

在 2009 年，李娜从国家队选择"单飞"之后签约了国际管理集团（IMG），并由兼带莎拉波娃的王牌经纪人麦克斯·艾森巴德直接负责场外的商业运作。

李娜在法国网球公开赛夺冠后，不仅收获了荣誉和奖金，她的商业影响力也呈几何倍数增长，成为中国体育界商业代言的新贵。法网夺冠后不到两周，李娜就成为担任梅赛德斯-奔驰全球品牌使者的第一位中国人。奔驰给出 3 年价值大约 450 万美元的合同，回报是在李娜球衣右侧的一小块位置放置奔驰的标志。算上李娜此前签约的赞助商耐克、劳力士、哈根达斯等世界品牌，2011 年李娜的代言费已经超过 2 亿元，在商业世界掀起一股热潮。

李娜法网夺冠之后，麦克斯·艾森巴德为李娜选择了国际化的品牌代言路线，为李娜的品牌代言设置了相当高的门槛，使她成为国际品牌的中国化形象代表。艾森巴德说：我一直在努力做到自己的最好，但对球员进行商业开发，这需要多重条件，好的球技、好的经纪人、好的时机……

　　　　　　——资料来源于 http://blog.sina.com.cn/s/blog_6fdc32650100xhng.html

第五节　运动员日常事务的代理

一、运动员日常事务的代理

早期的体育经纪人主要为体育组织和运动员提供中介服务，服务内容主要是运动员转会经纪、参赛经纪和运动员代言商业企业或参与商业活动的经纪业务。现实的体育经纪人则在原有的基础上，新增了运动员日常事务代理的经纪业务，这项业务通常被俗称为运动员的"保姆"。

二、经纪人代理业务的发展情况

在竞技体育发达国家，体育经纪人对运动员，特别是明星运动员的经纪业务，已经开始了被称为"全天候保姆式服务"的运动员日常事务代理活动。所谓运动员日常事务代理，其主要业务内容包括运动技能的保持与增强计划、文化素养的学习

与完善方案、个人形象和风格设计、无形资产的商业开发、法律经济问题咨询、投资理财的财务管理等。

在我国，经纪人对优秀运动员的经纪业务基本上还局限于转会经纪、参赛经纪和商业活动经纪，运动员的日常事务代理还几乎没有经纪人的介入。各级体育俱乐部、运动项目管理中心实行的只是对运动员的日常事务管理，而管理和代理是完全不同的两个概念。即便是管理，我们也普遍缺乏服务意识，管理一定程度上变成了管制。我国的职业体育体制下培养的运动员，缺乏正常的教育，其人文素养和道德规范等缺乏修炼。解决这些问题，除了加强运动员自身的学习和修养外，特别需要体育经纪人为他们提供日常事务代理。

三、职业要求

体育经纪人在承担运动员日常事务代理活动时，必须认真分析所代理运动员的个性特征、个人形象、运动气质和发展潜力，在开发其社会价值和商业价值的同时，不断提升其公众形象和品牌形象。因此，经纪人代理运动员日常事务的主要目的就是使运动员得以摆脱日常社会、经济和法律问题的思考和应对，专注于运动技术水平的提高和人格的全面发展。

案例

丁俊晖背后的操盘隐者

陆浩 20 年前是一名篮球运动员，用他自己的话说，"成绩很一般"，也没什么名气。现在他是众辉国际体育管理有限公司（以下简称"众辉"）的总经理，除了圈子里的人，知道他的人也不多。但是他和他所在的众辉旗下的运动员，随便出现在中国的哪一个角落，都会掀起一阵轰动。

陆浩是姚明的中方经纪人，也就是姚明的经纪人团队"姚之队"的成员之一；"台球神童"丁俊晖也是众辉的签约运动员；这个成立时间不长的公司，还是中国国家田径队的商务推广机构，而国家田径队最有名气的运动员非刘翔莫属。可以这样说，在中国体育经纪这一行业刚刚起步的时候，陆浩和他的众辉已经把中国最有价值的职业运动员全部纳入旗下。

姚明、丁俊晖、刘翔这些明星运动员无疑比陆浩那一代运动员幸运得多。毕业于上海体育学院篮球系的陆浩打过几年篮球联赛，但是那时别说见到经纪人，就是听都没听说过。陆浩身高只有1.70米左右，篮球场上司职后卫，尽管他对篮球无比热衷，但并非一流球员。从球队退役以后，他在厦门大学做过几年体育教师，在信托公司做过信贷，也经营过贸易公司，后来回归体育行业成为厦门足球俱乐部的副总经理。

2002年，随着中国足球职业联赛的发展，陆浩认定经纪人会成为未来中国体育产业的重要一环。当年他通过了中国经纪人资格认证考试，成为中国第一批12个体育经纪人之一。"我之前的职业经历并非刻意规划出来的，但是却为后来做经纪人奠定了基础"陆浩说。

体育产业对经纪人的要求是很高的，首先必须对运动行业比较熟悉，然后要了解市场，还要懂得经济方面的规律。运动员生涯让他很容易就了解运动员的想法，金融、贸易行业都是很实在的商业运作，足球俱乐部管理工作也让他了解球员所在球队的需求是什么。

"经纪公司就是服务行业，如何为签约运动员的每个方面都做出合适的安排，这就是我们每天都在想的事。"2002年6月11日，到上海出差的陆浩专门抽出时间去与丁俊晖见了一面，这是丁俊晖进入上海交通大学读书的第四天。

为球员全面服务　从读书到理财都要管

为丁俊晖在上海交通大学上第一节课的当然不是台球教师，也不是普通的文化课老师，而是专门为工商管理硕士、高级管理人员工商管理硕士上课的上海交通大学安泰管理学院的王方华。因为对台球的酷爱，丁俊晖初中还没读完就辍学练球，这让他不到20岁就成为台球顶尖高手的同时，也导致了文化知识的欠缺。

王方华专门为丁俊晖准备的课程是"管理学的过去、今天和明天"。因为他认为球员在运动场上的交手、场下对比赛的准备，与传统商业竞争一样需要管理学来作为决策的基础。但是王方华的传授手段却并不难懂："我给他讲了三个故事，'三个和尚没水喝''小明剪裤子'还有'龟兔赛跑'。'三个和尚没水喝'的故事其实讲的就是管理学中统筹安排；'小明剪裤子'说的是一个小孩子分别让奶奶、阿姨和姐姐帮忙剪短一寸裤子，结果他第二天醒来，每个人都帮他剪短一寸，好端端的长裤变成了短裤，这里面也透出了管理学的很多道理，比如说如何安排人力资源等；'龟兔赛跑'除了简单的谁胜谁负的关系，实际上也可以演化成双赢，比如双方联盟一起奔赴终点。"

丁俊晖对这些课程并不排斥，甚至还表示"听得懂""很有意思"，这让陆浩放心了很多。"丁俊晖在自己的成长过程中也获得过各种各样的知识，但是作为一个系统的教育，课堂教学自然有它的好处，作为一个优秀的运动员也需要一个相对完整的知识体系。"从两年前与丁俊晖签下经纪合约的时候，陆浩就在考虑为才20岁的丁俊晖补充学校教学的知识，进入上海交通大学来学习也正是众辉推动的结果。

陆浩也表示，丁俊晖在众辉旗下运动员中也相对属于特例，年纪比较小，小时候中断过正常的学业，未来的职业道路还很长，所以作为经纪公司对读书这件事就很重视。对于其他运动员，尽管读书的事经纪公司不需要操心，但是也有更多的事情需要经纪公司来操作。

"经纪公司最重要的任务，就是为运动员提供各种各样的服务和保障。这些服务你很难去界定一个范围，说什么服务归经纪公司来做，什么服务经纪公司不管。"陆浩说，"职业球员一定要把最重要的精力放在训练和比赛中，因为那是他的价值所在，但是运动员不是律师、不是市场专家，不懂得怎样来做谈判、处理自己的公共关系，这个时候球员就可以放心地把赛场之外的事情交给我们这个团队来处理。"

众辉的中国团队不过十几个人，但是配置却很齐全，除了必备的经纪人、律师以外，甚至还专门设立了理财师来为签约运动员打理个人资产。

以球员"形象数据"论证　吸引商家捧金赞助

尽管众辉旗下有近10名球星代理经纪，但陆浩仍然强调，体育经纪的管理是一件很复杂的事，如果处理不好，会直接影响运动员的状态，也会影响直接的商业价值。"大的方面比如今年的比赛怎么安排，这个比赛要不要参加，参加或不参加有什么讲究；小的方面比如有一些商业活动，人家准备了一大笔钱请你，你要决定去或不去；平时要随时注意有没有什么意外发生啊，某一件事对他形象的影响是好还是不好。"

"比如丁俊晖的台球项目，怎样调整状态最好，生活、训练都得帮他考虑，重要比赛之前也会做一些针对自己和竞争对手的调查报告，包括技术层面的，也包括心理层面的。"陆浩说，前一段时间丁俊晖成绩不好，心理也有些波动，就安排他参加了几场国内比赛，目的就是恢复信心、恢复状态，而不是让他在这个时候再去打一些压力比较大的比赛。

在选择商业合作伙伴方面，众辉也格外慎重，到现在为止丁俊晖正式代言的商家只有三家。"我们替丁俊晖挡掉了很多代言合同，因为我们对他的商业开发有一个长期的计划，他的形象定位是健康勤奋、积极向上。在品牌选择上，最重要的是与他的个人特点以及运动特点相符合，要健康、有美誉度。"

因此，陆浩在与运动员签订经纪代理合同的时候，从来不承诺会帮运动员赚多少钱。"我们的定位是，让运动员的人生最精彩、最完美。因为运动生涯是短暂的，运动员可能短期赚了很多钱，但是生活迷失方向以后，钱也很快就会花光的，所以即使经纪公司承诺可以赚多少钱依然是没有保障的。但是如果经纪公司可以让运动员对待人生、对待金钱、对待家庭这些方面的能力都有所提升，可能对运动员的后半生都会有帮助。"

为球员选择商业合作伙伴，也并非简单地以代言费用来衡量。陆浩说，经纪公司首先要为自己的球员做大量的调研工作，比如针对不同人群，考察球员的社会形象、被关注的程度等，进而得出球员形象与商家形象是否一致。对于众辉来说，有了这些调研报告，就不会出现刘翔代言白沙烟那样的争议。

从商家那里拿出来几百万元、上千万元的费用，自然也不是轻松的事。"我们要把球员近几年的数据拿出来，不只是球场上的，他在球场之外的性格特征、受关注的程度，非常多的细节都要展示出来，根据这些以前的数据为商业客户分析代言后的走势和效益。"陆浩认为，品牌代言不是比名气，商家也不是说看运动员比较有名气、拿了个冠军就来赞助了，"这个行业一样是靠数字说话"。

从商业操作的角度，运动员最大的价值取决于他在运动场上的表现，这种表现引起的大众对他的关注进而影响他的商业价值。因此，在运动员取得不错的成绩同时，如何经营明星运动员与支持者之间的关系，也是经纪公司要做的事。

"运动员需要跟球迷做一些沟通，通过媒体让球迷了解你的最新信息是一种基本的沟通，球迷到现场看球也是沟通，同时我们也会运营一些官方网站、博客，还会组织一些球迷见面会。"以丁俊晖为例，每年会有一两次与球迷的直接互动，"次数太多就会影响他的正常训练，太少的话球迷也会对你不满，觉得你太高高在上"。

相比可以在更衣室与美国记者侃侃而谈的姚明，丁俊晖对陌生人更多的时候是保持沉默，还带着孩子气的他并不会圆滑地与人寒暄、说些场面话。陆浩并不觉得这会影响球迷对他的喜欢，只是在细节上让他做一些改变："很多球迷喜欢他，就是因为他说话比较直，这是他个人的一种表达方式，没有必要人为破坏它。但有时候他不高兴，对球迷、媒体冷淡，这样的礼貌问题我们会提醒他。"

众辉也在为丁俊晖寻找着合适的公益代言，陆浩表示："姚明代言中华骨髓库、艾滋病防治，让他在赛场外的影响力深远而立体，这对球员个人和公益项目本身都是很好的一件事，丁俊晖本人也很愿意来做。"

——资料来源于 http://finance.sina.com.cn/leadership/mglgs/20070724/170338 15647.shtml

课后思考题

1. 运动员经纪的主要业务有哪些？
2. 运动员转会经纪的主要流程是什么？
3. 运动员参赛经纪的主要流程是什么？
4. 运动员参赛经纪的注意事项有哪些？
5. 运动员无形资产开发的特点是什么？

第四章

体育赛事经纪

DISIZHANG

　　体育赛事作为商品，为赛事经纪提供了可能的商机，体育赛事经纪活动的兴起和繁荣，与赛事本身的商业价值开发和赛事营销技术密切相关。赛事价值的提升离不开赛事经纪人的策划与推广，赛事经纪业的活跃又极大地促进了体育赛事市场的繁荣与发展。同样的奥运会，可能成为聚宝盆，也可能成为滑铁卢。当今体坛，职业联赛、黄金联赛、大师赛、争霸赛、名人赛、巡回赛等一系列耳熟能详的国际、国内体育赛事成就了无数"赛事推广商"，也打造了一大批"品牌赛事"。然而，成功的体育赛事都离不开赛事策划、赛事管理和赛事营销。

第一节　体育赛事概述

一、体育赛事的相关概念和分类

（一）体育赛事的概念

　　体育赛事是指在裁判员的主持下，依据一定的规则而组织与实施的运动个体或团队之间的竞技活动。体育赛事除通常所指的体育比赛外，也包括商业性的体育表演。体育赛事的构成因素主要包括参与竞赛活动的人群（组织领导者、参赛者、裁判员、管理服务人员及观众），竞赛活动的物质条件（竞赛场所、设备、器材、组织用品等）和赛事活动的组织管理（比赛规则、比赛规程、组织编排、组织进行）。

　　体育赛事活动具有多方面的价值，如竞技价值、健身价值、观赏价值、商品价值、宣传价值等。

（二）赛事作为体育产业的核心内容

　　赛事是体育产业的核心内容，优质赛事是永不完结的超级影视剧，是目前资本关注最为密切的细分领域。对比影视剧，体育赛事具有更强的持续性、稳定性和衍生能力。

　　一方面，作为直接面向受众的环节，优质赛事极度稀缺，成为资本争夺的主战场；另一方面，专业化的赛事运营机构对赛事进行持续的培育、开发与改进，推动赛事价值持续提升。

（三）体育比赛的利用价值和非利用价值

　　利用价值是指任何同体育赛事活动直接或间接参与相联系的价值。按照人们对

体育赛事的参与情况，利用价值可以进一步分为直接利用价值和间接利用价值。

（1）直接利用价值也被称为可提取利用价值、消费性利用价值或结构性利用价值，是指体育赛事活动提供的可直接消费的产品和服务，如为现场观众提供的精彩比赛、纪念品，为赞助商提供的现场广告和推介的机会，为媒体提供的赛事转播机会等。

（2）间接利用价值也被称为不可提取的利用价值或功能性价值以及来自体育赛事的功能而产生的价值，主要指体育赛事对举办城市相关产业带动的价值、对城市宣传的价值、对比赛电视观众的价值、对提升赛事组织者和志愿者素质而产生的价值等。体育赛事的这些功能都是有价值的，但通常这些价值很难被测量，因为在多数场合，这些价值根本就没有进入市场。

非利用价值是指同是否参与体育赛事不相关的价值，包括能够满足人类精神文化和道德需求的价值。体育赛事的非利用价值主要包括赛事举办城市居民自豪感的价值以及对没有观看比赛的居民的教育、文化等方面的价值等。与利用价值形成鲜明对照的是，非利用价值并不涉及对体育赛事的任何参与，无论是直接参与还是间接参与。非利用价值是最难估量的一类价值，因为在大多数情况下，它们在本质上就没有从人们的行为中得到反映，因此完全无法观察，甚至难以琢磨。但是，体育赛事的非利用价值对整个社会的影响是巨大的，决策者在制定政策时必须考虑到这些价值。

（四）体育赛事的分类

（1）依据比赛参加者的年龄分类，体育赛事可以分为儿童赛、青少年赛、成年赛和老年人赛。

（2）依据参赛者的行业分类，体育赛事可以分为职工运动会、农民运动会、军队运动会和学生运动会。

（3）依据比赛所包含的项目数量分类，体育赛事可以分为综合性比赛和单项比赛。

（4）依据比赛的组织方式分类，体育赛事可以分为集中组织的比赛和分散组织的比赛。

（5）依据比赛规模分类，体育赛事可以分为基层单位比赛、地区性比赛、全国性比赛、国际比赛、洲际比赛、世界大赛。

（6）依据比赛的形式、任务分类，体育赛事可以分为运动会、冠军赛或锦标赛、对抗赛（双边或多边对抗）、擂台赛、邀请赛、选拔赛、等级赛、友谊赛、表演赛、达标赛、积分赛、大奖赛、巡回赛等。

（7）依据比赛的性质分类，体育赛事可以分为职业性比赛（如职业联赛）、商业性比赛、业余比赛等。

二、体育赛事的主办机构

不同的赛事由不同的组织机构主办或承办。

（一）国内赛事

1. 综合性全国赛事

综合性全国赛事主要包括每四年举行一次的全国运动会、全国城市运动会、全国体育大会等，由国家体育总局主办。

2. 一般综合性全国赛事

一般综合性全国赛事主要有全国工人运动会、全国农民运动会、全国大学生运动会、全国少数民族运动会、伤残人运动会等，由全国总工会、农业农村部、教育部、国家民委、中国残联会同国家体育总局共同举办。

3. 全国单项比赛

全国单项比赛主要是各运动项目的单项全国比赛以及近年来发展的职业联赛，如足球、篮球、排球、乒乓球、围棋全国联赛等。这些比赛由国家体育总局授权各全国性单项运动协会主办。

4. 群众性体育比赛

群众性体育比赛种类繁多，分别由社会体育指导中心、各单项协会、各地方体委、社团、学校、社区、街道等举办。

（二）国际赛事

（1）在国际赛事中，奥运会由国际奥委会主办；世界大学生运动会由世界大学生体育联合会主办；各单项世界杯赛、世界锦标赛分别由各国际单项体育组织主办；洲际综合性运动会由各洲的体育联合会或理事会主办，如亚洲运动会由亚洲体育理事会主办；各单项洲际杯赛、洲际锦标赛分别由各洲的单项体育组织主办。

（2）在我国境内举办的重要国际赛事或纳入国际体育组织管理的国际邀请赛等，主要由相关的国际体育组织主办，由我国的有关单项运动协会和有关部门承办或协办。这类比赛要向国际体育组织缴纳一定的管理费。

（3）在我国境内举办的未纳入国际体育组织管理的一般国际邀请赛，主要由地方政府（体育部门和外事部门联合）举办。

（三）我国参加国际赛事的管理

（1）我国参加的大部分国际综合赛事（如奥运会等）均由中国奥委会派出队伍，只有世界军人运动会由全军体育指导委员会派出队伍参赛。

（2）我国参加的国际常规单项比赛由单项运动协会派出队伍参赛。

（3）我国参加的临时性国家间的邀请赛，可由相应体育主管部门（世界、亚洲、国家、地方单项体育协会及俱乐部等单项体育组织）派出队伍参赛。

可以看出，在我国举办的赛事种类较多，但并不是所有的赛事都具有经纪的价值。追求利润（短期或长期）是体育经纪活动的目标，因此体育经纪人应广泛、深入地了解各种体育赛事，从中选择有市场价值的赛事开展经纪活动。

三、体育赛事市场化

近年来，随着社会主义市场经济的发展，体育比赛与其他社会公共产品一样，从过去单纯地由政府或民间组织向社会提供无偿或公益性服务，逐步转变成为以商品的形式进入市场，即体育比赛的举办者通过向公众提供竞技表演这一特定服务，在满足人们的观赏需要的同时，实现产品交换，从而得到各种形式的利益回报。体育比赛已经走上了市场化发展的道路。

（一）体育赛事市场化的形式

目前体育赛事市场化主要有以下两种形式：

1. 商业性比赛

商业性比赛，即赛事举办者以营利为目的、满足社会竞技体育观赏需求而举办的比赛，如各种职业联赛、商业比赛、大奖赛、巡回赛等。这方面，发达国家的职业体育比赛开创先河，并在 20 世纪 70 年代形成比较成熟的市场运作方式，逐步扩展到其他各种类型的比赛。

2. 竞技性比赛

竞技性比赛是以提高运动技术水平、发展体育文化为目的，但采用市场运作方式进行的比赛，如奥运会、亚运会、全运会和各种杯赛、锦标赛等。这些比赛的举办者为弥补竞赛资金的不足，提高竞赛的活力，逐渐采用前一类比赛的运作方式和手段，走上了市场化的道路。1984 年第 23 届奥运会在美国洛杉矶举行，在奥运会的历史上首次采用了商业化运作方式，获得了巨大的成功，也取得了丰厚的社会效益和经济效益，对后来各届奥运会的举办以及各种大型国际体育比赛都产生了重大的影响。

20世纪80年代以来，中国体育发生了巨大变化，体育产业的兴起是一个显著的特征。体育比赛的市场化以及体育竞技表演业的兴起是体育产业发展的主要内容之一。体育经纪人了解中国体育赛事活动的市场化发展道路，对其开展赛事经纪活动具有重要的作用。

（二）体育赛事市场化的本质

体育赛事的市场化是一个商品交换的过程。在这个商品交换的过程中，观众、企业及其他社会组织是购买体育比赛产品的消费者，运动会的组织者则是商品的生产者。作为商品生产过程，即举办体育赛事是组织运动员进行高水平竞技体育表演、为观众提供审美享受服务的过程，从公众角度看，就是体育赛事的观赏价值的展示过程。

由于体育赛事能够为社会提供一种具有观赏价值的服务产品，能够聚集大量观众观赏，因此体育赛事还具有形成大规模公众场合的功能。体育赛事的筹备和举办涉及社会生活的诸多方面，必然引起社会的普遍关注和重视，成为大范围内人们关注的焦点。因此，体育赛事拥有了巨大的无形资产，具有极高的商业媒介价值。

实现体育赛事的商业媒介价值的主要渠道包括门票，出售比赛电视转播权，征收赛场内外各种形式的广告费，征收赛场界定区域从事经营活动的场所租让费和由于赛事而增加利润的专利费，出售比赛冠名权，指定比赛器材、用品的特许费，各种保险的利润分成，发行体育彩票，发行具有捐资面值的纪念邮票和纪念币，征收印有运动会名称、会徽、吉祥物、标志商品的专利费，接受财团、企业、个人的捐赠与赞助等。

综上所述，体育赛事市场化的实质就是运动会组织者通过采用各种手段，对体育比赛的体育服务产品和无形资产进行开发和营销活动，实现体育赛事的商业价值的过程。

（三）体育赛事市场化的基本特征

1. 市场价值源自观赏价值，市场表现决定观赏价值

体育赛事的观赏价值与市场价值是相互联系的。其中，观赏价值是基础，它决定了体育赛事的市场价值能否实现和实现程度的高低。越是竞技水平高且精彩激烈

的比赛，其观赏性越强，市场价值越高。同时，体育赛事的观赏价值如何又是由市场决定的，赛事的市场化也会促使赛事的组织者尽可能提供高质量的"产品"，以满足市场的需求。

2. 体育赛事具有过程不可复制的唯一性

作为服务形态的产品，体育竞技表演的生产和消费不像其他服务产品（如文艺演出等）那样具有可重复性；相反，体育比赛具有不可重复性，甚至是一次性消费的特点。正是这种唯一性，使得每一场体育赛事都是一个独特的"产品"，因而不会产生其他消费品给人带来的满足感，会使人常看常新，即每一次体育比赛都是一个全新的生产过程，"生产者"必须尽全力生产出合格的"产品"，尽可能全面开发利用其商业价值，以期收回成本或盈利。

3. 体育赛事具有极强的时效性

体育赛事服务产品具有生产与消费同时性、即逝性的特点。体育赛事的无形资产如竞赛冠名权、广告发布权、各类标志的特许权等一般也都有特定的时限，一旦超过这个时限，其商业价值就不复存在了。这就要求体育赛事的经营开发者必须及早对体育赛事的开发进行策划和准备，最大限度地挖掘体育赛事的商业价值。

4. 产品价格的不确定性

体育赛事的主要产品是服务产品和无形资产，其价格往往因时、因地、因规模等受到种种因素的影响，具有较大的不确定性。因此，赛事组织者和经纪人必须对体育赛事的商业价值具有清晰的认识，以避免盲目操作，这是开发和实现体育赛事商业价值的重要前提。

四、我国体育赛事市场化的发展历程

社会主义市场经济体制的建立与国际体育赛事的商业化发展，为我国体育比赛走向市场提供了内部和外部的基本条件。改革开放使人们的思想观念发生了深刻的变化，人民生活水平迅速提高，群众的文化体育娱乐需求快速增长，这些都为我国体育赛事的市场化提供了宽松的社会环境和经济条件。随着我国加入世界贸易组织，我国改革开放的进程进一步加快，体育赛事市场也将面临更好的前景。

从总体上讲，中国体育比赛的市场化经历了以下两个阶段：

（一）商品经济条件下的萌芽阶段

改革开放之初，发展经济成为我国各级政府的主要任务。体育比赛具有联系范

围广、参与人数多、社会影响大的特点，再加上体育自身社会化发展的需要，体育赛事活动成为地方各级政府发展经济的重要载体。政府借举办体育比赛之机，开展各种经济贸易活动，如商品交易会、投资洽谈会、产品展示会等。这一阶段大部分体育赛事基本上仍按照计划经济体制下体育比赛的模式运作，但由于经贸活动带来的不可避免的市场因素的影响，体育比赛也开始注入某些商业因素。

20世纪80年代，国家体委（1998年改为国家体育总局）在制订"六五"计划时确立了体育工作社会化与体育投资多元化的改革目标。体育竞赛开始招标，并被分为计划内与辅助性两大类，对部分竞赛开始实行差额拨款或出售承办权，由举办单位自筹经费，为体育比赛的商业性运作提供了政策支持。

1980年10月，在广州第一次举行了由国外职业运动员参加的"万宝路广州网球精英大赛"，可以说是我国体育赛事市场化的初次尝试。此次比赛由境外中介公司协助，赛场内第一次摆放了国外赞助商的广告。20世纪80年代中期，我国举办了第一届北京国际马拉松赛，由中国自己的中介机构——中国体育服务公司运作并取得成功。1988年，中国武术协会在杭州举办了"国际武术节"，集资额达3 000万元；此后，河南举办了"少林武术节"，商贸洽谈成交额达20亿元。1985—1994年，中国汽车联合会举办的第七届国际汽车拉力赛和越野赛，为国家创汇3 000万美元，参与组织的有关部门总收入都超过100万美元。综合性体育运动会也开始尝试商业开发。1987年，第六届全运会首次对综合性运动会进行了商业性操作，会徽、吉祥物、纪念册、场地边的广告等都"卖出"了高价。此后的1990年北京亚运会更是利用其规模和影响，成功地进行了市场运作，取得了良好的经济效益和社会效益。

（二）职业体育赛事的形成和体育赛事市场化

1992年，我国确立了社会主义市场经济体制的改革目标。体育产业化作为体育改革的重要内容逐步得到政府和社会各界的认同。1994年，足球项目率先以全国甲级联赛为突破口开始了职业化改革。篮球、排球、乒乓球、围棋等项目紧随其后。职业化体育比赛的出现，意味着体育赛事市场化进入了一个全新的、趋于稳定的阶段。中介组织和体育界以外的企业参与运作商业性比赛的现象也日益增多，其他各种比赛甚至业余比赛也都开始了市场化的发展道路。全国综合性运动会进行了系统的、颇具规模的市场化开发；非奥运项目减少了国家的投入，被"逼"上了市场。原来由国家举办的比赛，包括锦标赛、选拔赛、青少年比赛等，几乎无不以赞助、广告、门票等作为比赛经费的重要来源。这一阶段的显著特点是体育赛事活动的市

场化观念深入人心，运作方式逐渐规范、系统，国内外体育中介机构介入体育赛事活动，体育赛事市场化开始走上了全面发展的轨道。

当前，政府与社会资本合作（PPP）模式鼓励推进政府购买服务，有关政府部门要积极为各类赛事活动举办提供服务，以购买服务等方式予以支持。同时，相关政策文件提出，取消商业性和群众性体育赛事活动审批；放宽赛事转播权限制，除奥运会、亚运会、世界杯足球赛外的其他国内外各类体育赛事，各电视台可直接购买或转让转播权。这些相关政策的出台为中国体育赛事发展开启了新的篇章。

五、我国体育赛事市场的现状及制约因素

（一）我国体育赛事市场的现状

1. 全国性体育赛事市场化形式分类

目前，我国各类体育赛事都在引进商业开发手段，走市场化发展的道路。从总体上说，全国性体育赛事的市场化形式可分为四类：一是带有职业性质的比赛，目前已有足球、篮球、排球、乒乓球等；二是以全运会为代表的全国综合性运动会；三是全国性的单项锦标赛、杯赛、选拔赛；四是以商业方式运作的比赛（如各种大奖赛、巡回赛、明星赛等）。

2. 体育赛事的市场化程度差异

不同项目的市场化程度存在差异是个普遍现象。即使在发达国家，也仅有少数项目市场火爆。我国开展的运动项目按照进入市场的程度可分为以下三种：

（1）足球、篮球、排球、乒乓球等少数项目已逐步形成市场规模，有相对稳定的观众和球迷群体，其职业联赛或超级联赛由于主客场制的实行和外援的进入，比赛的精彩激烈吸引了越来越多的观众，同时也被新闻媒体和企业界所看好。

（2）约有1/3的社会影响力大或群众参与程度高的项目，逐步形成了传统赛事和市场雏形。

（3）约有一半以上的项目虽然有少量的市场操作，但由于受其商业价值、群体基础或包装造势的影响，市场前景仍然不乐观。我国有些奥运优势项目虽然为国争了光，但其竞赛项目却没有市场。

（二）我国体育赛事市场的制约因素

1. 居民总体支出结构抑制体育消费水平提高

近年来，我国市场经济不断发展，全国居民人均可支配收入不断提高，但受到

传统思想观念的束缚，体育消费水平提高程度有限。尽管当前缺乏体育消费专项统计，但根据 2018—2022 年全国居民人均消费支出比例可以看出，居民消费结构比例趋于稳定，覆盖体育消费的人均教育文化娱乐消费在消费支出结构中比例偏低。居民在体育消费方面的支付能力不足导致体育消费倾向偏低和体育消费需求较弱。

2. 政企合作模式需进一步完善

国家体育委员会是我国体育赛事的主要包办单位，但是随着我国改革的不断深入，我国将部分体育管理事务由政府承办转向为由企业单位承办，这样不仅体现了我国体育产业市场化的特点，而且通过体育部门与企业之间的联办，可以带动我国企业的发展，从而带动我国经济的发展。当前，地方政府竞争是我国体育赛事产业发展的潜在动力，以城市营销为直接驱动的泛赛事体系是体育赛事产业的业态主体。受资本、人才、技术、信息等资源稀缺性与流动性的影响，各地方政府在资本、人才、技术、信息等推动城市发展的各类资源方面存在着多维竞争关系。在体育赛事联办过程中，部分企业不能发挥主动权，部分地方政府竞争激烈、企业城市品牌营销结果较差以及体育传播价值较低等影响了企业对体育的投资积极性，导致体育产业市场化发展缓慢。

3. 监管机制不健全

体育产业作为一项商业性质的经济体系，对其进行管理和监督是必不可少的环节。由于我国现行的体育产业大多是由退役的运动员或一些非体育界人士来管理和经营的，这就导致我国体育产业市场化监管机制不完善，不能发挥管理者的监管作用。在体育产业中，管理者既要了解体育，同时也要善于管理，明确监督目标。2022 年，《中华人民共和国体育法》从上位法层面明确了包括各级人民政府及体育行政部门在内的各个主体对体育赛事活动安全监管的权限职责，为严格落实体育赛事活动安全监管职责提供了重要的法律依据。虽然修订后的《中华人民共和国体育法》可以为我国体育赛事活动安全监管提供更为坚实的法律支撑，但是体育赛事活动本身涉及的要素较多、相关的法律问题复杂且特殊，仅通过部分原则性条款仍难以对其形成实质保障。现阶段，我国体育市场监管整体立法层次较低，立法时效性较差，表现出法律规范体系的完整性有所欠缺、监管要素呈现不全面、地方法治水平较低等问题。

4. 高质量体育产业供给不足

体育产业的好坏直接影响着我国体育经济的发展，由于我国社会经济的发展是

多样性的，因此我国体育产业的结构也是多层次、多类型的。根据《国家体育产业统计分类》及其统计指标设计，体育产业内部结构包括三个门类和 11 个大类。根据国家体育总局 2022 年公布的我国体育产业状况，我国体育产业增长主要源于体育服务业和体育制造业（体育用品及其相关产品制造）两大门类。其中，体育服务业在增长的数量和速度上都较高；体育制造业仅有数量上的优势，没有增速上的优势。此外，体育场地设施建设处于较低水平。从大类上来看，尽管体育用品制造业的工艺技术水平与国际体育用品巨头的差距在缩小，但是通过技术创新实现关键核心技术突破和提升产品质量的能力仍然不足，产品同质化现象严重。作为体育产业发展的重要载体，体育场馆一方面是总数量与人均体育场馆数量不足，另一方面是大型体育场馆的闲置率较高。从体育赛事服务业来说，由于赛事资源的限制，国内优质赛事数量较少且赛事服务水平较低，居民中高端的体育消费需求得不到满足，使得越来越多的国内居民到国外进行体育消费，中高端体育消费外流的趋势和现象逐渐显现。

5. 赛事组织者的观念和自身素质

体育赛事组织者的观念和自身素质也是影响体育赛事市场化的重要因素。一方面，地方政府往往通过政府投资主办、体育产业引导资金扶持带动、鼓励地方国有企业投资等多种直接或间接的方式推动区域内体育赛事的举办。不少体育赛事的组织者思想观念仍停留在依靠上级拨款办比赛的老观念上，缺乏市场观念，其知识结构和自身素质也与体育赛事市场化的趋势不相适应；另一方面，由于长期受计划经济的影响，我国体育赛事组织者往往没有明确的法律地位和资格，举办体育比赛缺少资质要求，一旦出现问题又无人负责。这种状况若不改变，必然会影响我国体育赛事的市场化水平。

6. 中介因素

寻求具有雄厚实力和丰富经验的体育中介组织合作是提高体育赛事市场开发效益的重要途径。目前，在我国体育赛事市场化中，体育中介机构的作用还非常薄弱，同时国际体育中介机构在几大职业联赛中处于垄断地位。没有一定规模和较高层次的体育媒介市场，不可能形成完备的体育竞赛市场。

六、我国体育赛事市场的发展趋势

21 世纪是我国经济进一步改革和发展的世纪。市场经济体制的完善、对外开放程度的提高、群众体育文化娱乐需求的增长将为新世纪中国体育的发展铺平道路，我国体育产业化的进程将进一步加快。展望未来，体育赛事将出现如下趋势：

（一）竞技表演业将成为体育产业的主要形式之一

体育产业的核心是健身娱乐业和竞技表演业。体育赛事作为竞技表演业的主要形式在未来将进一步加大市场化的发展力度，现有的职业比赛将形成较为固定的市场体系，大型综合性运动会的商业开发效益将进一步得到提高。为满足人们的各种欣赏需求，新的比赛形式和新兴比赛项目将越来越多，特别是具有我国传统特色或体现现代化生活的体育项目的比赛将随着社会化的发展受到人们的广泛重视，如武术、中国式摔跤、龙舟、舞龙舞狮、汽车运动等。国际著名体育明星会越来越多地进入我国体育赛事市场，2001年11月在我国举办的国际高尔夫球巨星伍兹表演赛就是一个典型的例证。

（二）体育赛事市场化的运作方式将更为规范

目前，我国体育赛事市场化在运作方面还不够成熟和规范，随意性和偶然性较大，存在相同类型的体育赛事在不同地区的盲目复制和扩散。我国部分城市存在"攀比之风""为赛而赛"现象，申办或举办的赛事与城市发展定位不相符，导致体育赛事促进体育城市建设的作用不明显。当前，地方政府成为体育赛事举办和产业发展的直接受益主体，大型赛事的举办能有效传播城市发展理念、人文历史传统、促进区域经济发展等，进一步提升城市品牌影响力、改善城市形象、增强居民认同感等。随着我国体育赛事市场化的发展，体育赛事市场化的参与者，包括主办者、中介机构、企业和其他组织将进一步明确自己的责任、权利和义务，体育竞技表演市场的规范化程度将得到大幅提升。

（三）体育赛事将进入资本市场

随着经济的发展和我国金融体制改革步伐的加快，国际资本和其他社会资本介入体育赛事将成为必然。其进入的方式和时间将取决于项目发展的水平和比赛的规范程度。我国将出现足球、篮球职业俱乐部的上市公司或职业联赛的组织结构以公司的形式上市。其他类型的商业比赛也有可能利用社会资本联营运作。

（四）国家将通过法律法规调控体育赛事市场

受传统的影响，体育较少受到法律的干预，而往往受到体育行业内部各种章程、规则的制约。随着体育赛事市场化的发展，国家将加大对体育竞赛市场的调控力度，特别是依靠法律调整体育比赛各个主体之间、比赛的组织者与观众（消费者）之间的权利和义务关系，使体育赛事的市场化进入法治化的轨道。

第二节　体育赛事经纪概述

一、体育赛事经纪的概念

因为体育赛事市场化的成功运作，体育赛事在满足人们精神需求的同时可以获取较高的商业价值，体育赛事产业逐渐发展成为体育产业举足轻重的组成部分。体育赛事市场的不断深化和拓展，使得体育赛事经纪也成了体育经纪活动的一个主要领域，是体育市场开发中经常遇到的经营活动。

（一）体育赛事经纪的定义

体育赛事经纪是指体育比赛和体育表演的策划包装、推广融资、组织实施等的经营活动。它主要包括居间体育赛事、行纪体育赛事和代理体育赛事三种形式。

1. 居间体育赛事

居间体育赛事是指体育经纪人以自己的名义为体育组织和赞助广告商、电视台等提供合作机会或促成它们的合作。其活动形式主要是以提供信息、牵线搭桥为主。这是较为传统的赛事经纪活动。这种形式多是与体育组织、赞助商、电视台有密切关系的经纪人的经纪活动。

2. 行纪体育赛事

行纪体育赛事是指体育经纪人受体育组织委托，以体育经纪人的名义与赞助商或电视台等机构进行谈判交易，并直接承担交易过程中相应的法律责任。

3. 代理体育赛事

代理体育赛事是指体育经纪人受体育组织委托，以体育组织的名义与电视台、赞助广告商等机构进行交易，交易过程中出现的法律责任问题由体育组织直接承担。

（二）体育赛事经纪的结构

体育赛事经纪的主要结构包括体育组织（或授权赛事组织者）、媒体机构、赞助商、体育经纪人等。另外，经纪活动还要涉及保险公司、网络公司、器材供应商等其他的活动要素。体育经纪人的工作创造出了各方面合作的机遇，使得整个体育赛事得以运作。换言之，体育赛事经纪人的工作就是为体育运动队、俱乐部和相关部门提供信息，协助其解决有关的问题，创造签约的机会以及进行商业方面的开发工作等。

（三）体育赛事经纪活动的分类

以举办目的来区分，目前进行市场化运作的体育赛事可以分为非商业性的正式比赛和商业性比赛，相应的经纪活动也可以分为正式体育比赛的赛事经纪和商业性体育比赛的赛事经纪。

1. 正式体育比赛的赛事经纪

从目前来看，我国涉及的正式体育比赛主要有国际体育比赛，一般是由国际单项体育联合会组织的国际性比赛，此类赛事一般是由国际单项体育联合会和国家体育总局共同主办。还有一类正式比赛是由国家体育总局某个项目管理中心或部门组织的全国性比赛，此类赛事的经营权以及所有事务处理权益一般都由各项目中心所有。成功地在我国国内体育赛事中充当赛事经纪的体育经纪人或体育中介机构大多数是国外的体育经纪公司，如国际管理集团（IMG）曾成功地取得了全国足球甲级联赛和全国篮球甲级联赛等多项赛事的经纪权，并成功地开启了我国体育产业化的进程。

2. 商业性体育比赛的赛事经纪

商业性体育赛事是指以营利为目的而组织的各种体育赛事。这类赛事是由体育经纪人创造的赛事，一般不列入有关体育组织的竞赛计划，其全部经营权也归体育经纪人所有。目前，我国商业性体育赛事已经兴起，同时也培养和造就了我国第一代体育赛事市场的体育赛事经纪人，即体育经纪公司。其每年在国内各大城市组织举办的商业性体育赛事越来越多，并且范围也不局限在国内。国际化的体育交流也相当频繁，如"老虎杯"上海—广州足球挑战赛，"皇马"中国行等。

二、赛事经纪的基本程序

由于比赛性质的不同，正式体育比赛和商业性体育比赛的赛事经纪程序也存在一定的差异。

（一）正式体育比赛的赛事经纪程序

1. 取得代理权

正式体育比赛的经营权及相关权利为体育组织和管理部门所持有，体育经纪人在代理比赛之前，首先要主动与有关体育组织接洽，表明承办意向，得到管理与举办赛事有关组织的首肯，获得代理权以后才可以进行各种具体事宜的谈判和磋商。需要明确的内容包括比赛需要的经费来源、物质保障、总经费支出、电视转播权、现场广告、比赛组织等。在协商谈判的基础上，体育经纪人与有关组织将体育比赛的相关事宜、双方的权利与义务、责任与权益以合同的方式规定下来。对于国内的正式体育比赛，体育经纪人必须向国家体育总局某个项目管理中心提出承办意向。对于国外的正式体育比赛，体育经纪人除了要向国际单项组织联合会取得代理权之外，还要向国家体育总局支付承办费。

2. 赛前策划

赛前周密的策划是体育赛事成功举办的前提。体育经纪人需要统管全局，仔细研究比赛的内外条件，分析各种可能出现的问题，制订明确详细的工作方案；负责比赛场地的现场设计以及确定电视转播及其他资源，如媒体报道、比赛场地、比赛器材、比赛服装等，并根据赛事的项目、规模以及影响，征召合适的企业作为赞助单位。与参赛运动员、运动队或俱乐部联系，商谈比赛的交通、食宿、出场费、奖金等事宜，也是经纪人在赛前策划阶段的工作内容。为了提高赛事知名度和扩大赛事的影响，召开新闻发布会，向社会发布有关比赛的日期、地点、比赛的参加者、赛制、出场费、获胜者的奖金等相关信息也是必要的举措。

3. 比赛实施

这一步骤是体育赛事经纪活动的重中之重，之前所做的一切努力都是为了比赛的顺利举行。在此期间，经纪人需要关注的工作有接待工作的组织、门票的销售情况、比赛现场秩序的控制、电视转播安排、媒体广告和报道的协调与监督以及根据代理权的协议具体负责标准产品的生产和销售等。

4. 赛后处理

比赛结束以后，体育经纪人的工作并没有结束。赛后处理的工作主要包括对比赛的全过程进行全面评估，对比赛的经费收支进行认真核算，整理各种账目，将比赛有关的各种文件、资料分类归档，便于总结经验以及接受审计。至此，一套完整的正式体育赛事经纪程序方告一段落。

(二) 商业性体育比赛的赛事经纪程序

1. 内容的确定

体育比赛内容的吸引力和影响力将直接决定和影响商业性体育比赛经纪活动的成功与否。通过体育市场调研，了解体育消费特别是观赏性体育消费的消费需求情况，选择合适的体育比赛内容是经纪一场商业性体育比赛的首要任务，同时也是至关重要的第一步。

2. 决定体育比赛的地点

作为商业性体育比赛，其目的是获取利润。要获取利润就要找到赞助商，而赞助商往往只对有广告效应的赛事及比赛地点感兴趣，只愿意对理想中或规划中的目标市场投入更多的资金。

与正式比赛相比，商业性体育比赛为了争取到赞助商的经济支持，并达到盈利的目的，其地点的选择导向更趋向于赞助商的目标市场。成为体育比赛地点的条件包括以下几点：

（1）经济发展迅速，具备巨大的市场潜力。

（2）该项运动普及程度高，能吸引观众，保证票房收入和广告效应。

（3）经济发展水平高，体育设施及相关条件完善。

（4）当地体育管理部门积极配合。

（5）交通便利、气候适宜，与当地风俗习惯不冲突。

3. 确定比赛的时间

商业性体育比赛时间的安排也要以取得赞助商最大化的广告效应为导向，时间的选择除了应该适合该体育项目的比赛要求外，需要注意的因素还有以下几个方面：

（1）避开国际大赛或有利害冲突的体育比赛时间。例如，把商业性体育比赛的时间安排在举办奥运会的 8 月，这时全世界的优秀运动员都要参加奥运会，就不会接受该商业性体育比赛的邀请，而且商业性体育比赛也难以与奥运会争取观众，这显然是不合适的。

（2）考虑观众因素和电视转播效应。商业性体育比赛追求盈利和广告效应，而以上所有来源正是票房收入和电视收视率，因此应当安排最佳的娱乐和直播时间。

4. 确定参赛运动员

商业性体育比赛就如同一部电影，其"主演明星"的号召力对于票房和赞助商的投入有直接的影响，因此商业性体育比赛应当尽量邀请知名度高的高水平运动员，以吸引大量的观众关注，提高赛事的精彩程度。

5. 体育经纪人向主管部门支付主办费，取得赛事的广告经营权

这里面有许多经营与公关的内容，其中最重要的就是向主管部门报价，在认为有利可图的情况下达成协议，这是必须履行的一道程序。因为体育经纪人所承办的任何商业性体育比赛只有得到了有关主管部门的批准以后才能举办。

6. 寻找赞助商

能否找到并争取足够多的赞助资金是商业性体育比赛能否成功举办的关键。赞助商的投资是体育赛事最重要的资金来源，也是体育经纪人或体育经纪公司利润的直接来源之一。对赞助商而言，商业性体育比赛实质上是一次投资的机遇，能否得到足够的回报是其考虑的首要因素。因此，成功争取赞助的第一要素是能够为企业提供有吸引力的回报方案。另外，体育经纪人的谈判技巧和公关能力是寻找到赞助商的关键所在。寻找商业性体育比赛的赞助商的办法很多，必须针对不同的商业性体育比赛来制定不同的寻找方法。

7. 前期宣传工作

为了尽可能地吸引观众和媒体的关注，体育赛事的前期宣传工作是必不可少的步骤，其内容主要包括举行新闻发布会，发放宣传画、纪念册等。为了留给新闻媒体宣传推广的时间，新闻发布会一般在赛前一个月举行。另外，宣传画和纪念册的设计制作也是体育经纪人的一项重要任务。宣传画的大范围张贴所产生的广告效应不容小觑，这是吸引体育消费者的一种必不可少的手段，而印制纪念册（秩序册）则是广告宣传的需要。

8. 竞赛过程中的具体工作

这一部分的工作与正式比赛相类似，经纪人需要关注的工作还包括接待工作的组织、门票的销售事宜、比赛现场秩序的控制、电视转播安排、媒体广告和报道的协调与监督以及根据代理权的协议具体负责标准产品的生产、销售等。所不同的是商业性体育比赛对于赞助方的利益考虑得更加周到。体育经纪人和体育经纪公司要尽力把握所有机会，以创造最大化的广告效应。场地布置、电视转播方案、颁奖仪式以及赛后的新闻发布会都是极好的广告平台。

9. 赛后评估

商业性体育比赛的赛后评估比正式体育比赛更偏重经济方面，赞助商所收获的宣传效应将是赛后评估的最主要内容。全面评估后，体育经纪人需将有关文件、资料分类归档。

以上就是体育经纪人或体育经纪公司经纪一次商业性体育比赛所需完成的主要工作。体育经纪人经纪活动的效益则取决于商业性体育比赛成本与收入的比率。

商业性体育比赛的成本主要包括支付的主办费、新闻发布会费用、宣传画和纪念册的制作费、运动员（队）的出场费与奖金、竞赛组织费用以及其他各项公关交际费用等。

商业性体育比赛的收入主要是赞助商的广告赞助收入、观众门票收入以及电视转播费用等。

收入与成本的差额，即体育经纪人的利润。由于每场商业性体育比赛成本的差异一般不会太大，因此对于一场商业性体育比赛来说，赞助商越多，观众越多，体育经纪人的收益也就越大；反之，赞助商越少，观众也不感兴趣，那么这场商业性体育比赛就可能亏本。

三、体育赛事的选择和策划

我国每年举行的近千种体育赛事中，并非所有的赛事都具有商业价值和经纪机会。要开展体育赛事经纪活动，首先需要对赛事的市场价值进行基本判断和商机选择。判断体育赛事的市场价值取决于赛事的基本情况，包括比赛项目、比赛地点、赛事目的、参赛者、传播范围、比赛的对抗程度、比赛结果的不确定程度、社会心理寄托、关注程度等多方面的因素。这些因素的不同状态决定了赛事市场价值的不同。

（一）选择体育赛事

1. 选择项目前应具备的条件

一方面，策划人要有敏锐的商业头脑，能够找到项目的卖点，并通过文字加工转化为商家乐于接受的文件，能够在投资论证中予以讨论；另一方面，体育经纪人本身要了解经济和法律等方面的知识，熟知体育知识，讲诚信、有耐心。

2. 选择体育赛事的依据

选择体育赛事通常是在计划内赛事中进行选择的。体育主管部门制订赛事计划主要基于两个目的：一个目的是促进项目发展，如比赛按年龄分为少年组、青年组等，按形式、任务分为冠军赛、选拔赛等，选拔赛促进梯队的形成和高水平队伍的产生；另一个目的是丰富社会文化生活和筹集社会资金，如赞助等。相关部门要建立赛事引进的前期分析研究和咨询论证机制，综合评估引进体育赛事的影响力和市场价值，全面结合城市发展定位和发展规划、城市特色、场地设施条件以及体育文化基础，系统评估引入赛事的必要性、科学性、风险性，进而提高体育赛事引进的有效性。

3. 体育赛事的品牌定位

赛事品牌定位决定了市场开发的受众和目标消费群，明确品牌内涵并准确定位是市场开发的前提和基础。例如，奥运会和青奥会同属于奥林匹克大家族成员，都是国际性的综合体育竞技盛会。相较于奥运会，青奥会参赛群体为 14~18 周岁的青少年，青奥会既是顶级体育赛事又是青少年文化交流的盛会，其文化教育内涵更为丰富。这决定了赛事市场开发需要更多地考虑到年轻化和文艺性的因素。在综合体育赛事中，夏季奥运会和冬奥会是等级最高、受众最广的体育赛事，奥运五环也是全球唯一一个超过 95% 的人都认识的标识。亚运会及全运会也是优质的综合性体育赛事，其规模、关注度等依然比普通的体育赛事高出很多。在单项体育赛事中，足球无疑是世界第一运动，世界杯在影响力和关注度上是唯一能和奥运会比肩的单项赛事，即便是洲际赛事（如欧洲杯、亚洲杯）和地区联赛（如欧冠、英超、德甲、中超），也受到广大球迷的热爱和追捧。篮球、游泳、网球、羽毛球、马拉松、F1（世界一级方程式锦标赛）、斯诺克等赛事，要么拥有良好的群众基础，要么拥有极高的观赏性，同样属于热门赛事。

(二) 策划设计体育赛事

除计划内赛事项目之外，还有一些计划外项目，主要是由中介组织（经纪公司或经纪人）、赞助商或媒体策划形成的赛事。此类赛事只要经过一定的报批手续，由相关的管理部门批准即可。这些赛事往往是经过了专门的商业策划且有较高商业价值的比赛，如中央电视台策划的乒乓球擂台赛等。

选择或策划体育赛事的动因主要有两种：一种是追求即时获利；另一种是追求长远效益（以长远目标进行赛事推广）。如果追求即时获利，中介组织可以根据赛事的基本特点，从计划内赛事中选择项目市场化程度高、参赛选手知名度高、社会关注度高、传播面广的赛事进行经纪；或者是根据赞助商、电视台的需求自行策划计划外赛事进行经纪。如果是追求长远利益，中介组织可以根据世界及国内项目发展状况，选择一些稚嫩的项目进行长期经纪，这些项目常因当前市场开发不足而成本较低，但其未来前景和利润十分可观。此类项目主要有国外已经很流行但国内尚有待开发的项目，如高尔夫球、网球、橄榄球、跆拳道等，还有一些猎奇类项目，如蹦极、滑翔、热气球等。这些项目因能迎合人们的猎奇心而备受关注，并形成市场。随着"全民健身计划"的实施，许多群众性体育竞赛活动引起了一些电视台、赞助商的关注，也会形成新的具有经纪机会的赛事活动。

（三）选择、策划体育赛事的前期准备

选择、策划体育赛事需要做好以下几个方面的赛前调研准备：

（1）有目的地搜集不同项目赛事、电视媒体和赞助企业的信息。体育经纪人在及时利用这些信息的同时还应建立数据库长期保存，以备随时参考。

（2）对信息进行分析研究，并进行有针对性的市场需求调研。

（3）根据具体情况，进行市场定位。例如，选择居间、行纪还是代理服务以及选择单环节、多环节还是全面经纪服务。策划赛事的关键在于"赛事有故事"，有好的传播手段，满足企业树立形象、促销产品的市场需要。

（四）谈判签约

有了一定赛事选择意向后，赛事经纪人应到相关体育管理部门了解申办赛事的条件和有关事项，与赛事主办者或其授权赛事组委会进行协商、谈判，以获得该项赛事的居间、行纪或代理资格，签订相关经纪合同。

（五）洽谈媒体参与方式

媒体的作用主要体现在宣传报道和市场开发上。各种媒体因其宗旨、对象、内容、定位不同而具有不同的市场状况。体育赛事宣传往往是组合各种媒体，采用多维和立体的方式进行传播。为了取得更好的宣传效果，公益性宣传和市场化有偿宣传应共同进行。

1. 电视媒体

电视媒体的选择有两种：一种是选择主播台；另一种是选择转播台。

（1）选择主播台。对赛事实施面向全国的电视转播前，首先需要电视台对赛事进行节目录制、编辑和卫星信号发送，这项工作往往由赛事所在地的电视台承担，但有时也由中央电视台或邻近地方台派出转播车进行。承担此项工作的电视台往往成为主播台。经纪体育赛事时，体育经纪人应对进行赛事电视节目制作、卫星信号发送的主播台进行选择和谈判。主播台的工作常常是有一定成本支出的，体育经纪人应考虑成本的投入因素。赛事的电视转播权，或者以广告时段置换，或者以付费的方式获取。

（2）选择转播台。转播台主要承担接收空中信号，实施本台电视播放的任务。经纪体育赛事时，体育经纪人最好选择能够面向全国转播、覆盖面广的中央电视台、中国教育电视台、全国有线电视体育转播委员会和地方卫视频道。选择转播台的另一个重要依据是该电视机构制作要转播项目电视节目的历史情况和预期节目收视率。

该收视率展示了体育节目的转播范围和收视人群，这是赞助商、广告商关注的重要因素。目前，中央电视台在节目收视率调查方面下了许多功夫，"央视调查"遍布全国，数据可靠且有说服力。

总之，与赛事主播台和转播台的合作，可采用共同策划、收益共享、免费转播、电视台支付转播费或广告时段置换等多种方式进行。

没有电视转播的比赛，其市场价值将大打折扣。体育赛事的价值通过电视转播能够得以充分体现，因此争取与电视台的合作至关重要。

2. 报刊媒体

如果说电视媒体通过给人以强烈的视觉刺激而吸引人们关注体育赛事并达到广泛传播的效果，那么报刊媒体则以对赛事的深度分析和可重复阅读见长。在经纪活动中，体育经纪人应根据经纪活动的内容、目标客户群的情况、报刊发行量等来确定准备与之合作的报刊媒体。

报刊媒体的宣传方式主要有三种：第一，公益性、免费的新闻报道；第二，公益性、免费的深度专题报道；第三，报刊广告。赛事经纪活动的组织者应广泛组合各种报刊媒体，善于挖掘和应用公益性报道方式，以达到最佳的传播效果。

3. 网络媒体

互联网技术以其独特的魅力在全世界得到了飞速的发展，这也引起了国际体育界的重视。2000年年末，国际奥委会专门就此问题召开会议，讨论互联网对世界体育及赛事电视转播带来的影响。国际奥委会决定从2002年美国盐湖城奥运会开始向网络记者发放记者证，以利于体育赛事的网上宣传报道。

我国目前已有10亿多互联网用户，互联网构成了体育赛事的又一个重要媒体传播渠道，同时也形成了新的赛事广告载体。网络公司可以从信息发布中获得广告效应，甚至因体育赛事而增加网络用户；电话网、电视网、互联网"三网合一"技术的实现，则加速了网络用户的增加。互联网技术的独特魅力将进一步强化其媒体地位，使其获得更大的广告市场份额。值得注意的是，近年来，以短视频平台作为大型赛事直播平台的范例比比皆是。例如，2022年北京冬奥会直播和2022年卡塔尔世界杯直播都采用了抖音短视频平台作为传播媒介进行比赛直播，并取得了不错的效果。对此，赛事经纪人应引起充分重视，并早做准备。

四、体育赛事的包装与融资

在确定了赛事、谈妥了制作与转播台后，体育经纪人应立即着手寻求赞助商、广告商，销售赛事冠名权、广告权，包括场地广告、电视广告以及赛事标志产品广告（如服装、器材、饮品）等。这些都是赛事主办者的无形资产，体育经纪人对这些资产应在谈判中明确其归属。对其开发、销售要遵循市场法则，开展市场营销。

（一）体育赛事广告与赞助

1. 广告

（1）广告的定义。广告是指广告客户以公开付费的方式，通过各种媒体传递商品或劳务信息，进而影响消费行为、促进销售、获得利益的活动。体育赛事因可承载并广泛传播商品或劳务信息而成为一种"特殊"载体，因此在体育赛事中做广告极为普遍。

（2）广告的效用。即使在互联网和移动通信高度发达的今天，通过电视转播收看体育比赛依然是观众的主流选择。购买主转播商或持权转播商的电视转播广告套餐是赞助商进行宣传推广的常规方式。为了更好地与比赛结合起来，赞助商通常会适时地推出与赛事有关的创意广告。例如，2010 年世界杯期间，百事可乐、耐克等赞助商就针对足球比赛推出了一系列创意广告，让观众在足球比赛中场休息的间隙能放松一下的同时，更加接受和喜爱赞助商的品牌。如今，邀请明星担任代言人已经成为企业推广品牌普遍使用的营销手段，而对于大型体育赛事的赞助商来说，如果能邀请即将参赛的运动员作为代言人并制作相应的广告，在电视转播间隙播放，会取得很好的宣传效果。因为习惯观看体育节目的观众大多是体育爱好者，他们热衷于某项体育运动或有某个喜爱的体育运动员。赞助商在赞助时和运动项目紧密结合或邀请运动员作为代言人，正是利用了观众的情感倾向，选择了观众更易接受的方式进行宣传，由观众对某项运动或某个运动员的认可，从而转向对该赞助商品牌的认可。如果作为品牌代言人的运动员获得冠军或金牌，那么宣传效果就会成倍叠加。购买电视转播的广告套餐的资费通常不菲。

2. 赞助

（1）赞助的定义。赞助可以理解成商业组织为达到商业目的而为某项活动提供资金或其他种类的赞助。在某种程度上，赞助也可以看成变相的广告。

体育赞助是以体育赛事、运动队或运动员为对象的赞助行为。赛事组织者或运

动队从企业方得到物质或资金支持，而企业则通过赞助使其产品和品牌的知名度与美誉度得以提升，促进其产品的销售。体育赞助的本质是一种等价交换。赞助方基于一定的商业目的，向被赞助方投入一定的资金、实物或人力支持，不仅仅为了做好事，还为了获取冠名权、标志使用权等相应的权利回报。

（2）体育赞助的优点。体育赛事赞助是当前体育赞助的一大热点。赞助赛事有如下优点：一是赛事影响范围广、受众多、媒体关注程度高；二是赛事能产生规模效应和轰动效应、见效快；三是赞助赛事回报多、创意的回旋余地大；四是赛事层次多、涉及面广。因为这些优点，赛事赞助成了企业开展体育赞助的首选对象之一，特别是像奥运会、世界杯足球赛之类的世界顶级赛事，更是一些大型跨国公司的必争之地。

（3）体育赞助合作者的商业类型。根据企业进行体育赞助的经验可以将进行体育营销的企业划分为三类，即初长型赞助企业、成长型赞助企业和成熟型赞助企业。在这种分类中的企业并不以企业的规模或企业的资本为划分依据，只是以体育赞助经验进行划分。

①初长型赞助企业。初长型赞助企业指首次尝试体育营销，或者体育赞助的经验并不丰富的企业。最常见的初长型赞助企业赞助发生在当企业或某种产品刚刚进入市场，急需借助某一平台迅速提高知名度时，其仅仅为了吸引顾客的眼球。如果赛事选择得当、执行较好，会快速提高产品知名度，而且在短期内会对销售产生一定积极影响。由于我国企业体育赞助起步较晚，直到成功申办 2008 年北京奥运会时，国内体育赞助才进入了"青春期"，大量国内企业面对奥运会这一营销盛事动了浅尝体育赞助之心，其中不乏国家电网、中国银行这样的大型国有企业，也有恒源祥、梦娜袜业这样的地方性民营企业。但是在试图借奥运之机进行体育营销之后，这些企业往往止步于这个阶段，虽然短期内成功，但是大都在取得眼前利益后忽视长远利益，没有相应的营销跟进措施，由此导致的营销效果不理想的案例不在少数。

②成长型赞助企业。一般处在这个阶段的企业，基本上已经具备了一定规模的资本，或者是国家知名品牌，或者已经成为上市公司。在体育赛事赞助中有所作为的国内企业，往往都要积累一段时间的体育赛事相关赞助积淀下的宝贵经验，具有一定的品牌知名度。体育赛事赞助要付出高昂的体育赞助费用，并将数倍于前者的额外费用投入到赛场外的营销之中。所以说，这笔"学费"不是任何企业都可以负担得起的。当企业品牌已经具备一定的知名度，在竞争异常激烈的情况下，单纯依靠产品质量、成本优势已经很难制胜时，或者当企业发展到较大规模，需要借助某

一平台进入更大的竞争市场时，常常会想到借助体育赛事提升品牌价值，打造差异化形象。这种策略需要企业动用一定量的资金，在一定时期和阶段内将体育营销作为一种主要的营销方式，寻找体育与企业文化的契合点，挖掘体育的精神内涵，并将其转移到企业品牌上。目前，市场上有一部分赞助活动开展得较为成功的企业属于这种类型。

③成熟型赞助企业。这一类企业真正领悟到了体育赞助的精髓是深度挖掘体育资源，其将体育营销作为企业核心战略，并整合所有资源为这一战略服务，十分强调消费者体验，长期系统地赞助体育赛事，培养出一批忠诚度很高的顾客。这使得企业文化与体育精神交相辉映，这一层次的企业往往都已打造出了世界顶级品牌，如可口可乐、耐克、阿迪达斯等。在我国，目前可以归为这一类型的赞助企业有中国体育赞助的领军品牌李宁、安踏和走国际路线的运动品牌匹克。值得注意的是，这三个企业都是我国一线体育用品生产商。由此可见，我国的企业赞助体育赛事还有很长一段路要走。

（4）赞助的效用。通过赞助体育比赛实现品牌宣传已成为世界潮流。1985—1992年，世界范围的体育赞助投放量远远大于电视广告、室外广告和印刷品广告的投放量，且效果极佳。例如，赞助法国世界杯足球赛，可口可乐3个月销售额增长25%，富士胶卷3个月销售额增长12%。权威机构调查结果表明：在世界范围内，人们对体育赞助广告持接受态度，不像其他类的广告那样容易引起反感。

企业赞助体育赛事的优势主要表现为：赞助体育赛事比传统广告形式多、回报高；比电视和印刷广告成本低；在激烈的市场竞争中独辟蹊径，效果独特；绕过政府的某些政策，通过电视做广告；通过体育运动可以建立消费者对产品的信赖感和忠实度；创造机会，加深消费者的印象，使产品形象进一步稳固；制造出独特的企业亲和环境；加强企业内部职工的自豪感。

现代企业赞助体育赛事的动机主要是使产品带上体育赛事的指定标志，增加产品的吸引力，展示产品的高品位，提高产品的价位，突出产品的特点，提高企业及其品牌知名度，强化品牌形象证明赞助商在该工业领域中的领导地位，获得投资回报。

此外，企业赞助体育赛事的动机还有个人兴趣，税收上的减免，与受众建立直接销售联系，捐赠，参加有关的交流活动（如排行榜、新闻发布会、广告），受名人、重要人物的影响等原因。经纪人在争取赞助时，应具体问题具体分析，其关键在于对赞助企业各类信息的了解和把握。

(二) 体育赛事的包装

为了争取更多的体育赛事广告、赞助，体育经纪人还应对比赛进行精心的"商业包装"，以最大限度地实现赛事的价值。体育经纪人应立即整理此类赛事的历史资料（尤其是社会关注度，如电视收视率），组织分析赛事的焦点、热点所在，并尽快研究、撰写赛事策划方案，挖掘赛事商机。赛事策划方案主要包括广告方案和融资方案。

1. 广告方案

广告观念认为，一个广告要想有效地刺激消费者，至少要有 12 次的有效刺激，才能潜移默化到一个消费者的意识中去。借用这个说法，广告方案应是多层面的组合。广告方案主要包括以下内容：

（1）为什么举办？广告方案要简述赛事的特点，含热点、焦点等内容，满足企业的需求，强调赛事卖点。

（2）是什么样的赛事？广告方案要叙述参赛人的特点（明星或一般群众）、比赛地点、比赛时间、举办赛事需要以及中介代理费等。

（3）回报条件如何？企业参与赛事活动能得到什么样的宣传机会，广告方案对此可以通过冠名权、组合媒体宣传、场地、服装广告等加以说明。

（4）宣传优势何在？企业赞助赛事活动的宣传优势，要与普通媒体的宣传优势进行比较。

（5）如何保证企业获得合法权益？广告方案要阐明合作各方的合同关系、实施与监督措施等。

2. 融资方案

融资方案主要包括以下内容：

（1）活动背景介绍。活动的来由及主办方、协办方、承办机构简介。

（2）运动项目市场分析。该运动项目的发展现状及其市场状况。

（3）具体运作方案。详细描述运动操作过程中的具体实施步骤。

（4）财务计划，包括资金需求和资金使用计划（如出场费、申请费、裁判费、人员差旅费等），预计收入（如电视转播权、赞助、广告、冠名权、门票、特许商品销售权等各项收入），收入分配计划等。

（5）风险分析，包括对经营风险、市场风险、政策风险、投资风险等的分析。

赛事策划方案的精彩与否，将直接影响融资效果的成败。因此，撰写好赛事策划方案后，体育经纪人可以组织召开相应的研讨会及工作会议，召开新闻发布会，进一步寻找、创造新闻热点，进行赛前预热，开展赛前媒体宣传，以吸引社会的广泛关注。

（三）开发赛事标志产品

赛事标志产品主要是指赛事的相关称号、标志和专利等特许权及相关的无形资产，如赛事指定器材、服装、饮料等。这些标志产品的开发也极具潜力，其权利主要归赛事主办者或其授权机构。体育经纪人应对其标志产品进行市场分析，在与赛事主办机构或其授权机构（如组委会）进行赛事经纪谈判时，应考虑到此方面的因素。

我国体育赛事标志产品的开发已开展多年，市场潜力极大。国家体育总局主办或组织参赛的体育赛事标志产品的市场开发效果就十分明显。1995 年 7 月，国家体委（现在的国家体育总局）将"中国体育代表团"无形资产开发工作统一归国家体育总局装备中心管理，遵循规范化、公开化、程序化、市场化、法治化的原则，取得了突破性进展。以 1998 年的第 13 届亚运会为例，国家体育总局获得了"中国体育代表团"专用标志和称号的特许使用权、赞助款、物总额达 3 800 多万元，其中资金 2 300 多万元。格威特公司以 900 万元（资金 680 万元）夺得了"唯一指定领奖装备"称号。这充分证明了体育标志产品无形资产的价值。

五、赛事过程中的客户服务

赛事过程中的客户服务包括消除有可能产生的组委会与赞助商间的隔阂，为组委会提供资金保证，监督、保障实施客户的宣传或促销目标。

（一）赛时监督

针对赛事赞助和被赞助的双方需求，体育经纪人在赛事过程中要充分保障合同条款的实现，通过积极的运作和监督，保证赛事达到最充分的推广、最佳的娱乐效果和最广泛的宣传。

（1）监督赛事是否按计划进行。监督赛事是否按计划进行包括比赛是否如期进行，出席者（包括运动明星、裁判、贵宾等）是否按计划到来，接待是否令人满意，电视是否如期转播等。

（2）监督各合作方的利益是否得到充分体现。监督各合作方的利益是否得到充分体现包括资金是否到位，企业广告或标志牌是否安排恰当，运动员服装及其品牌、广告是否符合赞助商的要求，电视节目的各种摄制、编排效果是否最佳，广告转播时段是否足够，各种场合的人员出席及其排位是否恰当等。

（3）保护好赞助企业的权益。保护好赞助企业的权益包括强化赛事广告规则、规定的实施，保证所有图文清晰可见，就运动员的品牌广告等商业应用向体育组织提出建议。一般来说，赞助商往往希望与该赛事的爱好者维持稳定的关系，这样做有助于赞助商的一揽子赞助计划。

（4）收集各种为活动实施宣传的证明材料，或者组织同期宣传效果调查等。

（二）赛时服务

1. 媒体服务

赛事期间，赛事经纪人应做好电视、广播、互联网等媒体服务，帮助有现场电视转播权的单位安排好转播设备（含屏幕）、转播时间、工作人员的工作和生活等；与承办单位的广播电视台和体育组织的电视代表进行联络和协调。

2. 新闻宣传

赛事经纪人应准备好赛事宣传材料和出版物，组织好新闻发布会、资料发送、产品展示等活动，预先制作海报并广泛张贴，做好赛前、赛后的广告发布。竞赛期间赛事经纪人应在体育馆和其他区域装饰宣传赛事的有关标志，如友好合作的标志，新闻区域的广告标志，新闻界、运动员下榻宾馆的综合性招牌，活动庆典以及新闻发布会处的标志。赛事经纪人应密切关注新技术在广告业中的应用，及时引入体育赛事经纪市场，如异地发布电视广告等。

3. 现场促销活动

赛事经纪人要协助赞助商在赛事现场开展一系列的产品促销活动，如招待企业的贵宾、赠送企业的产品、在新闻中发布信息、举行合同签字仪式、设立产品销售摊位、设立广告牌、制作电视广告、制作热气球广告等。

4. 交通、食宿、门票

这虽然是有关合作人员的接送、食宿、门票等工作，但往往体现出对赞助企业的尊重，对进一步的合作至关重要。

总之，高度重视赛事服务工作对赛事有效运作非常重要，事关方方面面工作的协调与执行。

（三）媒体报道评价

赞助商的赞助目的不仅是提高产品销售量，更多的是着眼于赞助活动能否给企业带来声誉和形象的提高以及广告支出的下降。因此，对赞助活动媒体报道程度进行评价十分重要。对媒体报道程度主要从以下三个方面评价：

（1）有哪些媒体形式（电台、电视台、网站、报纸和杂志等）直接或间接地报道了赞助企业。

（2）各媒体形式报道的量，即报道次数的多少、时间的长短以及版面的大小等。

（3）依据当时的市场价格计算赞助商采用相同的媒体形式购买相同量的广告时段需要花费的资金总量，从而测算出赞助商因赞助活动所获得的企业广告费的下降幅度。

总之，高度重视赞助效果的评价工作，对寻求赞助的体育组织和寻求最优宣传媒体的赞助商来说都至关重要，应有专人或聘请专门机构来负责此项工作。

六、赛事赞助活动的总结

（一）撰写赞助评估报告

赞助评估报告应重点论述本次活动的赞助效益。赞助效益应采用定量和定性相结合的表述方式。定量描述应包括资金赞助的总额、实物赞助的数量和质量，以及服务赞助的内容、人次、时间和质量；定性描述应着重对赞助活动的社会效益进行分析和评价。对赞助效益的分析关键在于是否达到了赞助计划中确立的目标，并对此做出实事求是的评价。

（二）建立本次赞助活动的专项档案

赞助活动结束后，赛事经纪人应指定专门人员负责收集、整理与赞助活动相关的一切资料，包括各类文件、电话记录、传真资料和信函以及一切能证明赞助效益的图片、报纸、杂志、录像带和光盘等。建立专项档案不仅是总结的一个部分，而且对以后体育赞助的运作有着十分重要的价值。

（三）召开总结会

总结会除了体育组织内部从策划到执行，包括赞助计划、赞助提案、人员配置、经费管理和后勤保障乃至主要经验等各方面进行全面、系统的总结外，还应邀请赞助商共同探讨、总结本次赞助活动，并征询对未来继续合作的意向和可能性。

（四）感谢活动

感谢活动是总结的最后一项工作。感谢活动除了要向赞助商致以感谢函外，还

可以采取赠匾、赠旗或赠纪念品的方式。如果是大型的赞助活动，应该举行答谢宴会，借此感谢有关人员，并进一步与赞助商沟通感情，建立长久的合作关系。

第三节　体育赛事营销

一、体育赛事营销的概念

（一）市场营销

"现代营销之父"菲利普·科特勒认为：市场营销是指个人和集体通过创造，并同别人交换产品和价值以获得其所需、所欲之物的一种社会过程。此定义虽然产生于物质生产部门和实物经营领域，但同样适用于体育营销，尤其是体育赛事营销。

（二）体育赛事营销

体育赛事营销，即一种将体育赛事作为产品的市场营销活动。体育经纪人和经纪机构通过对体育赛事的策划、包装和市场化经营，以提升赛事的商业价值，从而使赛事的组织者、经营者和赞助商共同获得利润。

因此，体育经纪人和经纪机构在体育赛事产业链中的主要作用体现如下：

（1）增值性，即通过经纪人的运作，使赛事产品更受消费者的欢迎，进而带动赛事产品的增值。

（2）实现各方利益共享，即通过经纪人的运作，使赛事营销链上的各合作环节得到利润，各合作方都获得经济效益。

（3）实现价值最大化，即通过经纪人的运作，使赛事资源得到更合理的优化配置，提高整体竞争优势，实现价值最大化。

此外，体育赛事还具有提供精神产品和欣赏服务的功能，这是一切精神文化类非物质产品市场营销的特殊功能。

二、体育赛事营销的对象

体育赛事营销就其营销对象而言，主要包括以下几个方面：

（一）营销体育赛事本身

这是传统意义上的体育赛事营销，即体育赛事的组织者和经营者通过一系列经济活动和商业行为，将体育赛事本身作为产品和服务进行相应的商业包装、设计和策划，提升赛事本身的观赏价值和市场价值，进而推向市场进行市场化运作。其目的是获取相应的社会营销和经济回报。营销体育赛事本身就是体育赛事这一产品拥有者最重要的营销活动。

（二）营销企业及产品

这是现代体育赛事营销的概念，即企业通过赞助、冠名体育赛事等策略，借助所赞助的体育赛事树立企业及产品在公众中的品牌形象。借助体育赛事营销企业及其产品不同于商业企业的传统营销及媒体广告等市场手段，是一种极具亲和力的市场营销策略。将体育赛事与商业企业的品牌推广紧密结合属于"软性推销"。其最大特点是功利性潜藏在公益性之下，容易获得社会和市场的认同，从而达到品牌推广和市场营销的目的。

（三）营销促进城市发展

这是当今体育赛事营销最具抽象概念、最具社会价值和最具开发潜力的营销技术。通过体育赛事营销，尤其是品牌体育赛事营销促进城市发展，这已经得到普遍认可，并受到了政府和社会的高度关注。"奥运经济""世界杯经济"已充分展示了这类大型赛事对举办城市所带来的巨大社会效益和经济效益，并无一例外地推动了这些城市的超常规发展。

体育赛事营销最重要的策略就是充分利用和挖掘体育赛事的品牌资源，并通过市场机制实现资源的优化配置，达到社会效益和经济效益的最大化。在奥运会、世界杯足球赛、美国篮球职业联盟联赛等一大批国际的或区域的体育赛事发展成为当今最具影响力的品牌赛事的市场营销过程中，也造就了耐克、阿迪达斯、三星等一大批国际著名的商业企业和品牌产品。此外，通过举办这些体育赛事，使巴塞罗那、亚特兰大、墨西哥城等一大批城市一举跨进国际大都市的行列，大型品牌赛事所留下的宝贵遗产使其迅速成为著名的国际旅游胜地。

三、体育赛事营销的分类

（一）传统体育赛事营销

1. 传统体育赛事的类型

传统体育赛事有两大类型：竞技体育传统赛事和大众体育传统赛事。

竞技体育传统赛事是指那些属于国际体育组织或国家和地方体育组织按照计划

定期主办的，以奥运会项目为主要内容的，以职业或专业运动员为主要参加者的综合性运动会和各运动项目的联赛、杯赛、锦标赛等。这类赛事大多已经形成一定的规模和比较严格的规范，并具有较大的社会影响力。例如，奥运会、世界杯足球赛、全国运动会、中国足球协会超级联赛、中国男子篮球职业联赛、全国或省（市、区）田径锦标赛等赛事。

大众体育传统赛事是指那些国家或地方有关部门按照计划定期举办的，以非奥运会项目为主要内容的，以业余运动员或体育爱好者为主要参加者的各类普通体育赛事。这类赛事通常都是人民群众喜闻乐见的，具有广泛参与性的大众体育传统赛事。例如，全国体育大会、农民运动会、行业或机关运动会等。

2. 传统体育赛事的特点

传统体育赛事的特点是赛事规模大和政府支持力度大、社会关注程度高和商业价值高。传统体育赛事的市场经营和商业运作通常需要具有较高资质的专业经纪公司或体育推广公司，其赛事营销需要掌握较高的赛事运作和市场运作技术。传统体育赛事的营销对象涵盖了体育赛事营销的全部内容，即营销体育赛事本身，借助商务合作营销赞助企业自身及其产品，通过体育赛事营销促进城市发展。

3. 传统体育赛事的主要营销目标

传统体育赛事的主要营销目标是取得体育赛事举办城市的政府支持，吸引优秀运动员出席或参加体育赛事，吸引主流、权威媒体报道体育赛事，吸引公众关注体育赛事或观看体育赛事，吸引品牌企业、商业财团成为体育赛事赞助商，寻求与专业公司的合作计划。

（二）商业体育赛事营销

商业体育赛事主要是指那些职业体育俱乐部为了推广其社会形象或为了获得商业利润而自己组织，或者委托经纪公司策划组织的各类完全市场化操作的赛事，或者国家和地方体育组织有计划却缺少资金举办的商业体育赛事，如各类邀请赛、对抗赛、巡回赛等。

商业体育赛事与传统体育赛事的主要区别在于：第一，经营主体不同。商业体育赛事的经营主体多为体育经纪公司，传统体育赛事的经营主体多为各级体育组织。第二，营销目的不同。商业体育赛事的营销目的首先是获取商业利润，其次才是取得社会效益和实现事业推广；传统体育赛事的营销目的主要是取得社会效益和实现事业推广，其次才是获取商业利润。第三，营销产品不同。商业体育赛事的营销产品多为观赏价值很高的赛事或球星，传统体育赛事的营销产品多为各种赛事。

　　因此，作为经营主体，获取商业利润和经营高水平体育赛事，应该是体育经纪公司选择、策划和设计商业体育赛事的基本原则。

　　商业体育赛事是当今体育赛事市场中的一类重要赛事，具有很好的发展前景。商业体育赛事的核心问题就是资金问题，起因是资金，目的还是资金。这是因为：

　　（1）对于各级各类运动项目管理中心而言，其需要组织优秀运动员参加更多的高水平赛事，但缺乏足够的经费支持。商业体育赛事的主办者通常提供经费支持，邀请优秀运动员参加体育赛事。

　　（2）对于高水平的职业体育俱乐部和明星运动员而言，其需要通过商业性质的赛事市场获取更多的经济利益，参加商业体育赛事通常可以为其带来高额的出场费和奖金。

　　（3）对于体育经纪公司而言，其可以通过举办高水平的商业体育赛事，并借助这个平台吸引赞助商、媒体和公众的注意，进行市场化的商业运作，以获得良好的商业利润。

　　高水平体育赛事的市场需求伴随着社会经济的发展而发展，社会经济越发达，高水平体育赛事的市场需求就越大，商业体育赛事的发展前景就越好。我国当前商业体育赛事的核心工作就是赛事策划和赛事营销，但无论是运动项目管理中心，还是职业俱乐部，均缺乏有市场营销经验的专业赛事策划和营销高手。因此，高水平体育赛事的组织者需要与专业的体育经纪人或体育经纪机构进行合作，体育经纪人或体育经纪机构可以凭借其卓越的市场推广能力，进行赛事推广（国外以赛事经纪为主业的经纪公司常自称为体育推广公司，经纪人常自称为赛事推广人）和市场营销。

　　商业赛事营销的关键在于出新和出奇、出看点和卖点。所谓出新和出奇，是指在创意和策划商业体育赛事时，就着力推出新颖、奇特的运动项目或项目组合，或者涉及新颖、奇特的竞赛规则或竞赛方法，或者创意新颖、奇特的竞赛内容和观众参与方案，以出新和出奇的商业体育赛事平台吸引赞助商投资、吸引媒体关注报道、吸引人们参与和观看赛事；所谓出看点和卖点，是指在设计、策划和组织任何商业体育赛事活动时，必须紧紧围绕体育赛事活动能否吸引赞助商、吸引媒体，尤其是吸引电视观众和现场观众，以充分发挥"眼球经济"的市场效应，突出商业体育赛事的经济功能。

　　商业体育赛事也应注重品牌效应和城市效应，不少商业性质的体育赛事，经过经纪公司或推广公司的精心运作，已成为著名的传统品牌赛事。例如，国际田径联合会的"黄金联赛"等。

四、体育赛事的品牌提炼

体育赛事种类很多，但真正被赞助商青睐并进行商务合作，被电视、网络和报纸等媒体竞相报道，并拥有巨大现场和电视观众群的体育赛事并不多。大多数的体育赛事如同过往云烟，没有在人们心中留下太多的记忆。真正占据相当的市场份额，并获得举世公认的品牌体育赛事已越来越受到市场的欢迎和追捧，也越来越成为商业财团和人们心中的牵挂和期盼。在国际体育赛事市场，四年一度的奥运会和世界杯足球赛已经成为最负盛名的品牌体育赛事，其他的国际品牌赛事有 F1 方程式汽车赛、欧洲五大职业足球联赛、国际网球联合会四大公开赛、巴黎至达喀尔汽车拉力赛、环法自行车赛等。在国内体育赛事市场，四年一度的全国运动会已经是国内最大规模的品牌体育赛事，其他的国内品牌体育赛事有全国职业篮球俱乐部联赛、全国职业排球俱乐部联赛、全国大学生篮球联赛、"环青海湖"公路自行车赛，以及2008 年刚刚开始就取得轰动效应的国际网球联合会北京·中国网球公开赛等。这些体育赛事早已不再是一项纯粹意义上的体育竞技赛事，而是一次全球或全国的体育、文化和旅游盛会。这些著名的品牌赛事，除了提供精彩激烈、扣人心弦的竞技对抗之外，还提供了一种历久弥新的文化和艺术感受，使迷恋它的人更加迷恋，使那些还未领会其魅力的人很快着迷其中，使喜爱体育的人更加喜欢体育，使不喜欢体育的人开始关注体育。这就是体育赛事的品牌魅力和品牌效应。

体育赛事的品牌效应已经引起各级体育赛事组织机构和体育赛事经营机构的重视，其作为一种现象也引起了体育经济学界的关注。百年奥运，也只是近 30 年才逐渐成为全球第一品牌体育赛事的，在 1984 年洛杉矶奥运会之前，奥运会并不是世界最高竞技水平的舞台，正是洛杉矶奥运会开始了职业化和商业化的经营策略，才使得奥运会走出了困境，并逐渐成为当今全球最有影响力的体育赛事。职业化使奥运会成为最高水平的竞技舞台，商业化则使奥运会成为最能拉动区域经济发展的重大事件。

体育赛事的品牌提炼取决于体育赛事组织者和经营者的战略定位和发展策略。决定体育赛事能否成为品牌的最重要的影响因素有参赛运动员的竞技水平、商业合作伙伴的影响力和主流宣传媒体的覆盖面。例如，世界杯足球赛、奥运会、F1 方程式汽车赛、国际网球联合会大满贯网球公开赛等赛事，之所以能发展成为国际一流的品牌体育赛事，就是因为其组织者和经营者在体育赛事设计和市场运作时始终注重上述三个重要影响因素。其赛事的品牌提炼过程就是保持和提高参赛运动员的国际排名等级，保持和提高赞助商的经济地位和赞助强度，保持和提高电视与其他媒体的强势宣传报道，并不断提高体育赛事市场运作的专业化水平。

体育赛事的品牌提炼，首先是体育赛事本身的社会经济价值的提升，其次是与体育赛事举办城市联动发展潜力的挖掘。但凡品牌体育赛事，要么体育赛事本身的商业价值极高，能吸引强势电视媒体合作和著名商业财团赞助，如奥运会；要么体育赛事举办城市能够借助举办体育赛事推动城市发展，从而获得属地政府、企业和媒体的强力支持，如"环青海湖"公路自行车赛。因此，专业的体育赛事推广或经纪公司，在提炼品牌体育赛事的经营活动中，应牢牢掌握体育赛事之所以成为品牌的核心因素。

五、体育赛事营销合同

体育赛事营销合同由一系列不同的营销子合同构成，包括赛事代理权购销合同、赛事冠名权买卖合同、赛事指定产品合同、赛事电视转播权出让合同。

体育赛事营销合同至少应该包括营销标的物、标价、协议的合作双方、合作方式、权限范围、时限、签订时间、付款方式及期限、特殊条款、注意事项等基本内容。以赛事代理权购销合同为例，该合同应包括如下内容：

（1）营销标的物是指体育赛事的承办经营权的经济支出。

（2）标价是指获取体育赛事承办经营权的经济支出。

（3）协议的合作双方是指赛事承办经营权的买卖双方。

（4）合作方式是指分级代理的形式或合作伙伴关系。

（5）权限范围是指双方所代表的利益实现区域。

（6）时限是指在某一个规定时间限制内必须完成的比赛任务。

（7）签订时间是指正式签署协议的时间。

（8）付款方式及期限是指赛事经营方将标价支付给赛事主办方的方式和日期。

（9）特殊条款是指不同于出售一般赛事承办经营权的其他规定。

（10）注意事项是指合同条款未能说明的其他内容。

体育赛事营销合同是合作双方谈判或妥协的结果，是购销双方在对经营赛事的权利、义务和责任进行全面权衡和经济测算之后，达成一致意见的书面表达形式。体育经纪人在赛事营销合同正式签订时，应进行法律公证，以免出现违约时的被动局面。

案例一

拳王推手——唐·金

唐·金是全球最成功、最有影响的职业拳击推广人。到目前为止，他已在全球成功地推广了500余场拳王争霸赛，其中包括阿里、福尔曼、泰森、霍利菲尔德以及鲁伊兹等世界著名的拳王比赛。多年来，由于他在职业拳击推广及反对种族歧视等方面的卓越贡献，他不仅多次荣获国际各个拳击组织"年度推广人"和"终身荣誉奖"等荣誉称号，而且先后受到蒙伯托、乔治·布什、纳尔逊·曼德拉、克林顿等国家元首的接见。

1974年，唐·金史无前例地担保了一场总出场费1 000万美元的在非洲扎伊尔举行的阿里与福尔曼一战，也就是著名的"丛林战鼓"，开创了世界重量级拳王争霸战在美国本土以外举行的先例。这也是历史上第一场电视直播的拳击比赛，世界上有10亿人观看了这场比赛。1975年，阿里和荣·雷的比赛首次收到高达100万美元的电视转播费。后来唐·金推广了著名的"第三场——最后的决战"，由阿里与弗雷泽在费城奎松对阵，这就是人们所熟知的"马尼拉震颤"，全球约10亿观众观看了比赛。

唐·金是第一位卖出200万美元电视网转播费的体育推广人，第一位向HBO电视网卖出重量级世界排名赛的推广人，第一位为轻量级比赛保证了100万美元收入的推广者，仅有的一位将两场重量级拳王争霸赛安排在一起进行的推广人。他不断创造了拳击比赛最高毛利的历史纪录，不断刷新电视转播费最高纪录，多次创下入场观众人数纪录。唐·金创建了自己的体育娱乐电视网，使拳击运动进入主流电视网，曾有100多个国家和地区的约20亿观众观看了泰森和霍利菲尔德的拳击比赛。在内华达州历史上电视转播毛利最高的20场拳赛中，有12场是由唐·金的公司推广的；在全球历史上10场付费电视用户收看最多的拳赛中，有7场是由唐·金的公司推广的。

唐·金连续多次被世界拳击协会（WBA）评为"年度最佳拳击推广人"。1993年，唐·金推广了20场世界拳王争霸赛，荣获"世界拳击协会（WBA）世纪最佳推广人"称号。1994年一年时间，唐·金推广了47场世界拳王争霸赛，被世界拳击理事会（WBC）评为"永远最伟大的推广人"，被《体育画报》评为"40年间最有影响力的40位体育人物"的唯一一位拳击推广人。1997年，唐·金被列入"国际拳击名人堂"。1999年，世界拳击协会向唐·金冠以"终身推广人"荣誉。

尽管经纪人唐·金的佣金之昂贵连泰森都称他为"吸血鬼",但还是有100多名拳手在唐·金的公司推广的赛事中各赚取了上百万美元。当被人问及"如何成为一名好的体育经纪人"时,唐·金的回答是:"爱护别人,要乐于与人相处。"唐·金非常了解他的拳手,他会在运动员因成功而飘飘然的时候,予以适当提醒;在运动员陷入低潮时,他又会调动自己全部的激情去鼓励运动员。即便在面对运动员的抱怨时,唐·金仍坚持"永远不要把个人的不良情绪带给运动员"。

——资料来源于 http://blog.sina.com.cn/s/blog_6fdc32650100xdkj.html

案例二

2010 年广州亚运会营销——看健力宝如何营造复兴之路

一、营销背景

1984 年奥运之年诞生,与体育结缘至今,被誉为"中国魔水"的健力宝,曾经享誉全球。1990 年,在北京举办的亚运会中,健力宝和李宁联袂出手,花费 1 600 万元赞助巨款,并用 250 万从开价 250 万美元的外国公司手里"抢"到亚运会火炬接力传递权,使健力宝和李宁体育营销组合大获全胜。2010 年,健力宝,这个饱经风霜的民族品牌,谋划着新一轮的腾飞。犹如凤凰涅槃,健力宝欲借亚运之"势"重返体育营销。2008 年 9 月 16 日,健力宝和亚组委成功签约,成为"广州 2010 年亚运会指定运动饮料"。2009 年 3 月 17 日,"健力宝亚运啦啦队全国选拔赛"全面开启。

二、营销策略

"健力宝亚运啦啦队全国选拔赛"打破了以往比赛举办的游戏规则——排他性,而更加注重体现一种高度的包容、和谐、共赢理念。健力宝在取得亚运啦啦队全国选拔赛主办权后,并没有把资源"为我独享",而是抱着强烈的民族包容之情感,广阔的海纳百川之气度,将更多的亚运赞助商吸纳进来,共享资源和平台。大学生通过参与啦啦队,在社会公众面前展现了积极、青春激情的一面,对今后走入社会、融入社会起到了巨大的帮助作用。

三、营销手段

(一)众明星组建亚运助威团

亚运啦啦队全国选拔赛发布会现场不但各官方机构纷纷表态全力支持亚运,很多明星也积极参与进来，蔡依林、小柯、孙楠、戚薇、金莎等携手组建了亚运明星助威团。比赛过程中，他们分阶段参与不同赛段的助威工作。

（二）央视全面支持民族品牌

作为2010年广州亚运会的合作伙伴，中央电视台通过举办啦啦队选拔活动，推广本届亚运会"激情盛会，和谐亚洲"的理念，同时推动岭南文化的对外传播，促进亚洲各国多元文化在广州赛场上的融汇交流，并以此为契机将啦啦队这一体育项目推向大众，使大众全面了解该运动，使青年一代更广泛地参与到这个互动的平台中来。

（三）专业机构承办此次大赛

央视拿出重要时段重点关注此次大赛的同时，央视旗下的专业赛事机构，作为此次大赛的运作班底，承担了大部分工作，保证了大赛的顺利执行。

四、营销效果

"健力宝亚运啦啦队全国选拔赛"正式启动，健力宝成为2010年广州亚运会赞助企业中开展全国性大型亚运宣传的第一人。在宣传自有品牌和产品的同时，健力宝希望借助这一活动把广州亚运会"激情盛会，和谐亚洲"的理念和广州独特的岭南文化传播到全国。萌生于体育的健力宝已经成长为一棵参天大树，而回馈体育、回报社会已是健力宝的一种常态，体育营销也已确定为健力宝的宣传主轴。

——资料来源于 http://blog.sina.com.cn/s/blog_6fdc32650100xf7e.html

课后习题

1. 体育赛事的主办机构有哪些？
2. 体育赛事的价值体现在哪些方面？
3. 我国体育赛事市场的制约因素有哪些？
4. 体育赛事融资包括哪些内容？
5. 体育赛事的营销对象是什么？

第五章
体育组织经纪

DIWUZHANG

第一节 体育组织概述

一、体育组织的概念

体育组织是指专门从事与身体锻炼（训练）、运动竞赛、运动文化活动相关的，具有特定的（与运动或运动竞赛相关的）目的，拥有运动相关资源并具有一定权威和制度的社会机构或团体。

二、体育组织的分类

根据不同的划分依据，体育组织可以分为不同的种类。

（一）从组织的内部结构关系可分为正式体育组织与非正式体育组织

常见的正式体育组织有各种体育俱乐部、体育协会、政府体育机构等，它是具有比较明确、成文的组织目的与活动章程，吸收成员一般需符合一定组织要求并经过一定较为正式的程序，内部成员分工明确、人员职务层次分明。

非正式体育组织通常为自发形成的，成员以自愿为原则加入，组织内部成员间关系较为松散，没有正式成文的组织目标与正式规章，通常只有口头上的约定，成员的加入一般只是出于获取某种情感交流或娱乐的目的。例如，广泛散布于民间自发形成的各种体育健身团体。

（二）从经济关系角度可分为营利体育组织与非营利体育组织

以营利为目的的体育组织常见的有各种提供体育娱乐与休闲活动服务的私人体育俱乐部，体育人才培养与技术指导的社团、机构或中心等。它的主要特点是为组织成员提供各种有偿的体育服务，收取服务报酬并向国家税务机关依法纳税。

以非营利为目的的体育组织也称为体育 NPO（Non-Profit Organization），它是服务于大众的体育需求，不以营利为目的公益性的体育组织，其所得不为任何个人牟取私利，是自身具有合法的免税资格和提供捐赠人减免税的合法地位的组织。常见的体育 NPO 有国际奥林匹克委员会、中华全国体育总会（ACSF）、中国奥林匹克委员会（COC）以及一些公共的社区体育组织等。

（三）从与政府的关系可分为政府体育组织与非政府体育组织

政府体育组织的特点是由政府组建并隶属于某一政府部门，组织运作资金主要依靠行政划拨，主要组织成员通常由政府公务员担任。例如，国家体育总局及其直属的各个单位，如田径运动管理中心、游泳运动管理中心等。

非政府体育组织的特点是一般由民间人士组建，组织经费来源于赞助、捐赠，如中华全国体育总会、中国奥林匹克委员会，民间各种体育社团也都属于非政府体育组织。

（四）从与国家的关系可分为国内体育组织与国际体育组织

国内体育组织特点是组织目标具有国家和民族特色，组织成员主要由一国公民或群体构成，如中国足球协会、中国篮球协会。

国际体育组织特点是组织目标具有国际性，成员来自不同的国家，工作人员实行轮换制，运作经费来自 3 个以上国家，不为成员谋利。例如，国际奥林匹克委员会、国际足球联合会（FIFA）、国际田径联合会（IAAF）。

（五）从组织存在的时间关系可分为临时性体育组织与永久性体育组织

临时性的体育组织的特点是组织的目标在短期内可以实现，组织机构与成员的存在时间具有短期性质，到达一定期限或目的后即解散。例如，为召开某一大型运动会而专门组建的组委会。

永久性体育组织的特点是在章程中有无限期的、长期的目标，一般设有常驻机构运作、处理组织日常事务。例如，国际奥林匹克委员会即是属于永久性的体育组织。

（六）从项目数量关系可分为综合性体育组织与单项体育组织

综合性体育组织从事的体育事业涉及多个体育项目，如国际单项体育联合会、国家体育总局。

单项体育组织的组织目标只涉及单个体育项目，工作重心也只围绕单一项目开展，如世界羽毛球联合会（IBF）、国际体操联合会（IWF）、国际网球联合会（ITF）、国际足球联合会（FIFA）、国家游泳管理中心等。

三、体育组织的作用

（一）整合体育资源，为体育从业人士提供更专业化的支持以及方便大众对体育活动的广泛参与

专业的体育训练组织可以召集有经验的体育教练与其他体育科研工作者从事选拔、培养高水平运动员的工作。体育媒体、宣传组织也可以利用自身的体育人力资

源优势及体育信息资源优势向大众普及、传播体育文化及体育赛事，满足社会对体育的信息需求，引起社会对体育事业的关注。民众体育健身组织可以用社会募集资金，建立群众健身场所、组织各种民间体育赛事，为大众广泛参与体育活动创造条件等。

（二）促进体育各项事业朝着更加多样化与专业化的方向发展

随着各种各样的体育组织不断涌现，体育活动的项目和内容也更加丰富多彩，使得更多的人可以根据自身的条件和特长从事自己喜欢的体育活动。例如，国际特殊奥运会组织的成立使得许多原本与体育无缘的残障人士也能够有组织地参与到体育活动与竞技的大家庭当中来。体育运动项目也随着各种体育组织的创立及活动的开展而变得更加专业化。现代田径运动的兴起以及国际田径联合会组织的成立与运作，使得田径竞赛规则日益完善与标准化，赛事组织者及从业人员（如裁判）的知识水平、素质要求也变得更高。国际足球联合会的成立使得足球运动真正成为一项世界性参与的体育活动，围绕这项运动的各种活动，如赛事的宣传、组织与运作过程等都要求在各种专家的共同参与下更好地完成。

（三）促进社会经济、文化的发展，使体育真正成为一项重要的社会事业

体育组织的兴起极大地促进了体育产业的繁荣，从而推动了社会经济的发展。例如，由中国奥林匹克委员会组织的2022年北京冬季奥运会极大地助推了我国"白色经济"发展。据《北京2022年冬奥会和冬残奥会遗产报告（赛后）》披露，中国冰雪产业总规模从2015年的2 700亿元增长至2020年的6 000亿元。目前，全球体育产业的年产值高达4 000多亿美元，在某些发达国家，体育产业占整个国民经济的比重越来越大，体育产业已经成为国民经济新的增长点。

第二节　体育组织经纪概述

一、体育组织经纪的概念

体育组织经纪是指体育中介机构接受体育组织的委托或授权，根据委托或授权协议，进行与这些组织有关的体育事业推广和商务开发业务。狭义的体育组织都是非营利性组织，但是其蕴涵着大量的可以进行商业开发的资产，如国际奥林匹克委

员会拥有"奥林匹克象征"的一切权利,"奥林匹克象征"已成为国际奥林匹克委员会的重要财政来源之一。非营利性体育组织在进行市场推广和商业开发的过程中,由于自身的非营利性质和缺乏专业的市场营销机构,通常都会选择一家或数家有实力的体育经纪公司作为其战略合作伙伴。这些战略合作伙伴有资金、经验以及专业人员,大多数运动项目管理中心都愿意与之进行商务合作。

(一)体育组织的委托经纪

目前越来越多的体育组织委托有信誉的体育经纪人公司作为其合作伙伴,帮助其树立大众形象、进行市场开发、代理日常事务。接受体育组织委托的主要业务有以下几个方面:

(1)帮助体育组织开展市场调查研究,为其获取有关信息,提供签约和合作机会。

(2)帮助体育组织进行商业开发,包括推广赛事,争取商业赞助、特许标志使用权,纪念品的开发与销售等。

(3)帮助体育组织开展宣传,树立其品牌和形象,对体育组织进行商业包装,提高其行业地位,增加其商业谈判筹码。

(二)非体育组织的委托经纪

许多工商企业希望通过体育赛事或明星运动员为企业或产品进行品牌宣传,但它们大多对怎么样进入体育领域及进入体育领域后的运作方式十分陌生,这时体育经纪人便提供了媒介作用。接受非体育组织介入体育事务的经纪业务主要有以下几个方面:

(1)帮助工商企业进行形象设计,寻找体育明星代言人,洽谈相关合作条件。

(2)开展市场调查,寻求市场定位,寻找体育赛事赞助,制订赞助计划。

(3)代理企业与体育组织、媒体、社会有关部门合作,就体育赛事举办、赞助、广告、电视转播权等方面进行谈判,监督体育赛事的推广宣传工作,赛后进行赞助和广告效果的调查,反馈给赞助企业。

值得注意的是,近年来一些著名的体育生产企业已开始借助自身的市场营销机构和管理机构直接从事体育经纪业务。

可以预见,体育组织经纪,尤其是那些非营利性的体育行政机构、体育事业单位和体育社团组织的经纪业务,将是体育经纪人最重要的经纪活动。

二、体育组织经纪的内容

体育组织可以向经纪人公司或经纪人个人提供的经纪业务包括有形资产和无形资产两类。通常有形资产根据当前市场需求确定其价值，无形资产的价值评估则更多体现于未来市场潜力。

体育组织经纪的主要内容是对体育组织的各类资产进行商业开发和市场推广，使其效益最大化。在通常情况下，体育组织都将其资产进行分类后，委托或授权给不同专业背景的体育经纪人或公司进行分类经纪。

在体育组织的各种资产中，无形资产是最能体现其市场推广价值和最具商业开发潜力的资产，并且是最需要体育经纪人进行专业营销和最能为体育经纪人带来利润的经济内容。因此，体育组织经纪活动主要是围绕无形资产的商业开发和市场推广展开的。

三、体育组织中的无形资产

（一）体育组织中的无形资产的概念

体育组织中的无形资产是指特定主体拥有的，具有体育商品属性和市场价值，能为所有者和经营者带来经济效益的非实物形态的资产。体育组织中的无形资产具体体现为对各种象征的权利的拥有。这些象征属于知识产权范畴，体育组织可以借助这些象征的使用权出售获得一定的经济效益，并借助这些象征的使用提升无形资产的价值。

体育组织中的无形资产的价值取决于中介机构的商业运作和体育消费市场的认同，即通过向企业出售这些资产的使用权得到体现。企业之所以愿意购买这些权利，一方面是通过体育这一当今世界最健康、最休闲的载体，树立企业形象，扩大企业影响；另一方面是借助体育无形资产的品牌形象，包装企业产品，扩大消费群体。

（二）体育组织中的无形资产的特征

从经济学角度来廓清对体育无形资产的认识，应从一般无形资产共性与体育特性的结合上，把握好以下几个方面的关系：

（1）体育组织中的无形资产源于体育运动，在长期的体育运动实践中产生，因而是体育的无形资产而不是其他的无形资产。例如，体育组织、团队商业标志的特许使用权，体育专有技术、体育场馆、设施的租赁权等。

（2）体育组织中的无形资产的产权主体主要是体育组织，各种不同的体育组织中的无形资产主要为各种不同的体育组织所有，只有极少量的为体育工作者或相关人所有。

（3）体育组织中的无形资产是一种生产要素和经济资源，它作为一种特定形式的资产，能够产生一定的经济效益，并且其交易价格具有不确定性。体育组织中的无形资产的潜在价值，或者说理论价值可能很大，但上市后其实际交易价格能否反映它的理论价值则存在较大的不确定性。这是因为体育组织中的无形资产的市场交易不仅受项目水平、项目普及程度、项目商业价值、体育行政部门制定的方针政策以及体育法规的影响，而且还与中介机构的数量和素质、大众媒体的关注和参与程度、赞助商广告与企业形象定位以及国内经济乃至国际经济的景气程度都有关系。

（4）体育组织中的无形资产不具有实物形态，主要是凝结着各种体育智力创造活动成果的知识形态以及一些具有知识含量、直接是某种特许权利的表现形态，并且对体育行政部门有较强的依赖性。体育行政部门对体育组织中的无形资产的管理与开发拥有至关重要的决定权。

（5）体育组织中的无形资产的运营空间是体育市场，不但体育组织中的无形资产的运营行为必须具有市场属性，而且与其发生交换关系所形成的也都是体育市场。体育组织中的无形资产运营的获利主体为体育组织中的无形资产的所有者和使用者，大量体育组织中的无形资产的市场运营是所有者与使用者相分离的，但只有双赢才能有持续的市场行为。

（三）体育组织中的无形资产的内容

1. 各类体育赛事活动的举办权及各项无形资产的特许经营权、使用权

这其实就是一种特许经营权，如奥运会的举办权是由国际奥委会授予某个国家的某个城市的特许经营权，我国的全运会举办权是政府授予某个城市的特许经营权。应当说各级各类体育赛事的举办权从赛事系统看是第一层次的特许经营权，一个城市或机构在拥有一项赛事举办权的同时，也就拥有了诸多无形资产项目的特许经营权，这是赛事系统第二层次的特许经营权。特许使用权是更上一层次的特许经营权或者说是特许经营权的一个内容。体育赛事举办权之下的各项无形资产特许经营权及使用权包括冠名权、冠杯权、广告发布权、电视转播权以及竞赛活动的名称、会徽、吉祥物等标志的特许使用权等，这些特许经营权实质上就是举办单位拥有的知识产权或产权。

2. 各类竞技体育组织机构、企业和团体的名称与标志的专有权、特许经营权和使用权

体育组织机构包括国际奥委会、中国奥委会、各级体育局的竞赛机构、各单项运动协会及其他体育社团组织等。竞技体育企业主要是指竞技体育俱乐部。竞技体育团体包括竞技体育代表团和运动队等。竞技体育组织机构、企业和团体的名称与标志的专有权、特许经营权和使用权在市场经济和知识经济的条件下具有重要的商业价值。例如，"中国奥委会"的文字及其商用标志、俱乐部的名称及其专有标志、运动队的名称及其队徽等无形资产，均可为企业或商家所利用而创造利润、产生经济效益，而且目前已经越来越多地被社会上的企业利用。其主体拥有受法律保护的专有权（或独占权），同时主体自身享有对此种无形资产的特许经营权和使用权，也可以将这种特许经营权授予其他社会机构或企业。

3. 有关体育组织的专利权、版权

有关体育组织的专利权、版权和一般无形资产一样，都是知识产权的内容，其主体拥有受法律保护的专有权或独享权。体育无形资产的专利权主要是在体育相关的制造行业，如运动器材制造方面，包括运动器材的发明专利权、外观设计专利权和实用新型专利权等，主体拥有对专利的实施权、转让权、许可权、标记权和放弃权。版权主要包括竞技体育方面的著作、音像制品和计算机软件等方面的发表权、署名权、修改权、保护作品完整权、使用权和获得报酬权。

4. 竞技体育名人的广告权和代理权

竞技体育名人的广告权和代理权是体育无形资产的一种特例，体育名人的声誉和形象有着极高的商业价值，是一种重要的经济资源和产权内容。这种产权在国际上通常是归体育名人个人所有，我国目前是归国家所有或国家和个人各占一定的比例。能够在训练与大型比赛中表现出高超指挥艺术的教练和具有个性技术风范的体育明星被公认为现代社会的稀缺人才，其特殊的身份和社会影响力蕴藏着巨大的无形价值，其在日常生活和训练比赛过程中的肖像和言行用于商业宣传具有很好的广告效用，能产生超额的利润。广告的种类包括电视广告、招贴广告、报刊广告和宣传广告等。国际上很多体育明星每年拍广告的收入远远超过其工资收入。例如，英国《太阳报》列出了 2022 年度体育明星在社交媒体为每个品牌做广告的收入，C 罗在社交媒体的广告价格最高，他发布品牌的一个广告动态收入能达到 200 万英镑（1英镑约等于 9.1 元人民币，下同），其后是梅西的 150 万英镑。我国很多在国际比赛

中取得优异成绩的运动员都有很高的广告收入。

5. 体育组织名下的体育场馆和设备的租赁权

体育场馆和设备的租赁权属于土地使用权的范畴，不是严格意义上的无形资产。但体育场馆和设备之所以具有较高的租赁价格，与竞技体育的作用和影响有很大关系，也具有很大程度的体育无形资产的成分，因此应当是竞技体育无形资产开发的内容之一。

6. 体育彩票的发行权、专营权和销售权

体育彩票的发行权、专营权和销售权是一种特殊的竞技体育无形资产，直接由国家的行政管理部门控制，制定专门的政策、法规和管理条例，并有专门的组织机构和管理办法。

7. 其他竞技体育无形资产

这是指法律、法规规定的或国际惯例承认的其他竞技体育无形资产以及体育行政部门认定的体育类的促销获利因素。

（四）体育组织中的无形资产的管理

从国际上各个国家或地区的规定来看，大多数的国家和地区都是将专利与商标的管理划入同一行政管理部门。事实上，我国也认识到了对知识产权统一管理的重要性。1995年8月29日出台的《中华人民共和国体育法》中，专门做出了规定：在中国境内举办的重大体育竞赛，其名称、徽记、旗帜及吉祥物等标志按照国家有关规定予以保护。我国加入世界贸易组织之前，分别签署了14个保护知识产权的国际公约。2002年4月1日，国务院正式出台了《奥林匹克标志保护条例》。2003年1月29日，北京申奥组委法律事务部负责人指出，按照《北京市奥林匹克知识产权保护规定》和《奥林匹克标志保护条例》的规定，奥林匹克标志不仅包括奥林匹克五环标志和北京2008年奥运会申办徽记，还包括奥林匹克格言、"奥林匹克（OLIMPIC）""奥林匹克运动会""北京2008""新北京、新奥运"等。相关法律、法规、规章和国际公约为中国奥委会无形资产的保护提供了重要的法律依据。中国奥委会无形资产作为一种知识产品，其无形性决定了所有人及中国奥委会对其体育无形资产的占有，由于其自身的无形性、使用较为方便、有关界限容易模糊，其遭受侵权的可能性也相对较大，因此必须通过法律来确认，而且往往有着法定的有效期限和明确的法律保护与制约的范围，因此更需要采用严格的法律保护途径。

第三节　体育组织经纪技巧

一、把握外部环境

（一）经济环境

在宏观上，经济环境指国际和国内的经济政策和形势，包括国际经济形势、国家经济体制和路线、所有制构成状况、国民经济生产情况、产业结构状况、国民经济发展速度、自然灾害状况、人均收入水平、物价趋势、消费水平、消费结构和消费方式等。在微观上，经济环境指我国居民收入水平和体育消费资料价格等方面，它对于居民体育消费的影响最为重要。外部经济环境不但包括市场原有的竞争者，还包括新进入市场的竞争对手、供货商以及消费者，这些复杂的、多元的外部群体，为我们选择合理的、满意的赞助目标增加了难度。

（二）社会环境

我国人民生活已经由"温饱型"进入"小康型"，人们已经不满足于一般的生活，而要追求更高质量的生活。人们认识到提高生活质量的前提是有一个健康的身体，因此"健康投资"已经逐渐构成当今居民消费的主要内容。但是，我国大众的体育消费还主要集中在中低档次，这与我国传统的消费习惯、消费心理有关，同时也与我国公民的整体教育水平有关。值得注意的是，我国正在步入老龄化社会，随着我国群众体育运动的开展，越来越多的老年人参与到体育活动中来，成为体育消费人群当中不可忽略的一部分。因此，我国企业在赞助大型体育赛事时，应该以我国社会整体的体育消费观念为基础，以人们生活水平和消费习惯为依据，制定合理的赞助目标，正确选择赞助对象以及设计与实施具体的赞助策略。

（三）政治环境

政治环境对体育有着重大的影响。政治不仅决定了体育的价值与体制，并且深刻地影响着国家体育的发展。从宏观角度看，这主要是指国际、国内的政治形势以及政府制定的重大战略、方针、政策、法令、法规等。从微观的角度看，这主要是指与体育赞助相关的形势、有关部门制定的体育赞助法规、政策等。

二、构建体育平台

（一）体育平台的概念

体育组织的运作应该包含体育项目、体育赛事、运动队、运动员等。这几个方面构成了一个完整的体育组织，同时这也是体育组织拥有的可以通过体育经纪人与企业进行合作的既定基础，也就是体育平台。在此基础上，体育组织可以利用自己全部或者部分资源与企业进行合作。

从企业方面看，进行良好的市场营销，使自己的产品获得群众的广泛认可，扩大市场份额，这些是企业生存与发展的生命线。与单纯的市场广告相比，结合某种被广泛接受的文化活动进行宣传是一种更好的市场推广策略，企业可以消除消费者的逆反心理，而且可以更好地展示自己，体育是一个非常理想的市场营销平台。作为一种大众化的文化活动，体育具有无可比拟的优势。

体育运动和体育赛事是全世界各个国家、民族共同的爱好，已经成为一种可以相互交流的语言。体育活动作为营销传播的载体能够跨越地域、语言、文化等障碍，扩大品牌的影响范围，为品牌推广搭建一个没有种族、没有国界的平台。

体育赛事各种元素本身就会吸引大量媒体进行报道，包括运动员、赛事文化和赛事新闻等，如果和其他营销手段相结合，会形成极强的整合传播效应。对于企业来说，体育是理想的营销载体。

不同的运动有着不同的特性，不同层次的赛事传递着不同的信息。例如，竞技体育强调竞争性，具有很强的观赏性，而休闲体育则强调娱乐性。体育赛事项目的丰富性和层次的多元性，给各类企业开展营销活动提供了广泛的营销资源。例如，2022 年卡塔尔世界杯中国企业赞助额达 13.95 亿美元，中国企业成为最大赞助商。参与顶级体育赛事营销，借力发力，不仅能在世界范围内打响品牌知名度，也能带来实实在在的商业红利，是企业走向国际化的一种有效路径。有此战略布局的企业，可以尝试参与诸如奥运会、世界杯、世锦赛等国际赛事营销。

（二）体育平台的消费者资源

体育产业是为了满足三种不同类型的消费者的需要而存在的，包括观众消费者、参与型消费者和赞助商消费者。

1. 观众消费者

如果说体育赛事是体育产业的心脏，那么观众就是保持心脏跳动的血液。观众是指从观看体育赛事中获得利益的消费者。观众消费者分为个体观众消费者和团体观众消费者。观众通过两种途径观看体育赛事，即现场观看比赛或通过许多体育宣传媒体中的一种方式去感受比赛。现代的宣传媒体包含的不仅是动态的电视赛事转播、赛事举办方的各种公关活动，还包含了与赛事相关的媒体平面、电视、网络广告、各个城市网点的体育赛事纪念品销售等与赛事相关的媒介。两种观众消费者和两种观看途径将赛事的观众消费者分成了四个不同的消费群体。

2. 参与型消费者

参与型消费是指以体育运动为载体，以参与体验为形式，选择、购买、使用和展示体育相关产品和服务的行为过程，涵盖运动休闲、运动健康、体育旅游等内容。参与型消费者可分为无组织的体育消费者和有组织的体育消费者，或者分为业余体育活动参与者和职业体育赛事参与者。其中，包括了职业运动员、业余运动员、在校学生、某项体育活动的爱好者等。这些参与型消费者的体育活动市场是巨大的，在我国全民健身运动计划实施以来，越来越多的人参与到体育运动中来，体育市场的经营者有很多机会去满足消费者的需要。同时，这也给作为制造商和中介的生产体育产品的体育赞助商提供了机会去满足这些消费者的需要。

3. 赞助商消费者

在体育赞助中，赞助商消费者是用钱、产品实物或服务作为交换，以获得体育赛事的相关权益。赛事权益所有者、观众和赞助商之间的关系构成了体育赞助的三角关系。"赛事三角"的基础是赛事权益所有者、观众和赞助商能够三者相互依托、相互依靠来获得成功。三方的密切合作使价值最大化，包括赞助商的赞助价值最大化、体育曝光最大化、观众从中获利最大化。获取对观众的影响力是赞助商消费者投资体育赛事最主要的无形资产之一。所以说，赞助商消费者不仅从横向上和体育赛事有显而易见的关系，从纵向来说，在体育消费者内部，赞助商消费者同其他体育消费者也有千丝万缕的联系。

（三）体育平台的利用策略

体育组织与企业合作，追求的是互利双赢的结果。企业通过商业赞助的方式为体育组织提供经济支持，而体育组织为企业提供了一个良好的宣传平台。体育组织对体育平台的各个构件进行包装和推广，为企业提供展示自己、进行市场营销的舞台，在这一过程中，双方共同把握住了发展的契机。

在体育组织经纪活动中，体育经纪人需要明确以下几点：

1. 明确企业的核心推广对象和推广目标

企业在利用体育平台进行市场营销的过程中，核心的推广对象主要包括宣传企业本身，宣传企业的产品、品牌。企业要实现的目标主要包括提高企业知名度和企业形象、拓宽流通渠道、拓展市场以及在消费者、经销商与雇员之间建立密切的联系。

2. 评估体育平台的现状

体育组织所提供的平台能否适应企业的推广要求？能否达到企业的推广目标？体育组织需要通过怎样的努力以达成合作目标？这些都必须经过系统完善的体育平台现状评估，才能提出这些问题的解决方案。体育经纪人也必须准确了解自己所掌握的体育平台受观众喜爱的程度，体育平台的组织水平与竞技水平，人、财、物信息等管理要素的情况，体育平台本身存在的问题等信息，对可能出现的问题及早提出应对措施，尽早解决。只有评估结果客观、准确，体育平台才能吸引企业的注意，才有可能获得企业的经济支持。

3. 分析企业的支持可能性

明确了体育平台的现状和企业的推广目标以后，接下来的工作就是结合这两个方面的信息，分析确定哪些企业能够成为该体育平台的潜在支持者。在选择这些潜在企业的过程中，最重要的是尽可能地了解企业的市场营销与推广需求，对企业的市场营销与推广需求了解得越详尽，成功的可能性越大。

在对潜在企业进行分析的基础上，体育经纪人应当对体育平台提供支持的企业心中有数，同时将目标圈定在若干企业中。在确定企业时，体育经纪人应当对体育平台所具有的开发潜力及所拥有的无形资产进行系统的梳理和分类，在这一分析的基础上对能够提供支持的企业进行合理的整合，形成完整合理的资助结构。一般来说，体育赛事是构成体育平台的最关键部分，也是企业最愿意投入的部分。因此，通过体育赛事资源进行系统开发、确定资助企业的结构，是体育经纪人需要掌握的最基本的技能。

对体育赛事提供赞助的赞助商包括独家赞助商、主赞助商、次赞助商、供应商、特许权经营商等。不同类型的企业经营伙伴对体育赛事提供的经费和服务的支持水平不同，它们享受的权利也不相同。

4. 与企业沟通，获取支持

这一环节是体育经纪人开发体育经纪平台工作的关键环节。在这一环节中，诚恳随和的态度、专业的设计方案十分重要。其中的核心是对体育平台能够给企业提供的资源必须进行准确详尽的描述，应当使企业充分了解到其投入所能获得的收益，这直接关系到协议的达成与否。

5. 设计体育组织与企业的合作方案

体育组织与企业的合作方案的设计过程是一个各种资源的整合过程，这些资源包括体育平台所拥有的电视转播权、体育赛事标志、体育赛事冠名权、体育场馆冠名权、体育组织、运动队、体育赛事的名称、标志等以及企业所拥有的品牌、产品、企业形象等。合作方案的第一前提是互利双赢，其内容主要包括合作方式和各种权利的使用方式。在设计方案中，体育经纪人需要考虑以下问题：赞助地位、赞助费、冠名权、媒体宣传报道、公共关系、体育赛事标志的使用、广告权、排他权、运动员安排、现场销售推广、法律责任和未来选择等。其中，最重要的一点是媒体宣传报道，包括媒体的性质、数量、种类等。体育经纪人应尽可能多地选择各类媒体，包括电视、广播、网络、报纸等，而且要尽可能地选择高级别的媒体，如争取权威媒体的直播或转播。

6. 合作方案的实施过程中的策略和战略

策略性是指根据市场形势变化而制订的可供选择的方案。策略与战略是局部和整体的关系，体育赞助是一个连续的过程，因此局部的策略要符合整体的战略，并且融入其中。策略性同样要求具有一定的预见性。策略性的本质要求赞助商及时准确地掌握策划对象、策划资源以及策划环境条件的变化状况，依据营销策划的战略目的，随时调整和修正策划方案。

现代市场中，营销环境是企业不可控制的因素，市场随时在波动变化着，一场场激烈的竞争也正在演绎着，策略可以理解为实现目标的方案集合，企业营销策划和行动方案必须适应这些环境的变化。只有这样，企业才能在瞬息万变的市场环境中立足、获胜。体育赛事的赞助企业需要能够在整个赛事赞助的周期运用策略摆脱竞争对手的埋伏营销，改善合作伙伴之间的商业关系，获得社会公益宣传最大化效果，利用产品和服务改善公众感情；同时，作为体育赛事这一体育产品的消费者，企业要运用策略与赛事权益组织方争取赛事相关权益和赛事资源的使用，有关赛事门票、赛事招待、赛事纪念品的在赞助商间的分配，通过赛事组织方对竞争对手的体育营销进行法律上的维权。

7. 落实合作

设计和制订了体育组织与企业进行合作的方案以后，体育经纪人下一个实质性的工作就是尽力促成方案的落实和实施。其内容包括制定详尽的活动时间表，落实有关活动，采取合适的营销方法达成营销目标，最后进行合作效果的评估，即评估向体育平台提供支持的企业的投入回报如何，主要了解企业形象的提升、媒体的相关报道等情况。此外，体育经纪人还需要了解活动结束后企业产品的销售额度变化等情况，进行活动与销售额的相关性分析，供以后参考。

案例一

安踏集团赞助北京冬奥会案例分析

安踏集团（以下简称"安踏"）创立于 1991 年，于 2007 年在中国香港上市，是一家专门从事设计、生产、销售运动鞋和服装、配饰等运动装备的综合性、多品牌的体育用品集团。经过 30 多年的发展，安踏已经从一家传统的民营企业转型成为具有现代化治理结构和国际竞争力的公众公司。作为我国最大的体育用品集团，安踏的市值位列全球体育用品行业第三位。在体育赛事赞助资源上，安踏的资源也不容小觑。安踏已是中国奥委会合作伙伴、2022 年北京冬奥会和冬残奥会官方体育服装合作伙伴以及 NBA 官方市场合作伙伴等。

一、安踏赞助北京冬奥会的历史背景

现如今，体育品牌可谓是恒河沙数。安踏为何能在与李宁、361 度等体育用品的竞争中突出重围，跻身 2022 年北京冬奥会最高级别的赞助层级？其中的奥秘在于安踏契合中国体育的发展路径，紧跟冰雪项目的发展势头，通过合作、并购、参股等多种方式形成了品牌矩阵，在冰雪产业市场中进行长期的规划与战略布局。早在2010 年，安踏就与国家体育总局冬季运动管理中心达成战略合作。2014 年，索契冬奥会中国体育代表团领奖服——"冠军龙服"是安踏专为中国冰雪运动员代表团设计的。2017 年，安踏成为包括短道速滑队、花样滑冰队等在内的 13 支冬季运动项目国家队的运动类服装赞助商。除了和国家体育总局的合作更加深入外，安踏内部也在不断完善新的战略部署。2016 年 2 月 23 日，安踏斥资 1.5 亿元与在日本成立的合资公司，将"冰雪板块"的产品推向更广阔的大众市场。

二、安踏赞助北京冬奥会的战略选择

第一，深度参与冬奥会赛事，加深品牌印象。在2022年北京冬奥会上，安踏为1 200位火炬手定制装备，同时还为15大赛项的12支中国国家队打造了比赛装备，再加上开幕式羽绒服、运动员领奖服，安踏深度参与冬奥会赛事，让品牌在国民心目中的印象进一步加深。

第二，提前埋下谷爱凌"伏笔"，将红人效应最大化。众所周知，营销领域的"派克法则"强调的就是名人对人们的消费心理会产生巨大的影响力，经名人宣传后的产品与服务往往更容易被人们熟知和接受。据不完全统计，"天才少女"谷爱凌签约的品牌高达26家，约合2.5亿元。但早在2019年年底之前，当谷爱凌只有一家赞助商之时，安踏就已与她签约。

第三，跟进多种营销手段，打造新玩法。在营销新环境下，安踏摆脱过去"你说我看"的旧营销手段，用多种营销手段和消费者持续互动，打造新玩法。例如，安踏乘元宇宙之风，联合天猫推出冬奥会主题数字藏品，为消费者打造冬奥的专属产品，并且与顶流直播合作，借力直播带货。

第四，品牌精神助力中国式奥运表达，提升赞助高度。安踏"永不止步"的品牌精神，是"更高、更快、更强"的奥运主张的中国式表达，更是民族品牌借助奥运赛事，站上世界舞台的自信与自强。2022年北京冬奥会，安踏集北京冬奥组委官方合作伙伴、中国奥委会官方合作伙伴和国际奥委会官方体育服装供应商三大权益于一身，取代外资品牌，让民族品牌扬眉吐气。

三、安踏赞助北京冬奥会的科技亮点

无论是国际奥委会、北京冬奥组委还是运动员，选择安踏最看重的还是安踏的科技实力。2022年北京冬奥会，主场作战的中国体育代表团勇夺9枚金牌、4枚银牌、2枚铜牌，创造我国参加冬奥会的历史最好成绩。这15枚奖牌都是由穿着安踏倾心打造的奥运装备的运动员所取得。要知道，像奥运会（尤其是冬奥会）这样的顶级赛场对运动装备有着极高的要求，因为顶尖运动员的水平往往在伯仲之间，而且在风雪等特殊环境下，任何微小的细节都可能影响甚至决定比赛的成绩。换言之，运动员之间的较量某种程度上也是运动品牌科技研发能力之间的较量。为了传承"冠军龙服"的经典设计，安踏特别启动了"双奥国服"计划，继续邀请奥斯卡最佳美术设计奖得主、著名视觉艺术家叶锦添操刀，持续进行设计语言和运动科技上的升级。在领奖装备的科技性能方面，安踏应用了自主研发的炽热科技，兼顾轻量性的同时，还实现了零下 20 ℃ 超轻保暖。领奖鞋采用了氮科技和足弓内嵌碳板支撑，结合非常便捷的 BOA 系带系统，实现了舒适性与便捷性的融合。

安踏自主研发设计生产的冰雪运动装备——短道速滑比赛服斩获 ISPO 全球设计大奖。这款装备是短道速滑服的革新，无论外观设计还是专业功能性都代表着世界先进水平，成为中国冰雪健儿征战冬奥会的重要装备。安踏比赛服采用全身单层防切割面料，比传统比赛服重量轻 30%，同时采用梯度压缩面料，减少肌肉颤抖，增加乳酸代谢的速度。结合空气湍流控制减阻和边界滑移减阻技术，服装表面采用异形结构，将空气迅速导流，减阻力提升 5%~10%。安踏推动科技自主研发，让中国品牌有自主创新、比肩国际水准的科研能力，使奥运健儿身着安踏登上领奖台，助力中国体育代表团突破世界纪录，助力中国体育走向世界。

四、安踏赞助北京冬奥会的效果分析

在整个北京冬奥会比赛日，安踏在赛场内外都成为"出勤率"和"出镜率"最高的品牌，它让中国品牌成功闪耀于"家门口"的冬奥会。安踏的赛事赞助效果在所有北京冬奥会赞助商中名列前茅。在整个北京冬奥会期间，安踏微信指数一直都处于历史高位，而且远超耐克、阿迪达斯等在内的所有体育用品品牌。其中，谷爱凌夺冠当日，安踏微信指数达到惊人的 2.05 亿。在淘宝搜索、百度指数等关键指标中，安踏的搜索频次较平日也翻了几十倍。不仅如此，安踏在微博上主持的"#爱运动中国有安踏#""#冬奥 15 赛项 12 支中国队穿安踏#"等话题，总共实现了 30 多亿阅读次数，讨论次数高达 500 万，在品牌宣传上效益颇丰。在资本市场上，北京冬奥会期间安踏的体育股票也"水涨船高"，总市值站稳 3 200 亿元。安踏发布的 2022 年全年业绩公告显示，安踏 2022 年收益同比增长 8.8%，增至 536.5 亿元。品牌收益增长 15.5%，增至 277.2 亿元。在业绩领跑市场的同时，安踏员工数量同比净增 7 000 人。相比于 2019 年年底，三年来员工数量增长超过 90%。不仅如此，报告期内，安踏在多个维度屡获国际认可。其所获荣誉包括"2022 年全球最有价值的 50 个服饰品牌""福布斯 2022 全球最佳雇主"等。由此可见，安踏此次北京冬奥会的赞助效益十分可观。正如国际奥委会主席巴赫评价道："本届冬奥会，安踏为很多代表队提供了装备，安踏的产品和服务质量非常高。通过装备助力，全世界都给予了安踏产品和服务高度的认可，品牌知名度有了很大的提升，我们感到非常高兴，这是一个双赢的合作。"安踏也由此承担起北京冬奥会赞助企业传播中国特色、推广奥运精神的重大使命。

案例二

中国移动赞助奥运会及相关体育赛事赞助案例分析

中国移动通信集团公司（简称"中国移动"）于 2000 年 4 月 20 日成立，截至 2008 年 9 月 30 日，资产规模超过 8 000 亿元，拥有全球第一的网络和客户规模。中国移动主要经营移动话音、数据、电话和多媒体业务，并具有计算机互联网国际联网单位经营权和国际出入口局业务经营权。除提供基本话音业务外，中国移动还提供传真、数据、电话等多种增值业务，拥有"全球通""神州行""动感地带"等著名客户品牌。

中国移动作为我国国有控股的大型企业，在我国企业赞助体育赛事的企业群体中，具有很强的代表性。在北京奥运会的 11 个合作伙伴企业中，8 家中国企业均为国有大型企业，即中国移动、中国银行、中国石油、中国石化、国家电网、中国国际航空公司、中国网通和中国人保财险。北京奥运会赞助商的名单中，一半的中国企业是国有控股企业，在奥运会的赞助经费中，我国国有大型企业的贡献可见一斑。对比雅典奥运会的国内和国际赞助商的比例及总数可以发现，北京奥运会各级赞助商超过 60 家，除去国际奥委会的顶级合作伙伴外，北京奥组委仍然有 50 余家赞助商，其中一个鲜明的现象就是国内企业的数量占据大半。2004 年雅典奥运会组委会的赞助计划中三类赞助商的总数不超过 40 个，而最终只有不到 20 家，其中国际企业占据多数。北京奥运会和雅典奥运会在赞助商国际化上的差异十分明显。

一、中国移动赞助奥运会的策略选择

2004 年 7 月，作为北京奥运会的合作伙伴，中国移动正式签约成为北京奥运会移动通信服务合作伙伴。这是历届奥运会中首次出现的移动通信奥运赞助伙伴。以往在悉尼奥运会、亚特兰大奥运会等所有的奥运会，移动通信与固网通信仍然作为同一个赞助类别，通信服务的合作伙伴都只是一家固网运营商。北京奥运会，通信服务合作伙伴首次将移动网络和固定网络服务分开，前者是中国移动，后者是中国网通。

在备战奥运的四年中，中国移动郑重提出奥运承诺"最先进的技术，最周到的服务，最丰富的业务"。2006 年，中国移动设立专门的奥运部门——奥运办公室，对奥运工作提出六大目标：一是借助奥运契机，弘扬社会责任，增强品牌美誉度；

二是强化网络支撑，展现移动信息专家形象；三是利用奥运品牌，推进国际营销，提高海外知名度；四是抓住奥运商机，转权益为效益，拉动收入增长；五是倡导奥运精神，强化内部激励，塑造优秀的企业文化；六是打造新产品，增强差异化感知，提升业务服务水平。中国移动为了备战奥运会，在成为第十届全运会赞助商之后，就开始以第十届全运会的体育营销作为奥运营销的演练和市场预热，开展了一系列的体育营销活动，为奥运体育营销和奥运赛事服务做好了准备。

中国移动成功完成了北京奥运会开幕式和闭幕式的高难度通信保障任务。同时，中国移动测试开通珠峰海拔 6 500 米世界最高基站，并首次在奥运火炬传递车队中出现移动通信车，完成火炬传递全程的通信保障任务。在北京，为保障奥运的成功举行，中国移动组织完成了 46 个场馆的网络建设和优化任务，总计投入了 4 800 人实施现场通信保障，设计了 81 项工作流程，更新了 95 类维护作业计划，编制了 596 项奥运应急方案，组织了 841 项应急演练，成功打造出一张精品奥运网络。

2008 年 8 月，中国移动奥运公园展示体验中心——"分享空间"正式开馆运营。中国移动"分享空间"是集娱乐、互动、体验为一体的综合性展厅。"分享空间"以"你的分享、世界的共享"为主题，依托即拍即传等先进的移动通信技术，以"视频""音乐"与"文化"三大内容板块，融合了雕塑造型艺术、摄影艺术、多媒体演出、视频传播、无线音乐等缤纷多彩的新奇元素，带领全世界的友人投入到"分享奥运之美""分享传统文化"的欢乐体验中。在中国移动奥运公园的"分享时空"体验中心的建筑上，出现了中国移动动感地带的代言人周杰伦在电影《大灌篮》中的人像，周杰伦手持篮球，给在奥运公园中的游客们留下了中国移动和体育运动联姻的深刻印象。

中国移动举办了如"科技奥运，自在移动""我的移动奥运"以及为配合奥运圣火传递向全国手机客户推出"电子火种"图片传递活动等。其为助威奥运火炬传递所制作的面积达 5 000 平方米的巨幅国旗更是创下赞助商之最，成为火炬传递中一道吸引人的风景。

中国移动的奥运赞助策略总体上以突出企业社会责任为主要赞助策略，同时兼顾企业品牌和产品的奥运营销。企业的赞助目标明确，在赞助策略的选择上做到了创新性和操作性相结合，是一次较为成功的体育赛事的赞助营销策略设计。

二、中国移动赞助奥运会的效果分析

在所有奥运赞助商中，中国移动的赛事赞助效果在所有国有控股企业的表现中比较突出。中国移动的企业价值理念是"正德厚生，臻于至善"，强调服务社会的责任意识。赞助北京奥运会无疑是中国移动借助奥运契机，弘扬社会责任的最佳途径。中国移动通过向奥运会提供完备的网络技术支持，确保奥运赛事期间的通信稳定，从基础网络建设、网络运行质量提升以及应急通信保障等方面进行周密安排和认真准备，确保奥运通信工作万无一失，成功地向国内外展示了其移动信息专家的形象。

根据 2008 年 8 月 27 日中国移动在香港发布的 2008 年中期业绩财报显示：截至 2008 年 6 月 30 日，中国移动各项营业收入合计 1 965 亿元，同比增长 17.9%，用户总数达到 4.15 亿人，2008 年上半年用户净增 4 525 万人。可见，中国移动这次赞助奥运会的营销策略在短期内十分成功。中国移动的奥运营销的整体效果离不开其连续不断的奥运营销，正是像中国移动这样的奥运营销活动的相继推出，不但掀起了一股股奥运热潮，为中国移动的奥运营销锦上添花，更重要的是中国移动真正担负起了一个奥运赞助企业传播奥运知识、推广奥运精神的使命，契合了中国移动的企业文化和品牌价值。

案例三

NBA 的全球化战略

NBA 是美国男子职业篮球联赛（National Basketball Association）的简称，作为美国四大职业体育组织——棒球联盟、橄榄球联盟、冰球联盟和篮球联盟中的"首富"，NBA 年收入超过 40 亿美元。虽然不是北美地区观众最多的联赛，但 NBA 却是世界上最具全球化特征、影响力最大的职业体育组织，仅 2011 年 2 月的一场全明星赛就有 212 个国家和地区以 42 种语言进行赛事直播，7.5 亿个家庭选择观看。NBA 今日的辉煌并非与生俱来、毫无波折的。

30 多年前（1984 年），NBA 的市值跌到了 1 550 万美元，23 支球队中有 17 支球队濒临破产。"在这个国家所拥有的四大职业联赛中，我们很可能最先跟 NBA 说再见，因为已经没什么人对它感兴趣，从事这项目运动的都是一些名誉扫地的家伙，他们吸毒、斗殴，简直无恶不作。"美国著名体育记者唐纳德·卡茨当时写到。也是在这一年，律师出身的纽约人大卫·斯特恩临危受命，出任 NBA 第四任主席。"他扭转了一切……"30 多年后唐纳德·卡茨写到。斯特恩是怎样缔造了今日气势恢宏的篮球商业帝国呢？

一、以"球星效应"推动联赛的发展

身为球场上的主角，球星的出场能瞬间点燃球迷的激情，让比赛更加精彩与热烈，并且美国崇尚个人主义精神，一个球星的名气往往能够提高一支球队的地位，带动球队其他相关产品的销售。因此，创造个人明星品牌对整个联盟和球队的宣传是极有必要的。NBA 是一个创造球星的工厂，在 70 多年的时间里，创造出了上百名巨星。可以说，对球星的包装与打造，NBA 在世界篮球联盟领域中是做得最优秀的。斯特恩曾经说过："如果没有天才，篮球将一事无成。"

斯特恩上台时正值湖人队和凯尔特人队争霸天下，两支球队各有一名巨星——"魔术师"约翰逊和"大鸟"伯德。斯特恩将这一黑一白两大传奇巨星作为联盟的形象推向市场，无数球迷因为喜欢球星从而喜欢上了 NBA。20 世纪 90 年代，"魔术师"和"大鸟"相继退役，正巧乔丹横空出世弥补了空缺，于是斯特恩以乔丹作为主打球星在全世界推广 NBA。这一策略再次收到奇效，乔丹迷人的笑容、经典的吐舌头动作和神话般的技术征服了全世界的球迷，甚至包括其他国家的篮球球员，这使得 NBA 成为真正国际化的联赛。乔丹退役后，斯特恩又开始寻找新的代言人，奥尼尔、科比、艾弗森、加内特、麦克格雷迪、姚明等人，都是 NBA 新的人选。最直观的例子就是自 2002—2003 年赛季姚明加盟火箭队后，火箭队的市值就一路飙升，从 2.55 亿美元直线上升到了 2005 年度的 4.22 亿美元，并且后续价值还在不断地攀升，而詹姆斯、库里等新星的出现，也都给各自的球队带来了市值的大幅增长。

二、全球化推广

（一）全球招募优秀球员

为了打造成国际性、全球性的知名品牌，NBA 每年通过不断引进世界各国的一些优秀球员来进行自身品牌的宣传与推广，其中囊括欧洲、亚洲、非洲等的一些地区。而伴随着外籍球员的不断增多，NBA 在全球的球迷也在逐年增加，这成为 NBA 走向国际市场发展的重要的一步。在中国，从王治郅到姚明再到易建联、周琦，NBA 给中国球迷的影响力已经超越了历史。NBA 没引进中国球员之前，中国球迷对 NBA 的熟悉程度和热爱程度没有现在这样高，随着王治郅、姚明的加盟，NBA 球队在中国球迷心中的形象飞速上升。因为中国球员的加盟，新闻媒体对 NBA 的报道不断增多，并且派记者驻扎 NBA 所在的各个城市，NBA 的相关报道也在体育新闻里占有重要的位置。NBA 把招募中国球员作为推广中国市场战略最重要的一步，并获得了成功，不仅在中国掀起了 NBA 浪潮，更为 NBA 打造亚洲市场铺平了道路。

（二）开展多样化的国际性篮球赛事

NBA 在 20 世纪 90 年代初精心设计了一套"培植计划"，并且成立了海外推广机构。20 世纪 90 年代初期，NBA 开始在欧洲各地举办表演赛。从 1993 年开始，NBA 与耐克公司签订了协议，每年在欧洲多个城市举办"篮球巡回赛"，城市多达 28 个。这些城市有上千支球队报名参赛，有近万名运动员出场作战。"培植计划"非常成功，使 NBA 品牌的知名度和篮球的魅力传播得非常快，让每个热爱篮球的球迷都有了一个篮球梦，渴望成为像乔丹、皮蓬、约翰逊那样的巨星，让全世界的球迷体会到 NBA 给他们带来的刺激和兴奋。NBA 为把"培植计划"不断推向全球，每年会在世界各地举行季前赛，给球迷现场观看巨星比赛的机会。从在日本举办第一场季前赛之后，NBA 又先后在巴西、法国、英国、澳大利亚、加拿大、中国等国家举办了季前赛。为了让国外观众现场观看 NBA 的比赛，NBA 不惜花费巨资将 NBA 的球场器材空运到国外。不论在任何国家进行比赛，NBA 都能使当地的球市变得火爆，点燃球迷的激情。这些措施也让 NBA 在全球培养的球迷逐年增加，极大地提高了 NBA 在海外市场的影响力。

（三）全方位国际媒体报道

在努力让更多球迷亲身体验 NBA 的同时，NBA 也在不断地扩大其全球电视转播网络，让世界更多地方的球迷能够从电视上欣赏到 NBA 的精彩赛事。而 NBA 能够有今天的成就，很大程度上是因为各种媒体的传播。

就拿中国市场来说，1989 年，斯特恩首次来中国与中央电视台洽谈转播 NBA 比赛。那一年，中央电视台没有人知道斯特恩的来意和重要性，接待人按照接待外宾的制度，经过逐级申报审批见到斯特恩时，斯特恩已经在春寒中瑟瑟地等了一个多小时。随后，斯特恩耐心地解释 NBA 是什么、转播可以不收费等，直到中央电视台同意转播。神奇的是，1998 年以前 NBA 基本上是免费赠送节目内容和信号、自掏腰包请中央电视台的转播小组现场直播全明星赛和总决赛，而到了 2015 年，腾讯公司为买下 NBA 未来 5 个赛季的网络独家直播权，付出了高达 5 亿美元（约合 31.2 亿元人民币）的代价。可见这种看似赔本的买卖，为 NBA 在世界人口最多的国家打下了深厚的球迷基础，从而为其后续的发展积攒了足够的资本。

此外，NBA 还建立了自己的新闻网站，与其他国家合作建立各国语言的 NBA 网站，迅速占领了网络市场。在成功创建官方网站之后，NBA 又根据现有的资源，创办网络直播电视"NBA TV",而这也正是 NBA 在媒体方面成为领导品牌的原因。

三、市场合作伙伴的拓展

众所周知,耐克公司刚开始只是一家小型的球鞋公司,发展一般。在乔丹进入 NBA 的第三年,耐克公司看上了这个未来可能会有发展的球员,同时斯特恩也鼓励乔丹与耐克公司签约。同年,耐克公司专门为乔丹推出了一款系列鞋,命名为"飞人鞋"。正是这一举动,加上乔丹后来慢慢积攒起来的名气,让这款"飞人鞋"大为畅销,火遍全世界。这不仅救了耐克公司,同时也给 NBA 和迈克尔乔丹带来了巨额的利益,这就是在体育界最经典的"NBA-乔丹-耐克"市场伙伴关系。

体育明星成为赞助公司的代言人时,会大量宣传此类商品,购买此类商品有机会能让消费者与明星的距离拉近。先进的体育界中有一条定律:对于赞助商有价值的事情,对整个联赛也同样有价值。因此,NBA 把赞助商和市场合作伙伴认定为打入当今世界市场不能缺少的一个重要因素,并最终获得了成功。

NBA 赞助的方式各不相同,有赞助联盟的、赞助各球队的、赞助一次活动的等。NBA 有专业的部门,在与重要的赞助公司合作时,会更好地利用球员和球场,使其发挥出充分的广告宣传作用。在 2015—2016 年赛季中,NBA 中国赛的赞助商达到了 16 个,创下了中国赛的历史新高。而中国赛能吸引创造历史新高数量的赞助商,正是因为随着 NBA 在中国市场的不断推广,中国的球迷群体日益庞大(2014 赛季仅通过电视观看 NBA 比赛的就有约 6.9 亿人次),所以广泛的受众群体吸引着赞助商蜂拥而至。

目前,NBA 拥有 30 多家国际化、实力雄厚的赞助商,大多是世界 500 强企业。例如,耐克——2015 年夏天 NBA 与耐克签了一份为期 8 年、价值超过 10 亿美元的球衣赞助合同,而此前 NBA 与阿迪达斯的合约是为期 11 年、4 亿美元。

四、开发 NBA 标志性产品

NBA 不仅有赞助商来帮忙宣传,同时也开创了属于自己的品牌。斯特恩认为,光靠赞助带来的效益是远远不够的,所以他把 NBA 推向了市场,利用 NBA 商标的影响力,广泛开发属于自己的增值产品。例如,NBAE(NBA 娱乐公司)、NBA World TV(NBA 世界电视)、NBA TV(NBA 电视)、NBA Tape/DVD(NBA 录像带/光盘)、NBA Music(NBA 音乐)等。目前,在运动产品、篮球服务和娱乐产业等领域中,NBA 已在全球范围内注册了上万个商标,发行了各式各样的增值产品,从机械设备到球鞋背包,还包括餐饮、玩具、纪念品、比赛光盘、音乐、多媒体产品等。

NBA 对世界上超过 100 个国家和地区的球迷出售 NBA 增值产品。同时，NBA 还创办了有线电视、官方网站、购物城、专属大巴、餐厅等。

五、打造良好的组织品牌形象

（一）开展公益活动

NBA 在一年当中的几个重大节日都会推出球员公益活动，如儿童节、圣诞节、万圣节等，球员会在各个球队的城市举办公益活动，为当地的儿童进行篮球教育以及发放 NBA 礼物。这种公益活动深入了大家的心中，对 NBA 的好感也持续上升。

以中国为例，NBA 策划了一系列关注弱者的活动。一些 NBA 球星陪伴艾滋病儿童体验大学生活并与他们沟通交流，进而减少他们的心理障碍，帮助他们走出艾滋病的阴影。同时，一些球星携手当地媒体和农民工子弟一起回忆童年，出资兴建学习中心。这些活动使 NBA 在中国树立了良好的形象，吸纳了新的一批中国球迷。

（二）注重每一场比赛的质量与效果

NBA 在举办篮球活动时，也是在推广自己的品牌，球迷的反馈意见对于 NBA 来说是重中之重的事。因此为了比赛的质量与效果，NBA 注重赛场的每一个细节，并且通过设置和调整各种规则，来保证呈献给观众的是一场高质量的、精彩的比赛。例如，NBA 的工资帽制度和选秀制度就是为了保证联盟各队实力的均衡，从而保证比赛的激烈程度与精彩程度而设置的。NBA 比赛中暂停很多，为避免观众产生抵抗心理，NBA 每支球队会组建啦啦队，进行场上氛围管理。

六、结语

近年来，由于美国国内各职业联赛发展都很迅速，棒球联赛、职业橄榄球联赛和职业冰球联赛都搞得如火如荼，同时一直兴盛不衰的大学联赛这几年也有超过职业联赛的势头。NBA 及时地调整战略，将眼光放到国际市场。在国际化道路上，斯特恩通过实施海外市场营销策略使 NBA 成为国际上最知名的美国体育联赛。如今，NBA 已经基本完成了针对全球重要市场的布局，把自己的联赛推广成为最有国际知名度的联赛。在提高联赛声誉的同时，NBA 也大幅度地增加联赛的利润和资产，并使 NBA 成为一种影响全球的商业活动。

课后思考题

1. 体育组织包括哪些类别？

2. 体育组织经纪的内容是什么？

3. 体育组织中无形资产的特征是什么?
4. 构建体育平台面对的有哪些资源?
5. 体育组织中无形资产的价值是什么?

第六章
体育保险经纪

DILIUZHANG

第一节　体育保险概述

一、体育保险的基本概念

保险是指保险人和被保险人按约定的条件或给定的费率，通常对有可能发生的事件（如死亡、水灾、火灾、事故或疾病）所引起的被保险人的损失或破坏提供补偿的一种业务。体育保险专指体育保险人收取一定的保险费从而承担相应体育风险的制度。《中华人民共和国体育法》（以下简称《体育法》）由十三届全国人大常委会第三十五次会议修订通过，于2023年1月1日起施行。《体育法》对相关体育保险进行了明确。《体育法》第三十三条规定，国家建立健全学生体育活动意外伤害保险机制。教育行政部门和学校应当做好学校体育活动安全管理和运动伤害风险防控。《体育法》第九十条规定，国家鼓励建立健全运动员伤残保险、体育意外伤害保险和场所责任保险制度。大型体育赛事活动组织者应当和参与者协商投保体育意外伤害保险。高危险性体育赛事活动组织者应当投保体育意外伤害保险。高危险性体育项目经营者应当投保体育意外伤害保险和场所责任保险。

现阶段，我国每年有约4亿经常运动人群，60多万体育从业人员，10多万专业运动员以及600余场纳入国家体育总局计划的大型赛事。若以经常运动人群年人均体育投保20元，从业人员年人均投保2 000元，专业运动员年人均投保1万元，大型赛事场均投保100万元计算，体育保险潜在规模将超百亿元。

二、体育保险的产生

（一）体育运动风险的不可避免性

无风险则无保险，无体育风险则无体育保险。体育风险的客观存在是体育保险产生的前提。运动员可能遭受各种职业病和运动过程中的意外伤害，体育赛事容易受到经济政治格局的变动、不规范竞争甚至恐怖主义等因素的影响。这些风险会给体育组织及体育运动参与者带来人身伤害或经济利益的损害。

体育风险具有以下三个基本特点：

（1）体育风险存在的客观性，即体育运动中的意外事故是不以人的意志为转移

的，独立于人的意识之外的客观存在，人们只能在一定的时间和空间内改变这种风险存在和发生的条件，降低风险发生的频率和损失幅度，但无法彻底消除这种风险。

（2）体育风险存在的普遍性，即随着体育运动的普及与深入，体育风险的类型越来越多，风险的不可预知性越来越大，风险造成的损失越来越大。如今的体育风险已不仅仅是自然风险，更多的是政治风险、社会风险、技术风险、经济风险和道德风险。

（3）体育风险发生的必然性，即个别体育风险的发生具有偶然性，而大量个别风险则导致了体育风险发生的必然性。

（二）体育运动风险的可测定性

个别体育项目风险事故的发生是偶然的，而大量体育风险事故的发生往往呈现明显的规律性。运用统计方法去处理大量相互独立的偶发体育风险事故，其结果可以比较正确地反映体育风险的规律性。利用概率论和数理统计方法可以测算出体育风险事故发生的概率及损失幅度，并构造出损失分布的模型，这成为体育风险估测的基础。

就宏观整体来讲，体育风险具有发生的必然性；就微观个体而言，体育风险具有发生的偶然性。因此，体育风险是必然性和偶然性的统一体。体育风险的发生直接影响运动队、运动员和体育活动参与者的正常的体育活动过程及家庭的正常的生活，因而产生了人们对损失进行补偿的需要。

体育保险正是在具备了体育运动风险的不可避免性和可测定性两个因素的前提下产生的。体育保险产业的发展能够有效地保护相关体育组织、运动员以及普通锻炼者的利益，从而促进各种体育活动的顺利进行。随着体育保险市场的逐渐扩大，体育保险产业也成了体育产业举足轻重的组成部分。

三、体育保险市场的构成因素

成熟、完整的体育保险市场应包含投保人、保险人和中介人三大主体。

（一）投保人

投保人，即体育保险市场中的买方，包括法人和自然人，如个人、社会团体、政府机构等。

（二）保险人

保险人，即体育保险市场中的卖方，是指依据合同规定，享有收取保费的权利，并向被保险方承担赔偿损失或给付保险金义务的一方。

（三）中介人

中介人主要是指体育保险经纪人，包括一般体育保险经纪人、体育再保险经纪人和体育保险代理人。此外，中介人还有律师事务所、同业协会等多种形式。

一般体育保险经纪人是指代表被保险人在体育保险市场上选择保险人或保险组合，同保险方洽谈保险合同条款并代办保险手续的经纪人。保险经纪人向保险公司收取佣金，从保险人的角度看，与经纪人直接交易，能节省时间、节约资金、提高效率。体育再保险经纪人是指专门从事将某一保险公司的再保险业务介绍给其他保险人，并从中收取一定费用的中介人。体育保险代理人是指保险人的代理人，其根据保险合同或授权书向保险人收取报酬，并在规定的授权范围内以保险人的名义代理保险业务。

四、体育保险的分类

体育保险是随着体育运动的发展而诞生的一块保险细分市场，体育运动中潜在的风险可以通过体育保险得到有效化解。作为一个以体育活动为依托的综合保障计划，体育保险范围涵盖财产险、责任险、意外险等不同方面，涉及寿险、财产险、责任险、再保险等领域。

从需求方面看，体育保险大致可以分为两类：一类是运动员保险，即为运动员提供的适合专项体育项目及其训练情况的保险，也称之为运动员伤残保险；另一类是体育产业保险，主要为体育赛事参加者的安全保险和体育设施装备及体育场馆保险。

从其实际经营方面看，体育保险又可分为责任保险、人身意外伤害保险、重大赛事的保险和体育运动保险。

（一）责任保险

责任保险是指以被保险人的民事损害赔偿为保险对象的保险。凡是根据法律规定被保险人应对其他人的损害负有经济赔偿责任的，均由保险人承担补偿责任。这种保险在西方发达国家体育保险的门类中占有重要地位，具体可以分为以下四种：

1. 公共责任险

公共责任险主要承保各种体育场馆设施在进行比赛、训练和其他活动中，由于意外事件而造成第三者人身伤害或财产损失，依法应由被保险人承担的各种经济赔

偿责任。

2. 产品责任险

产品责任险主要承保由于体育用品的制造商、销售商或修理商因其制造、销售和修理的产品具有缺陷，致使用户和消费者遭到人身伤害或财产损失，依法应由制造商、销售商或修理商承担的经济赔偿责任。西方国家的保险法一般都规定体育用品责任险的赔偿责任，其事故发生必须是在用户（或消费者）所在的场合以及由有关体育组织认可的体育比赛和训练的场合，并为制造商不能预料而且是偶然发生时才能成立。索赔人在索赔时必须举证其损害是由产品直接引起的。

3. 雇主责任险

雇主责任险主要承保雇主因雇用人在受雇期间遭到人身损害而根据劳工法或雇用合同应承担的经济赔偿责任。

4. 职业责任险

职业责任险主要承保各类体育专业人员（如教练员、社会体育指导员、体育教师、运动医学专业人员等）因工作上的疏忽或过失致使他人遭受损害的经济赔偿责任。例如，日本规定日本体育协会承认的社会体育指导员（包括竞技项目的教练员、体育保健医生、体育节目制作者）在体育运动中发生事故（特别是人身事故），或者他人在体育运动中发生事故，而指导员对其负有行政责任、刑事责任或民事责任，应向对方赔偿损失时，对指导员给予赔付。

（二）人身意外伤害保险

人身意外伤害保险是指在体育活动中由于遭受不可预知的意外伤害而直接引起人身伤害时，由保险人提供给付的一个险种。体育活动中遭受人身伤害时，保险人提供的经济赔偿形式一般包括死亡时支付身故保险金，致残时支付部分或全部保险金、医疗费用、日常津贴、复学费用等。在发达国家体育人身伤害保险中，医疗费用的偿付、支付日常津贴是两个主要的保险支出项目，约占体育保险总支出的80%~90%，尤以医疗费最为重要。然而，体育的医疗保险并不等同于一般的医疗保险。此外，人身伤害保险对待一般的参加体育活动者和对待职业运动员是不一样的。一般人员必须是在参加体育活动中，受到伤害才能得到赔偿，而职业运动员则在任何时候受到人身伤害都会得到赔偿。

（三）重大赛事的保险

重大赛事的保险在西方发达国家的体育保险业中占有重要的地位。大型赛事的保险在性质上属于责任保险，但由于现代体育的发展，体育赛事的规模越来越大，它对举办国或地区在政治、经济与文化上的影响是深入和持久的。因此，重大赛事的保险又与一般的责任保险有着一定的区别。重大赛事的保险的险种一般包括：

1. 财务风险保险

在赛事部分或全部取消，或者由于利率或汇率（如长野冬奥会由于亚洲金融危机的影响，日本组委会损失了预算的30%）发生变化而给组委会带来经济损失时，保险公司将向赛事组委会给予赔付。

2. 运作风险保险

在由于自然灾害、火灾、建筑物损坏、运动设施损坏、利润损失以及不法分子的盗窃、欺诈和其他恶意破坏而给组委会带来经济损失时给予赔付。

3. 法人责任险

根据法律规定、协议及举办赛事的要求，组委会应承担的责任险，包括合同险、工伤事故保险、观众保险、志愿者保险等。

4. 经营保险

经营保险包括运输保险、违约责任保险、车辆保险、工作失误保险、服务不完善保险等。

5. 环境损坏保险

环境损坏保险包括对自然环境如空气、水、土壤等损坏的保险以及对考古遗址及其他文物损坏的保险等。

在设计重大赛事保险方案时，体育经纪人还应考虑到各种风险在历史上发生的频率，这也是尽量降低保额，争取赛事主办者认可的重要因素之一。

（四）体育运动保险

1. 体育自然保险

体育自然保险主要针对运动员在体育运动过程中可能由于自然现象或意外事故而导致运动能力损失或伤亡而设立的。另外，对体育设施、资源以及运动器材的损坏也有涉及。

2. 体育社会保险

体育社会风险是由于社会政策、体育组织管理措施或运动员个人素质等过失、疏忽、侥幸、恶意等不当行为所致的损害风险。例如，职业球员与俱乐部之间的劳资纠纷、著名运动员退役引起的经济动荡等。其中，运动员退役与转业问题是我国

体育社会保险产生的最主要原因之一。体育社会保险即对体育社会风险的保险。

3. 体育经济保险

体育经济风险是指体育组织或运动员在经营过程或竞赛活动中，由于有关因素变动或估计错误而导致利益受损的风险。例如，近年来我国保龄球馆和溜冰场等体育场所迅速由盛转衰导致经营者的损失等。体育经济保险即对体育经济风险的保险。

4. 体育政治保险

体育政治风险是指由于政治原因，如政局变化、法规更替、战争冲突等引起社会动荡而造成体育损害的风险。体育政治保险即对体育政治风险的保险。

5. 体育技术保险

体育技术风险是指伴随着科学技术的发展、生产方式的改变而发生的风险。例如，跑鞋的变革、革新赛道材料的研发、计时器的进步对运动员成绩的影响。体育技术保险即对体育技术风险的保险。

五、我国体育保险险种的分类

由于我国还没有单独的体育保险险种业务，借鉴国内其他保险业务的划分及国外体育保险业务的类别特点，体育保险的分类大致如下：

（一）按实施方式分类

按体育保险的实施方式分类，体育保险可以分为强制体育保险和自愿体育保险。

1. 强制体育保险

强制体育保险一般是法定体育保险，是以国家法律法规或条例形式强制实施的体育保险。发达国家普遍规定，各级体育组织必须为运动员、教练员、工作人员、志愿者和现场观众办理保险业务。国家体育总局也已明确要求各级体育组织必须为参加国家级体育比赛的运动员投保不低于 20 万元的人身意外保险。例如，国家体育总局向太平洋保险公司投保了参加第 27 届奥运会的中国体育代表团及随团官员和记者的人身意外伤害险和随身财产险，总保额达 1.6 亿元。该保险协议规定，太平洋保险公司将提供中国奥运代表团全体成员在奥运会期间因意外造成的人身伤害保险，每人保险额为 30 万元，同时该公司还提供全体运动员在奥运会期间因意外造成的财产丢失或损害保险，每人保险额为 5 万元。

2. 自愿体育保险

自愿体育保险是投保人与保险人自愿签订体育保险合同而形成的保险关系，投保人根据自己的实际需要和承担保险费的能力决定是否参加体育保险以及选择何种保险和确定多大保额。保险人根据投保人的情况以及投保的险种，决定是否接受投保和接受多大责任的体育保险。国外的体育组织对大众体育活动参与者多采取建议的方式，告知签订体育保险的好处，并向他们推荐多种保险方式以供选择。我国的业余体育比赛一般都采用参赛运动员自愿保险或运动员所在单位代为保险的原则。

（二）按保险政策分类

按体育保险的政策分类，体育保险可以分为社会体育保险和商业体育保险。

1. 社会体育保险

社会体育保险是指社会通过立法，采取强制手段对国民收入进行分配和再分配，形成一种专门的消费基金，当劳动者暂时或永远丧失劳动能力、失去工作机会时，在物质上给予社会帮助以保障其基本生活的制度。我国的社会体育保险主要有运动员工伤保险、失业保险、生育保险、养老保险、死亡保险等。

2. 商业体育保险

商业体育保险是指采用商业化经营的原则，保险人收取投保人的体育保险费建立体育保险基金，并实施对投保人的体育财产损失或人身伤亡给予经济补偿的一种社会后备制度。体育保险基金是用于保险赔偿和给付的专项货币基金，具有来源的分散性、广泛性、返还性、专项性和增值性等特点。发达国家的体育保险基金主要来源于保险公司的开业资金和保险费收入，我国现阶段的体育保险基金主要来源于国家的专项拨款、企业赞助和个人捐赠。

随着商业体育保险制度的完善，体育保险基金必须保值增值，这就派生了保险投资的职能。补偿损失的职能活动是保险人的负债业务，而利用负债业务形成的保险基金进行融资活动则是保险人的资产业务。从国外的经验看，投资是保险公司获取收益的重要来源。

（三）按保险标的保障范围分类

按体育保险标的保障范围分类，体育保险可以分为体育财产保险、体育人身保险、体育责任保险和体育保证保险等。

1. 体育财产保险

体育财产保险是以体育设施和财产为保险对象，是对因自然灾害或意外事故所造成的物质财产损失实行经济补偿的保险。这些物质形态存在的体育财产损失保险主要有体育器材保险、家庭财产保险、体育工程保险和运输工具保险等。

2. 体育人身保险

体育人身保险是以运动员的身体和寿命为保险对象，对被保险人的死亡、伤残、疾病、丧失劳动力以及保险期满由保险人给付保险金的保险，包括运动员人寿保险、健康保险、意外伤害保险等。

3. 体育责任保险

体育责任保险是以被保险人的民事损害赔偿责任为保险对象，保险人依法或根据合同约定，若被保险人对他人的损害负有民事损害赔偿责任的，则由保险人负责赔偿的保险。

4. 体育保证保险

体育保证保险是保险人向债权人提供的一种担保业务，保险人对债权人因被保险人的不法行为或其不履行合同而遭受的损失，负经济赔偿责任。体育保证保险有忠诚保证保险、履约保证保险等。意大利 AC 米兰足球队曾投保 1999—2000 年度欧洲冠军杯战绩保证保险。

（四）按风险转嫁方式分类

按体育风险转嫁方式分类，体育保险可以分为体育原保险、体育再保险和共同体育保险。

1. 体育原保险

体育原保险是指投保人和保险人之间直接签订体育保险合同而结成的保险关系。法国安盛（AXA）保险集团是国际足球联合会的合作伙伴，多年来一直负责世界杯足球赛的保险事项，两者间的保险合作关系为体育原保险。

2. 体育再保险

体育再保险是指保险人为避免风险过于集中而造成一次性赔偿影响财务稳定，将其所承保的保险业务部分或全部再向另一保险人保险的经济行为。法国安盛保险集团为规避承担世界杯足球赛的巨大风险，与苏黎世再保险公司签订的相关保险合同通常为体育再保险。

3. 共同体育保险

共同体育保险是指由若干个保险人共同承保一项综合体育保险业务，在发生赔偿责任时，按照保险人之间的合同约定，各自承担相应的赔偿份额的经济行为。

第二节　体育保险业

一、发达国家的体育保险业

在国际上，特别是发达国家，体育产业和保险业发展的程度都较高，体育保险产业在体育产业中占有重要的地位，体育保险制度和相关的法律法规较为健全，体育组织、运动员甚至普通民众都具有较强的体育保险意识，因此体育保险是一项非常完善且专业的商业保险。许多著名运动员不惜为自己的一只手、一只脚甚至是一根手指投下巨额保险；任何体育团体举行任何体育活动前都必须给运动员和体育官员投保各种有关的人身保险。此外，为运动员和体育官员以外的其他相关人员投保也是重大国际赛事的通行做法。

从供给主体来看，美国、日本、澳大利亚和新西兰等一些国家的保险企业中既有专门的体育保险公司，又有兼营体育保险业务的保险公司，还有比较发达的中介组织——保险经纪人，更有专门的体育保险经纪人，这极大地促进了体育保险的发展。

在美国，K&K 保险公司和 SO-DA 体育保险公司提供各种体育保险。成立于1946 年的萨德勒公司（Saddler & Company）在提供体育运动保险和为各种娱乐组织提供保险方面有着丰富的经验，在全美 50 个州都有业务，除了为小型技术企业提供普通责任险、职业责任险，为贸易订约人和建筑承包商提供普通责任险、工人补偿保险、产品责任险之外，还提供各种各样的体育保险产品，如各种球类项目的保险、体操保险、游泳保险、武术保险、体育运动责任保险、运动员伤残保险、裁判员保险、啦啦队保险、健身教练保险、体育赛事保险、天气保险、体育设备保险以及各种俱乐部保险等。成立于 1997 年的萨普阿思保险公司（Spoas Insurance）是全球体育保险业的首席承保人，在北美、西欧都有业务，提供多种多样的体育保险产品。

德国保险市场上的运动员伤残保险专门为运动员设计特定的承保条款。例如，在普通意外事故保险中，医学上确定为十字韧带断裂时，保险公司的保险赔付往往根据断裂程度对人体器官机能的影响进行确定。假设十字韧带断裂导致人体器官机能的完全丧失（如截肢），投保人可以得到保险金额的 70%；如果十字韧带断裂仅仅导致器官机能 20% 受损，那么保险赔付也只能达到保险金额的 14%（70% 乘以20%）。相同的例子在运动员伤残保险中，如果十字韧带断裂导致运动员无法继续参加体育比赛，不管十字韧带断裂对器官机能的影响程度怎样，投保人都可以得到相应保险金额的 100% 的保险赔付。针对竞技体育的特点，德国保险市场开发的各类保险产品门类齐全、承保范围大，许多险种让人耳目一新。例如，运动员伤残保险、重大赛事举办延误保险、电视转播保险、广告延误保险、死亡或名誉受损保险、体育场馆综合险、体育法律援助险、董事与高级管理人员责任保险。

英国为体育运动提供的保险项目品种齐全，伦敦是世界体育保险的中心，为体育运动提供的保险项目可以说是应有尽有。无论是体育俱乐部，还是运动员个人，都能得到令人满意的服务。例如，足球协会可以为全体运动员购买职业团体基本保险，然后再由各俱乐部在此基础上附加投保因运动员而引起的收入损失，运动员个人也可以购买个人保险，如意外伤害和疾病保险等。对于赛车这种专业性很强的运动，保险公司还开发了不少服务项目，如对正式资格考试、训练、比赛乃至拉力赛过程中在跑道上发生的起火或意外事故等，都可以提供保障。在此基础上，体育俱乐部、运动员还可以投保试车保险，参赛车辆存放和运输过程的备件、工具及装置的损失保险等。对橄榄球这类接触性极强的运动项目，保险公司为运动员因比赛而造成的正常职业收入受损设计了收入损失保险，还有医疗费用及其他损失保险等。此外，俱乐部还可以投保各种责任保险、运动场地保险和其他财产保险、电视广播收入保险、奖金损失保险乃至球队的升级、降级保险等。对于世人瞩目的比赛活动，保险项目更是五花八门。

澳大利亚充分认识到风险是体育活动的本质属性，因而制定了完备的体育保险安排，有代表性的是新南威尔士州议会于 1978 年通过的《体育损伤保险法案》。该法案要求为体育活动参与者的损伤和疾病提供保险保障。此外，澳大利亚的个人体育保险计划还为体育组织中的所有成员提供责任险。正是由于这些措施的实施，澳大利亚体育保险中的公共责任险的覆盖面达到了 100%。成立于 1986 年的澳大利亚 Sportscover 保险公司，现在是世界上最主要的体育保险承保商之一，其拥有覆盖全球的经纪人网络，为体育运动提供意外伤害保险、责任险、财产险等各种相关的保险产品。新南威尔士州政府已经设立了一个专门对严重的体育意外伤害进行补偿的组织计划——新南威尔士体育运动意外伤害保险计划（the NSW Scheme），这是一个州政府自愿设立的非营利的、非强制的保险基金，专门对严重的体育运动意外伤害进行补偿，运作得比较成功。在澳大利亚，职业运动员享受法定的社会保障，同时商业性的体育保险还为体育活动参加者提供了广泛的服务。澳大利亚体育保险的对象不仅包括健康人的体育组织，如国家和州的体育组织，也包括残疾人体育组织。此外，像组织探险等活动的户外休闲体育机构同样受到体育保险的保障。

日本的社会保险体系与体育保险密切相关的是医疗保险、灾害补助和专门的体育保险。在日本，体育保险根据不同的情况分为 A、B、C、D 四类。A 类指少年儿童体育运动保险；B 类指 60 岁以上老年人运动保险；C 类指成年人体育运动保险；D 类主要指高危险竞技体育运动保险。日本的《国民健康保险法》中含有体育保险的内容，国民健康保险的对象是全体国民。因此，体育爱好者、运动员等都可以加入该保险，享受国家的医疗补贴。体育运动中的伤害事故完全适用于国民健康保险。日本《老人保健法》的实施，使 65 岁以上的老人得到了医疗保证，促进了老年体育活动的开展，在一定程度上发挥了体育保险的作用。虽然医疗保险在体育保险方面发挥了积极作用，但是日本现行的各种医疗保险并不能代替体育保险。

新西兰的体育保险发展得也相对比较好，新西兰积极设立国家强制体育保险计划，该计划具有无过错保险计划的优点。另外，作为健康保健体系的一个重要组成部分的新西兰意外事故补偿社（New Zealand's Accident Compensation Corporation，ACC）对体育运动、交通和工作中的意外伤害进行统计，ACC 能十分精确地确定新西兰的体育运动意外伤害发生的成本。

总之，体育保险现已成为发达国家体育的重要组成部分，这些国家的体育保险法规均比较健全，而且多数发达国家都规定体育协会乃至俱乐部举行体育比赛必须给运动员投保保险。同时，教练员、志愿者等参加有关俱乐部的训练活动也必须投保保险。法规的明确规定确保了体育保险业的健康发展。

二、我国的体育保险业

（一）产业基础

体育保险业是体育产业和保险业相结合的产物。随着我国市场经济的发展，我国的保险业和体育产业都得以迅速崛起。保险业出现了多元化的发展格局，而体育产业的发展不仅使体育的社会影响力日益增大，也使得体育管理部门及企业积累了丰富的资金。同时，相应市场制度的完善使保险业和体育产业携手进行市场化运作，发展体育保险产业具备了可能性。

（二）完善保险领域的客观要求

我国保险领域目前将保险分为四类：财产保险、人身保险、责任保险和信用保证保险。体育保险并没有列为一个独立的类别，体育事故所造成的损失只能够作为人身意外伤害保险中的特例存在，在实际操作过程中，由于各种相应规定的限制，其会面临许多问题。发展体育保险业也是完善我国保险业的客观要求。

（三）"桑兰事件"的启示

我国体操运动员桑兰在 1998 年美国第 11 届世界友好运动会上，意外摔伤脊椎并致残，整个治疗康复费用约需 50 万美元。所幸友好运动会组委会为所有参赛选手投保了 1 000 万美元的医疗保险。桑兰的全部费用都由友好运动会组委会承担。这一事件使我国体育管理部门开始关注体育保险，国家体育总局随后开始实施运动员人身保险计划。我国的体育保险业也由于备受关注而获得了发展的契机。

三、我国体育保险业发展现状与亟须解决的问题

（一）我国的体育保险市场

近年来，我国的体育在运动成绩上有了突飞猛进的发展，同时也伴随着一些运动员的受伤和事故。一系列令人扼腕叹息的运动员受伤及更严重的事故，引起了国人的高度关注，体育保险问题成为体育界关注的热点。在体育产业比较完善的国家，体育保险已经有了相应的发展。一方面，运动员有着强烈的自我保护意识；另一方面，保险市场有对路的产品和服务。例如，我们熟悉的 NBA 非常重视给球员购买商业保险，不但是受伤之后治疗和恢复的费用由保险公司承担，就连球员因伤缺阵损失的工资都将由保险公司支付。在我国，运动员由国家培养，从体校到国家队基本不涉及保险。这种特殊的保障形式和训练体制导致国内的体育组织及运动员的保险意识非常淡薄。但是，随着我国体育体制的改革以及逐步与国际惯例接轨，人们开始将保险作为分散风险的金融手段之一。

目前，在卖方市场的情况下，保险人目前尚不能提供有针对性并具有体育特色的产品和服务。例如，高风险的运动项目（如举重、拳击、赛车等），保险公司都不愿意承保；而如棋类等低风险项目，运动员和体育协会却无投保意向，这又形成了另一种矛盾。由此可见，险种的设立和费率的厘定是非常关键的。只有解决好这些问题，才能在保险人和投保人之间取得平衡，提供完善周到的服务。

（二）我国体育保险业的发展

我国的保险事业随着 1949 年 10 月中国人民保险公司的组建而诞生。在计划经济体制下，我国几乎没有体育保险。改革开放以来，随着体育事业的发展，体育职业化、产业化、社会化不断深入，我国体育保险事业也迎合时代的呼唤开展起来。1996 年，中华全国体育基金会设立了体育保险部，负责高水平运动员的体育保险管理工作。同年，香港南华体育会主席洪祖杭先生向中华全国体育基金会捐款 1 200 万元，建立了专项体育保险基金，并为 1 400 名国家队运动员进行了伤残保险。

国家体育总局人事局、中华全国体育基金会于 1998 年 9 月 28 日起为国家队运动员办理人身保险，每期以 1 年为限，在保险险种范围之内的普通国家队队员最高可得到 30 万元（奥运会、世锦赛、世界杯金牌得主为 60 万元）运动伤残保险赔付。1998 年 9 月 28 日~1999 年 9 月 28 日，中国体育保险第一期保费为 100 万元，保额为 3.2 亿元，险种为运动员伤残保险；1999 年 9 月 28 日~2000 年 9 月 28 日，中国体育保险第二期保费仍为 100 万元，保额却达到了 7.2 亿元，险种也增加到运动员伤残保险、人身意外伤害险和急难救助险三种。

2001 年，中国人民保险公司沈阳分公司为世界杯足球赛亚洲区十强赛的沈阳主场赛事开出了总额为 2 000 万元的高额保单。同年，中国太平洋保险公司向第 21 届世界大学生运动会提供总保额达 154 亿元的人身意外伤害险、医疗险、随身财产险及第三者责任险等风险保障，从而创下国内保险公司体育保险承保数额最高的纪录。这一巨额保险惠及参加此届运动会的各国运动员、教练员、裁判员、体育官员、特邀代表、新闻记者、志愿者、服务人员及所有参加此届运动会开幕式的演职人员、观众等共 18 万人。

2002 年 9 月 27 日，国家体育总局出台《优秀运动员伤残互助保险试行办法》，对参加"互助保险"的运动员的范围作出了明确规定，即投保人应该是"优秀运动员"。

2004 年 3 月，中体保险经纪有限公司成立，这才算真正意义上揭开了我国专业体育保险发展的序幕。

2008 年北京奥运会、2010 年广州亚运会的保险业务都是和中国人保合作，投保费和受保费均创历史新高，尤其是 2010 年的广州亚运会与中国人保签下了保障规模近 240 亿元的巨额保单，保障服务范围涵盖了场馆建筑与配套设施、人身意外、医疗、紧急救援、综合责任和赛时马匹运输等各个方面。同时，这也是亚运会历史上

首个综合责任保险。

随着我国在体育产业方面的投入不断加大，大型体育赛事越来越多，国内部分大型保险公司有意识地开始进行体育保险的市场调研和产品开发，如游泳池（馆）公众责任保险、马术经营场所责任保险、马术运动意外伤害保险、跆拳道运动人身意外伤害保险等创新型产品相继完成开发。此外，针对当下的"跑步热"，市场上出现了不少马拉松保险产品，包括平安保险、阳光保险、工银安盛、弘康人寿、中美联泰大都会、百年人寿等保险公司都开发和销售了相关保险产品。而在"互联网+"时代下，互联网公司也嗅到了体育保险未来发展的商机。2016 年 6 月，小雨伞保险推出体育运动保险品牌"敢保险"，单独成立"敢保险"事业部进行独立运营。其产品主要由三部分组成，分别是为参加滑雪、攀岩、潜水等极限运动项目的运动者提供全面保障的"极限保"、为户外活动（针对所有人群的户外运动风险保障）提供的"户外保"、为跑步人群提供运动激励计划"动力保"。此外，其也为赛事组织者提供赛事组织相关的责任险。

目前，我国已经制定了一系列规章制度，为体育保险在我国的进一步发展和结合体育运动的实际情况实施打下了基础。

随着人们生活水平的提高和保险需求的增加，体育保险市场在亟待完善的同时，还具有广阔的发展空间。

案例

江苏探索体育产业新模式 打造"体育+互联网+保险"新兴产业模式

为践行"十三五"规划中创新发展体育保险的要求，2016 年 10 月 9 日，江苏省体育场馆协会携手泰康保险共同打造"体育+互联网+保险"新兴产业模式，为江苏体育发展提供新动能。

"江苏是体育大省，群众体育与全民健身、竞技体育、体育产业均列全国前列，体育场馆是体育事业和体育产业发展的重要物质基础和依托，是健身休闲、竞赛表演、体育培训、公共体育服务的重要承载者。"江苏省体育场馆协会会长施立新表示，将以五台山体育中心为试点，有效运用"体育+互联网+保险"的全新理念与技术，构建专属的体育场馆健身、体育赛事与培训的互联网平台，为不同人群、不同体育运动项目、不同体育类别提供定制化的保险产品（包括意外险、责任险、财产险等），让更多的体育爱好者在有保险保障的前提下参与到体育运动中来。

据了解，作为江苏省省属体育社团"实体化改革"试点单位，体育场馆协会着力将自身打造成为行业信息的共享平台、商业资源的互动渠道、资质标准的认证机构、重大活动的开展载体和专业运行的市场主体，近两年还进行了一些既"破天荒"又"接地气"的尝试，包括会员服务的优化、智慧场馆的建设、全省假日联赛的举办等。

——资料来源于 http://www.js.xinhuanet.com/2016-10/09/c_1119681384.htm

近年来，保险业整体发展很快，仅在人寿保险方面就已经成立了中国人寿、平安保险、太平洋寿险、新华人寿、泰康寿险等多家寿险公司。随着我国加入世界贸易组织，一些国外或中外合资的人寿保险公司也陆续进入我国保险市场，如美国友邦保险公司、中国和意大利合资的中意人寿保险有限公司等。财产保险方面同样有多家保险公司可供选择。如何将带有明显行业特点的体育保险与具有普遍性的社会保险也结合起来，共同为发展体育事业服务，正是体育保险业需要研究的课题，也是体育经纪人大有可为的用武之地。

（三）我国体育保险业亟须解决的问题

1. 各方保险意识薄弱

体育运动具有极大的潜在风险。赛事的频繁、规模的扩张、体育基础设施的增多以及运动员在运动中对抗程度的加剧和观众参与度的提高等，都会增加其风险。在发达国家，运动员深知投保的重要性，养成了主动投保的保险意识。然而，在我国，虽然保险业的发展非常迅速，但作为保险业主要分支的体育保险却发展缓慢，其根本原因是有关体育活动的组织者、运动员以及广大普通体育健身者在这方面仍缺乏足够的保险意识。只有加大体育保险业的宣传力度，扩大体育保险业的社会影响，才能使我国的体育保险业走上一条健康发展之路。

2. 覆盖面小，保障程度低

我国体育保险研究时间短，缺乏从事体育保险研究和开发的专业人才。而体育保险涉及寿险、非寿险、再保险，往往保额巨大，承保技术复杂。目前，我国保险公司主要参照社会上的一般条款，侧重于死亡和残疾的赔偿，涉及体育的险种少、费率高、条款不明确且缺乏灵活性，其他各种相关的责任险、财产险基本上都是空白，无法覆盖种类各异、危险程度不同的体育项目，也无法满足不同项目运动员千差万别的要求。以前曾有过为参加比赛的残疾人投保的事例，但是由于缺乏相应的险种、条款粗、理赔手段无法适应需要等原因，最终没有实现。我国体育保险的覆盖面小，保障程度低，体育保险的配套法律制度不健全，操作不规范，难以有效发挥其功能。

目前，我国仅设立了运动员人身保险，而缺少在国外体育保险领域占据重要地位的重大赛事保险、责任保险以及更为广泛的全民健身人身保险等重要险种。就运动员人身保险而言，也只有运动伤残保险，没有意外伤害保险、退役养老保险、职业保险等。同时，不同风险、不同特征的体育项目间的差别没有得到体现。从体育赛事保险来看，除人身保险外，还应该有赛事转播险、取消险、财务险、责任险等。

我国有数万名各层次专业运动员，除国家运动员外，还有各省、市的运动员以及基层体校的青少年运动员，他们也处于训练的高风险状态，受伤或发生意外时极易出现纠纷。我国每年也有3亿多人经常参加体育活动，而大众健身的爱好者或是体育俱乐部的会员也应该是运动受伤或意外的保险对象。此外，在我国每年举行的国内外大型赛事约有500起以上，还有众多体育场馆安全运转的需要。显然，我国的体育保险业是一个尚待开发、商机无限的产业门类，急需扩大保险种类和保险的覆盖面。

3. 中介发展滞后

保险产品作为一种风险分散工具，其条款、费率的解释和理解具有一定的专业性，如果没有中介机构服务，投保人在购买保险产品时可能会面临困难。我国保险业市场化发展的起步本身较晚，保险中介发展也很滞后，体育保险由于险种较少，条款、费率的制定缺乏特色，再加上投保人消费理念不成熟，因此市场上还没有专门的体育保险中介机构。我国应大力培育体育保险中介人组织，通过保险中介人对体育保险市场进行调整、推销体育保险、承担体育保险的风险评估、跟踪投保后的管理服务、对保险人和被保险人提供咨询服务、替保险人收取保险费和协助保险人设计、开发新的险种等。

4. 法规体系不够健全

目前，发达国家的体育保险已发展到很高水平，在体育保险法规方面均比较健全，并且多数国家都明文规定，所有的体育运动组织和运动员都应投保。体育保险行业的发展需要建立健全体育保险法律法规，制定如"体育运动员投保细则""运动员伤残保险标准"等，直至出台体育专项法律。只有这样，我国才能从法律上保护运动员，解除其后顾之忧，确保体育事业的健康发展。

5. 资金短缺

根据我国的实际情况，由于资金短缺，除个别市场化运作较好的项目以外，多数体育项目的运动员和教练员在短期内依靠自己或国家得到全面的商业保险并不现实。通过设立专项基金，可以缓解体育保险商业化、市场化发展的困境。基金来源有国家财政拨款、企业赞助、运动员奖金、电视转播和广告费用以及运动员限额缴纳等，体育管理部门应当对体育保险给予足够重视并且研究制订合适的资金解决方案。

我国各主要保险公司人身保险的主力部队尚未进入到运动员保险中来，社会力量支持不够，尚没有专业的体育保险公司，而非专业的保险公司对体育保险缺乏认识和了解。这些已成为今后我国体育保险努力拓展的方向。由基金会或慈善组织投保也都是比较好的方式，同时国外流行的先进商业运作，如保险公司赠送或企业赞助等也可以作为扩大投保资金来源的方式。

6. 急需探索适宜的体育保险模式

由于我国各地的经济发展水平不同，体育产业的发展程度也存在巨大差异，不同的地区需要不同的体育保险模式。在探索适宜体育保险模式的阶段，开辟试验区是一个较为可行的方案。

从总体上看，我国的体育保险业是一个有待开发和潜力巨大的市场，随着我国运动员培养体制的改革，体育比赛从由政府举办转变为由社会举办，保险将成为竞技体育首要考虑的问题之一，尤其是一些重大比赛和高风险的运动项目。同时，我国大众健身的迅速发展以及人们生活质量的提高、保险意识的加强，一般人的体育保险需求的容量不可低估，中国的体育保险买方市场正在形成。

（四）我国体育保险经纪前景广阔

我国拥有其他国家不能比拟的人口基数，经济发展速度位居世界前列，体育产业和保险业也都是当前我国的热点行业。智研咨询研究报告显示，我国体育保险保费规模由 2006 年的 1.88 亿元，增长到 2013 年的 3.58 亿元，年复合增长率为9.6%。由于奥运会等大型赛事的举办，2008 年我国体育保险同比激增 133.7%，达到 4.16 亿元，为历史峰值。随着"奥运热"褪去，2009 年的体育保险保费降低了56.3%。2009—2010 年，体育保险保费规模大幅度回暖，达到约 2 亿元。2010—2013 年，体育保险保费规模趋于平稳，每年稳步增加，但总体规模仍然较小。就目

前的市场前景而言，体育保险还有较大的发展空间。

随着经济文化水平的日益提高，人们对体育保险的重要性已有越来越清楚的认识，对于体育保险的经纪需求也会逐渐增多。因此，体育保险经纪发展拥有牢固的经济基础和迫切的客观要求。另外，虽然我国当前体育保险业发展程度较低，存在各种亟待解决的问题，但是从另一方面看，体育保险业作为新生事物，具有强大的生命力，随着我国体育体制的逐步转变，体育保险的相关法规会逐步完善，在探索体育保险发展方向的过程中，体育保险经纪拥有很大的运作空间。

目前，我国的保险经纪公司还很少，更没有专门从事体育保险的经纪公司，但已经有兼业代理公司专门从事体育保险产品的代理，并进一步向体育保险经纪公司的方向发展。例如，中体产业北京分公司已经获得保险兼业代理资格，是中国银行保险监督管理委员会批准的体育系统的保险代理机构。其第一个体育保险代理服务客户是上海站的世界七人制橄榄球比赛，保险金额为10万元。由于该项目具有较大的危险性，赛事主办者要求中方负责保险事宜，主要是赛事责任险，包括从运动员入境到离境、比赛中发生的创伤以及官员或观众在观看比赛过程中有可能发生的意外等。这次比赛没有涉及电视转播的保险问题，因为就举办方而言，橄榄球在中国还没有市场，比赛目的主要是宣传和普及该运动项目。比赛直播由国外电视台完成，保证了海外赞助商的利益。赞助商与体育协会签订的是系列合同，中国是其中一站，电视转播保险包括在全部比赛的合约当中，因而在中国不涉及电视转播和赞助商的保险。中体产业北京分公司的第二个体育保险代理服务客户是世界射箭锦标赛。虽然该项目本身没有什么危险，但比赛主办者规定投保，特别是人身伤害险、器材保险等，不过仍然不涉及电视转播的保险。

体育保险经纪人在我国的需求是近年来才开始增长的，从事此行业的专业人士还比较少，据统计我国保险经纪人人才缺口达几十万人。

在我国，体育保险经纪市场面临着一个机遇与压力并存的局面。机遇在于体育保险经纪市场拥有良好的发展前景，压力在于在经济全球化及保险行业对外开放的形势下，国外的保险公司和经纪公司的介入会对我国体育保险经纪行业产生强大的冲击。

（五）对促进我国体育保险经纪业发展的建议

1. 加强体育保险立法

建立体育社会保险体系，国家应当加强社会保险的法治化建设，尽快推出"社会保险法"并明确规定有关体育保险的内容，在此基础上进一步出台"国家体育健康保险法""运动员伤残保险法""运动员再就业保险法"等一系列体育保险的法律法规，将其纳入国家整体的社会保障体系之中，尽快建立一支与市场发展相适应的体育保险经纪人专业队伍，加强中介服务和对外交流，适时构建中国体育专业保险市场体系，解除运动员的后顾之忧，推动体育保险业加速发展。

2. 培养人们的保险意识，对体育保险产品有正确的认识

随着体育事业的发展，特别是竞技体育的飞速发展，人们在从事竞技活动或健身活动的过程中，难免会发生意外事故或伤病事故，这就要求培养和保护人们的保险意识，对保险产品有一个正确的评价和认识，提高人们的保险意识。

3. 树立诚信形象，规范行业发展和经营行为

监管部门在加强监管的同时，要充分发挥保险经纪人的作用，建立行业规范和监督机制；加紧进行相关保险理论、经纪公司法规和操作实务的研究探讨，规范保险工作流程，从制度和行为规范上树立经纪行业的诚信形象。

4. 严格选拔经纪人

保险经纪人应既懂得保险业务及法律，又懂得体育；既了解客户的需求，又熟知承保人的承保能力。我国应加速培养一支精通体育知识和保险业务的经纪人队伍，加强对体育保险业的规范管理，对已有的体育保险经纪人进行资格审查。此外，保险经纪人的职能不仅仅体现在推销方面，而是提供一种全方位、多层次的服务。保险经纪人应规范理赔程序，提高理赔效率，树立诚信形象。

5. 导入竞争，加快体育保险人才培养

我国加入世界贸易组织以后保险业面临着严峻的挑战，目前的行业垄断现象严重制约着我国保险业的发展。我国应引入竞争机制，打破行业垄断，实行开放费率；否则，随着保险市场的开放，民族保险业会处于非常被动的地位，几乎处于空白状态的我国体育保险业，也会被资金实力雄厚、经验丰富的国外保险公司占据。现代社会的竞争主要是人才的竞争。目前，我国急需培养一批精通体育运动知识和金融保险业务的体育保险人才。

6. 加强对外交流

我国应在自行开发、研究的基础上和国外的体育保险经纪公司、保险公司加强交流合作，引进国外已经成熟的体育保险的险种、运作方式和管理方法，让我国的体育保险尽快与国际接轨，引进一些急需的险种和运作方法，填补我国体育市场的空白。

我国的体育保险发展水平处在全世界中游水平，被认为是世界上最具有潜力的国家之一，促进体育保险事业的发展离不开体育保险经纪人的努力，所以说体育保险经纪人是未来的热门职业，将推动我国体育事业更好、更快发展。

第三节　体育保险经纪人

购买保险产品需要了解有关保险的条款、费率等专业知识，并且要根据市场情况采取最合适的措施，因此投保人在购买保险产品时需要中介人员的帮助。在体育保险市场中更是如此，这在客观上开启了体育保险经纪人的运作空间。

一、体育保险经纪人的概念

在发达国家的体育保险市场活动中，体育保险经纪人起着至关重要的作用。发达国家的体育保险经纪人主要包括一般体育保险经纪人、体育再保险经纪人和体育保险代理人。

（一）一般体育保险经纪人

一般体育保险经纪人是指代表被保险人在体育保险市场上选择保险人或保险组合，同保险方洽谈保险合同条款并代办保险手续的经纪人。体育保险经纪人向体育保险公司收取佣金，从体育保险人的角度看，与经纪人直接交易，能节省时间、节约资金、提高经济效益。

（二）体育再保险经纪人

体育再保险经纪人是指专门从事将某一保险公司的再保险业务介绍给其他保险人，并收取一定费用的中间人。

（三）体育保险代理人

体育保险代理人是指保险人的代理人，是根据保险合同或授权书向保险人收取报酬，并在规定的授权范围内，以保险人的名义代理保险业务的人。

体育保险经纪人与保险代理人不同，体育保险经纪人是沟通投保人与保险公司之间的桥梁，一方面它为体育保险公司的险种寻找适用对象，把体育保险公司的保障条件向社会推介；另一方面它为投保客户当好顾问，选择合适的体育保险公司，设计体育保险方案，建议适宜险种，争取公平费率，做好索赔工作，提供体育保险风险管理和保险咨询服务，维护投保人的利益。

在国外发达的体育保险经纪人市场上，要想成为一名体育保险经纪人必须通过严格的审查。审查的内容包括体育保险经纪人必须掌握大量的体育保险法律知识和体育保险业务与实践经验，了解体育保险市场的构造和基础设施以及未来的磋商对手——体育保险人的经营情况，从而对体育保险有一个初步的了解，同时也掌握了从事体育保险经纪活动所应具有的道德准则和其他有关规定。我国规定，从事体育保险经纪业务的人员必须参加体育保险经纪人员资格考试；凡具有大专以上学历的个人，均可报名参加体育保险经纪人员资格考试；体育保险经纪人员资格考试合格者，由中国银行保险监督管理委员会核发保险经纪人资格证书。该证书是体育保险经纪人员从事体育保险经纪活动的唯一执照。已取得保险经纪人资格证书的个人，必须接受体育保险经纪公司的聘用，并由体育保险经纪公司代其向中国银行保险监督管理委员会申请并获得保险经纪人员执业证书后，方可开展体育保险经纪业务。

二、保险经纪人的价值

（一）保险经纪人对保险公司的价值

在规范成熟的保险市场上，保险经纪人是一支不可缺少的、非常活跃的力量。以最具代表性的伦敦保险市场为例，60%~70%的保险业务是通过保险经纪公司安排的。保险经纪公司的工作推动了保险公司的业务发展。

（1）保险经纪公司将为保险公司带来大量的保险业务，增加保险公司的营业收入，从这一点上来讲，保险经纪公司是保险公司的最大客户。

（2）保险经纪公司的运作大大地节省了保险公司的业务扩展支出，降低了保险公司的运营成本。

（3）保险经纪公司协助客户实施风险管理和防灾防损工作，有效地降低了客户的保险事故发生率，减少了保险公司的赔付支出，从而降低了保险公司的赔付成本。也就是说，保险经纪公司基于客户利益为客户所做的一切工作，从根本上讲，不仅不会损害保险公司的利益，而且会有力地促进保险公司的业务发展，因此保险公司是非常欢迎保险经纪人的。

（二）保险经纪人对投保人的价值

客户与保险经纪人是委托与被委托的关系，保险经纪人是客户的保险顾问，其接受客户的委托，基于客户的利益，为客户提供专业的保险经纪服务业务咨询。

（1）针对客户的特定需求，保险经纪人运用自身的专业优势，为客户提供专业的保险计划和风险管理方案。在同客户签订委托协议后，保险经纪人组织市场询价或招投标，在所有竞标的保险公司中选择综合承保条件最优越的公司作为承保公司。保险经纪人在与保险公司的谈判中维护客户的利益，争取对客户的最大优惠。

（2）除了为客户安排保险事务之外，保险经纪人还要协助客户制订保险以外的全面的风险管理计划。风险管理具有很强的专业性，保险经纪公司是国内外保险市场所公认的专业的风险管理顾问。

三、体育保险经纪人的业务范围

体育保险经纪人的业务是紧紧围绕体育保险市场，开展体育保险市场调查、体育保险宣传、体育保险推销、进行体育保险的风险评估、对保险人和被保险人提供咨询服务等业务。

（一）体育保险市场调查

体育保险市场调查是体育保险经纪人开展工作的起点，是体育保险经纪人十分重要的业务领域和工作技能。体育保险市场调查的内容包括体育保险需求调查和体育保险供给调查。

1. 体育保险需求调查

体育保险需求调查主要是调查投保人对体育保险的现实需求和潜在需求情况。调查体育保险的现实需求，可以使体育保险经纪人及时地了解投保人对具体险种的需求状况和需求程度，以便有针对性地调整自己的业务方向，加强对需求比较多的体育保险险种的推销，提高推销成功率。调查潜在需求，可以使体育保险经纪人及时地发现新险种，并与保险人协商开办新险种的可行性，还可以了解现有险种的不足，并反映给保险人以获得改进，从而不断地开拓体育保险市场，积极地把潜在保险需求变为现实需求。这样保险人不仅可以扩大自己的业务来源，还可以树立良好的业务形象，提高在体育保险市场上的声誉。

2. 体育保险供给调查

体育保险供给调查主要是了解体育保险市场上可以提供的体育保险险种以及各种体育保险人的保险供给能力。通过对体育保险人的保险供给能力的调查分析，体育保险经纪人可以对体育保险市场上各体育保险人的业务经营状况、现有保险险种以及各体育保险人的经济实力和声誉等有一个详细的了解，以便在接受体育保险委托后，迅速与恰当的体育保险人洽谈承保业务。

（二）体育保险宣传

体育保险宣传是开展体育保险业务的敲门砖。长期以来，由于我国的体育体制呈现高度集中的政府管理趋向，使得体育界许多人士对体育保险的作用和意义缺乏认识与了解，甚至对体育保险存在误解和偏见。因此，目前在我国加强体育保险的宣传就显得十分迫切和必要。体育保险宣传的核心就是要针对各种误解和偏见，宣传介绍体育保险各险种的性质、内容和功能以及各险种给客户带来的好处，让客户明确投保每个险种的保障范围，动员客户自愿投保所需险种。

（三）体育保险推销

体育保险推销就是千方百计地使被保险人加入体育保险人所设计开发的保险险种，使被保险人了解可以得到的各种好处，从而增强被保险人的保险意识，调动其投保热情和积极性，促成其采取投保行动。

（四）进行体育保险的风险评估

体育保险尤其是重大赛事的保险的不确定性因素要高于其他险种，因此保险公司在承保之前必须对投保标的进行风险评估。由于体育保险的专业性很强，因此一般重大赛事的保险均需先由体育保险经纪人进行风险评估。体育保险的风险评估要求经纪人必须具有丰富的实践经验，同时又精通体育保险方面的知识。对重大赛事的风险评估一般包括以下内容：有关体育组织（如国际奥委会、国际足球联合会）对体育保险的有关规定，主办国或主办地区的政治稳定状况，举办时间内天气、空气污染的情况，突发事件可能对预算产生的影响，技术、经济、法律等方面的因素以及组委会的组织水平等。

（五）对保险人和被保险人提供咨询服务

对保险人提供的咨询服务主要包括保险市场的状况、竞争对手的情况、审查投保单、将被保险人的有关情况及时报告保险人等。对被保险人提供的咨询服务主要包括险种的选择、保单的填写、协助被保险人索赔、协助投保人办理投保、退保、加保和续保等手续。

此外，体育保险经纪人在有些情况下还要承担替保险人收取保险费、协助保险人进行理赔、协助保险人设立新的险种等工作。

案例

体育保险千呼万唤将出来 巨大市场待挖掘

双杠没了、单杠没了、跳山羊没了、攀爬架没了……一句"怕受伤"，让这些曾经熟悉的运动器械渐渐淡出了中小学校园。日前，教育部体育卫生与艺术教育司表示，不能因为"怕受伤"，让孩子失去了锻炼基本运动技能的机会。在全国青少年校园足球工作领导小组第一次会议上，教育部相关领导表示将制定学生体育运动的保险制度，为学生的体育活动提供有力保障。

帮助教师规避校园安全隐患，鼓励孩子们大胆动起来，体育保险成为社会关注的焦点词汇之一。作为体育保险起步较晚的国家，中国体育保险现状如何？体育保险又能给运动爱好者带来哪些保障？体育保险真的会成为体育产业的下一座"金矿"吗？2015年2月25日，记者采访到资深保险行业专家以及教练员、运动员、学生家长代表，聊一聊体育保险的未来。

体育保险成了"捐赠保险"

何为体育保险？百度百科的解释为：体育保险是指体育保险人收取一定的保险费并且承担相应的体育风险的一种保险制度。虽然在20世纪80年代我国保险公司开始尝试开办体育保险，但是直到1998年"桑兰事件"后，体育保险才受到人们的广泛关注。

经过多年的探索，中国的体育保险在近年来出现升温之势，但与蓬勃发展的体育事业相比，覆盖面小、保障程度低、险种少等问题依然突出。纵观国内各大保险公司的产品目录，有针对性的、能充分体现体育运动特色的保险产品难以寻觅。从事保险行业20多年的资深保险专家吴先生告诉记者："国内的体育保险主要是以公益性的'捐赠保险'为主，商业化运作的体育产业保险尚未形成。例如，F1、亚洲杯足球赛和奥运会，其实都是带有赞助性质的宣传方式，保险公司并没有根据具体情况为其量身定做相关体育保险产品。"

桑兰的"身"和姚明的"腿"

在国外，保险已成为运动领域不可或缺的组成部分，国外成熟的运动伤残体制也保证了运动员无后顾之忧。当年，中国体操运动员桑兰在美国友好运动会上摔伤，友好运动会为每个参赛队员提供了1 000万美元的医疗保险。在美国的职业体育联盟中，保险的重要性则更加明显。以 NBA 为例，每支球队都必须根据劳资协议为队中薪水前五名的球员购买短期丧失劳动能力保险，NBA 球队必须给保险公司支付不菲的保费，具体数额一般在该球员年薪的 1.5%～5%。篮球巨星姚明从 2009 年开始便一直伤病不断，而保险公司为此替火箭队累计赔付姚明 1 124 万美元。即便没有"姚之队"为自己带来的商业收益，姚明依然可以凭借美职篮完善的体育保险制度，从容面对自己的伤病。

体育保险让商家望而却步

为什么中国的体育保险发展缓慢？球员杨君分析说："一方面，由于长期受计划体制的影响，运动员的保险观念落后，已经习惯了一切由国家包下来的做法，还没有形成自我投保的意识；另一方面，富有的运动员只是很少一部分人，大多数运动员和相关的体育产业工作人员的收入水平都较低，无力购买保险。"

2011 年，某球队为保护队内的大牌球员，避免因球场暴力给俱乐部造成损失，与英国一家保险巨头合作，为全体球员购买了足球伤残险，开创了中国体育界海外购买体育保险的先河，此举也反映出中国体育保险领域的一大空白。保险专家吴先生告诉记者，由于体育运动是对人类生理极限的不断挑战。在训练和比赛中的高难度、高强度、高对抗和高标准决定了体育运动的高危险性，伤害事故难以避免，死亡率、伤残率都较高，大多数保险公司不敢贸然涉足该领域，加之体育保险专业人才缺乏，而体育保险又是一类技术性很强的业务，因此很多保险公司并不具备这种能力，只能望而却步。

未来巨大市场等待挖掘

据不完全统计，中国拥有 70 多万个运动场馆，国内大型体育场馆超过 6 000 个，每年在各地举行近 600 场纳入国家体育总局计划的大型体育赛事，而且有 4 亿多人经常参与体育活动，各层次的专业运动员已达 10 万多人。同时，除了体育赛事之外，全民健身和学校体育也蓬勃发展，随着人们生活水平的提高和保险需求的增加，体育保险蕴藏着巨大商机。

采访中，许多家长对学生体育运动安全保险的推出非常关注。小球童家长代表孙先生表示："孩子进行体育运动，不可避免地存在运动伤害，如果有了体育运动安全保险，这对学校和家长来说都多了一重保障，也让我们不再怕孩子受伤了怎么办，学校也规避了一些风险。"

如今，全民健身已上升为国家战略，体育保险市场也亟待完善。据记者了解，德国、法国、日本、澳大利亚等国家都制定了相应的体育保险法规，将体育保险纳入国家体育制度，不仅为运动员、体育工作者、体育健身者、体育团体等进行体育活动提供有力保障，也加快了体育产业快速发展。

——资料来源于 http://sports.qq.com/a/20150227/035832.htm

课后思考题

1. 什么是体育保险和体育保险经纪人？
2. 体育保险可以分为哪些？我国体育保险险种包括哪几类？
3. 国内外体育保险业发展现状如何？
4. 体育保险经纪人的业务范围有哪些？
5. 目前我国体育保险业存在哪些问题？如何解决？

第七章
体育旅游经纪

DIQIZHANG

第一节　体育旅游概述

一、体育旅游的概念

体育旅游是指以观看、欣赏和参与各种体育活动为目的的旅行游览活动。体育旅游产业是指体育与旅游交叉融合而产生的新型服务产业。它以体育资源和一定的体育设施为条件，以体育旅游商品的形式，为体育旅游消费者在旅行游览过程中提供各种服务。

我国旅游业和体育产业的发展带动了体育旅游这一交叉产业的发展，最早的体育旅游项目是登山，随后逐步扩展到钓鱼、江河漂流、汽车拉力赛、热气球以及观看国内外大型体育赛事等。2001年，国家旅游局与国家体育总局合作，曾将当年的旅游主题定为"中国体育健身游"，并着手开展了一系列体育旅游活动，包括内蒙古那达慕大会、"环青海湖"自行车挑战赛、长城—珠峰驾车远征、吉林长白山大峡谷漂流探险等多种项目；同时，推出了11个体育旅游专项产品，即攀岩、漂流、滑雪、沙漠探险、登山、徒步、自行车旅游、驾车自助游、滨海健身游、武术健身游、高尔夫旅游，这些产品为推动我国体育旅游业的发展奠定了良好的基础。近年来，休闲体育、极限体育、自然体育的兴起，也为体育旅游市场创造了更多的发展机遇。

2019年，我国旅游业实现总收入6.6万亿元，呈现出稳步上升趋势，创2016年以来的历史新高。同年，体育行业的总产值达2.9万亿元，总产出比2018年增长10.9%，增加值比2018年增长11.6%。然而，2019年的体育旅游市场只有2 605亿元的规模，占旅游市场的比重仅约5%，对标世界平均水平（15%）以及发达国家水平（25%），我国体育旅游尚处于发展的初级阶段。但是，目前全球体育旅游年增速为14%~15%，中国体育旅游年增速为30%~40%。我国的体育旅游行业不但外延价值极高，而且具有较高的行业壁垒。我国各种体育旅游资源丰富，拥有巨大的发展潜力和市场空间。

二、体育旅游的发展历史

（一）早期体育旅游的发展

关于体育旅游的最早文献记录可以追溯到公元前 776 年的奥林匹克运动会。事实上，当时在近 100 年的时间里，希腊人的体育运动在奥林匹克享有盛名。体育比赛是希腊人一生中必不可少的组成部分，而且每一个追求自我尊重的城市都会有属于自己的体育场。在当时，旅游是体育发展的一个重要组成部分，运动会中的旅游行为，也被作为一种政治工具加以强调和利用。体育旅游被认为有助于加强不同种族、不同文化间的紧密联系。因此，古代运动会的主要目的就是强化人们的文化融合观念。

（二）工业时期体育旅游的发展

19 世纪是竞技体育发展的一个重要阶段，原来不正规的、无组织的体育活动通过设立比赛规则和管理组织而被固定。在此之前，制约体育旅游发展的关键因素就是落后的交通运输工具。在 19 世纪，随着铁路以及城市工业化的发展，体育旅游逐渐出现两大趋势：一种趋势是体育的发展要求参与者自己前往目的地，另一种趋势是体育活动的发展带来了旅游观光者。

（三）20 世纪体育旅游的发展

19 世纪的工业化进程为体育旅游的发展提供了必要的条件。尽管这些活动局限于少数的上层阶级和中产阶级，但却为 20 世纪体育旅游在社会各阶层的发展和增长奠定了坚实的基础。特别是在 20 世纪 80 年代和 90 年代，体育旅游取得了突破性的增长。大型体育赛事的涌现是 20 世纪体育旅游发展的重要因素，也是商业化和全球化刺激的产物。

三、体育旅游的内容和分类

体育旅游所包含的内容非常丰富，不同的国家和地区由于经济、文化传统和自然条件的差异，能提供的体育旅游项目都各具特色、丰富多彩。目前，国际体育旅游界一般将体育旅游分成以下五类：

（一）体育旅行

体育旅行主要有在特定的时间内对一个或多个体育景点进行游览（如体育博物馆、名人馆、主题公园等），将参观体育景点和观看大型比赛结合起来，观看比赛体育（如观看职业联赛和世界杯等），到具有自然特色的地区参加户外休闲体育活动，如近年来比较时兴的登山、户外探险、江河探险、艰苦旅行、草原骑骆驼、自行车旅行、徒步旅行、滑雪旅行等。

（二）体育文化旅游

这类体育旅游活动主要是参观有特色的体育文化景点或参加有特色的体育活动。这些景点包括博物馆、体育遗产展览馆、体育名人馆、巨大又独特的体育设施、体育主题公园（如迪士尼体育世界）、体育表演、体育艺术展等。

（三）体育胜地旅游

体育胜地旅游包括游览以体育活动作为主要经营项目，经过精心策划和设计的综合性旅游地或别墅区。这类体育旅游活动一般可以向体育教师、教练员提供大量的专业知识，为训练和比赛提供高技术水平的指导和器械，也可以向普通旅游者提供进行比赛和练习基本动作的机会，还可以向运动员提供状态调整的机会。此类活动营地一般包括齐全的体育活动条件，并以此为主要经营方式。

例如，美国佛罗里达州的一个体育旅游胜地包括两个 18 洞的高尔夫球场、37个网球场、1 个健身中心、1 个游泳池、1 个钓鱼湖。加拿大渥太华附近的一个体育旅游胜地则充分利用山地资源开展高尔夫球、骑马、潜水以及登山等活动。此外，体育旅游胜地还包括各种季节性、休闲性的体育野营，不同项目的体育学校、保健疗养院等。我国上海的"东方绿洲"训练基地也逐渐成为闻名全国的体育旅游胜地。2022 年，延庆奥林匹克园区入选北京市"2022 年体育旅游十佳精品项目"，到延庆避暑、参观国家高山滑雪中心"雪飞燕"和国家雪橇中心"雪游龙"、俯瞰奥林匹克公园全貌和中轴线景区、俯瞰海陀山、爬长城、在野鸭湖骑行、去玉渡山徒步等，是很多人来北京开展夏季体育旅游休闲活动的主要内容。

（四）乘船旅行

游船是一种新颖的体育旅游模式。目前，在国际体育旅游活动中，游船越来越多地起到类似旅馆和旅游胜地的作用。这类游船往往也将体育活动作为主要的经营项目，一些游船还配备独特的体育设施，有时还邀请体育名人参与。其通常包括以下内容：

（1）用游船将游客从一地运至另一地并给游客提供打高尔夫球、网球以及潜水的机会。

（2）船上的体育名人与游客共同参加活动并给游客签名。

（3）船上配备体育设施向游客提供体育活动。

（4）钓鱼、深海捕鱼、摩托艇比赛、航海等刺激性活动。

（五）体育比赛与大型活动

参加体育活动观看大型比赛是许多地区促进旅游活动的催化剂。有一些体育比赛和活动成为当地的传统活动，如我国香港的龙舟赛已经成为一个世界性的体育旅游活动。此外，还有特殊运动会、极限运动会、风筝节、赛马、体育节等群众喜爱的赛事。国际性、全国性与地区性体育比赛、职业联赛和锦标赛、杯赛等正规体育比赛，也可以成为体育旅游的观赏内容。

四、体育旅游产品的特征与功能

（一）体育旅游产品的特征

旅游业和体育产业在本质上都是属于满足人们文化消费和精神需求而提供服务产品的第三产业，因而两者都突出或强调其服务性，即消费者花钱买的是服务。体育旅游产品具有的特征主要如下：

1. 体育旅游产品具有无形性

体育旅游产品虽然包括了一定的实物，但主要是无形的服务或劳务。这一无形性特征决定了许多体育旅游产品基本上不是用来进行实物交换的，而是提供体育与旅游服务的载体或凭借物。用以交换的是其转换出来的利益，即体育和旅游的参与者得到的经历和感受等身心上的满足，这种满足或由此而形成的印象都是无形的。体育旅游产品的无形性表现在，它的价值和使用价值不是凝结在具体的实物上，而是凝结在无形的服务中。体育旅游产品的这一特点产生的影响主要如下：

（1）它强化了旅游者的购买风险。对于某一物质产品而言，消费者可以先亲眼察看它或亲手触摸它，然后再决定购买与否，这样可以降低购买风险。而对于某一无形的旅游产品来说，旅游者在购买之前无法用自己的感觉器官直接了解它，因此购买风险较大。

（2）使体育旅游产品不能储存、不能转移。

（3）使体育旅游产品的使用价值具有抽象性、无形性。

（4）使体育旅游产品的市场开拓高度依赖于旅游宣传促销，且增大了旅游产品宣传促销的难度，所以体育旅游产品的市场开拓，相对于物质产品的市场开拓而言，对宣传促销的依赖性要强得多，难度要大得多。体育旅游产品的无形性特点，要求旅游经营者具有较强的旅游促销意识，做到旅游宣传促销经常化、多样化，也要求旅游经营者切实保证体育旅游产品的质量，树立良好的形象，借助良好的形象促销体育旅游产品。

2. 体育旅游产品具有不可转移性

体育旅游产品的不可转移性主要是由于旅游资源和旅游设施的空间位置无法移动，而体育和旅游服务又离不开这些凭借物，从而使整个产品无法移动。体育旅游产品的不可移动性还表现在它的消费具有独享性，即体育或旅游产品的消费必须是参与者亲自进行，独自享受所获得的感受。一个人不能代表别人购买此类产品，也不能把其产品转让、转借给别人。体育旅游产品的所有权无法转移到体育旅游消费者手中，消费者得到的是短暂的使用权，即当一位消费者付费之后，他仍无权拥有体育旅游的资源和设备。体育旅游产品的不可转移性，一方面要求旅游经营者加大旅游宣传促销力度，把旅游产品信息及时、准确地传递给旅游者，通过强大的信息流刺激旅游者流动；另一方面要求旅游企业时时刻刻讲究诚信，树立良好的形象，并把这种形象传播到旅游者当中。

3. 体育旅游产品具有不可储存性

体育旅游产品的不可储存性由两个方面的原因造成：一方面是体育旅游产品是无形产品；另一方面是体育旅游产品的生产过程与消费过程不可分离。体育旅游产品的不可储存性对旅游经济活动的影响如下：第一，体育旅游产品的不可储存性使旅游产品的销售具有很强的时间性，即体育旅游产品必须及时销售，否则其价值就会白白丧失，并无法补偿。第二，体育旅游产品的使用价值具有很强的时间性。体育旅游产品的不可储存性还使旅游产品生产、经营难以适应旅游活动季节变化的需要。因为物质产品可以在淡季先生产并储存起来，待旺季再销售，这样就可以在一定程度上平衡产品供求的季节矛盾，而体育旅游产品则不然。鉴于体育旅游产品的不可储存性特点，体育旅游企业在实际的经营过程中，应该加强产品组合、宣传和销售环节的整合，以市场为导向，以满足体育旅游者的消费需求为宗旨，千方百计提高体育旅游产品的市场使用率，从而最大限度地减少因产品的不可储存性而带来的经济损失。

4. 体育旅游产品具有生产与消费的同时性

无论是体育服务还是旅游服务，所提供的劳务产品的生产与消费是在同一时间和同一地点完成的，具有不可反复性。即使重复，消费者也不可能再产生完全相同的感受。体育旅游产品的无形性和不可储存性决定了它的生产与消费是同时进行的。当消费者到来并对某产品有消费需求时，生产才能进行，生产者才能正式提供服务以供消费，体育旅游产品的价值才能完全实现。参与体育消费和旅游服务的整个过程，既是其产品的生产过程，又是其产品的消费过程。

(二) 体育旅游产品的功能

1. 健身性

体育旅游的本质特征，是通过身体运动的方式来进行的。体育旅游以身体运动方式进行的特征，决定了体育旅游具有健身性。特别是长期居住和工作在城市里的人们，参加体育旅游活动，对于调节较快节奏的工作，摆脱现代化的都市生活环境，具有既强身健体又愉悦心情的双重功效。

2. 休闲性

参加体育旅游没有体育纯粹的激烈对抗性、严格规则限制和承受比赛胜负的压力，而是以愉悦、休息、放松等为主要目的。人们在体育旅游中可以自我支配，根据自己的兴趣爱好，自由选择活动内容与方式，使心情完全处于愉快的状态，从而达到放松心情、调节生理和休闲的目的。

3. 大众性

参加体育旅游不受年龄、性别的限制，许多旅游项目不仅受到青少年的喜爱，而且中老年人、女性也十分乐意参加。大多数体育旅游项目都不讲究专门技术，并通过简化规则和特殊装置使活动变得简单有趣，从而使运动能力、身体条件较差的人也能愉快地参加活动。

4. 交际性

现代社会高度的劳动分工和高速的城市化进程，使人们之间的交往大大减缩，人际交往的形式也越来越简洁化、浓缩化。因此，人们迫切地需要利用休闲时间进行沟通和交往，体育旅游就成为人们实现这一目标的载体和手段。例如，在节假日，一家人、亲朋好友和初次认识的人一起爬山，大家边玩边聊、交流思想和运动感受，增进相互间的了解和友情，从而达到在满足自我交往需要的过程中同时也满足了他人交往需要的一种互惠交往的目的。

五、体育旅游市场的构成

（一）体育旅游产品

体育旅游产品是指体育旅游生产者为了满足旅游者的体育需求，向他们提供的实物性体育旅游产品和非实物性体育旅游产品的总称。体育旅游活动的特殊性决定体育旅游产品以非实物性产品为主，包括体育表演、体育竞赛、体育节、野营活动、休闲体育活动等。实物性体育旅游产品包括吉祥物、纪念品、运动用品、休闲体育用品、体育博物馆、运动设施、体育主题公园等。另外，实物性体育旅游产品还包括交通工具、旅店、饭店等提供的服务。

（二）体育旅游产品供给者

体育旅游产品供给者主要是指为实际旅游者和潜在旅游者提供体育旅游产品的机构，包括提供体育服务的机构，如体育设施经营机构、以体育活动为主要经营项目的机构等；为旅游者提供自然或人造体育景点的机构，如体育博物馆、体育名人馆、体育主题公园、体育活动中心等；为体育旅游者提供衣、食、住、行等服务商品、交通运输以及食宿的机构，如航空公司、轮船公司、铁路运输机构、公路运输机构、旅馆、餐厅等。

（三）体育旅游需求者

体育旅游需求者是指实际和潜在的体育旅游者，是以一定的价格购买体育旅游产品的旅游消费者。

（四）体育旅游经纪人

体育旅游经纪人作为体育旅游交易的中间人，是伴随着现代旅游业的发展而产生的。随着体育旅游市场的规模日益增大，服务内容日趋丰富和复杂，对体育旅游产品供给者和消费者而言，市场操作和消费行为需要在具备专业知识和丰富经验的经纪人的帮助下进行，体育旅游经纪人这个特定的职业群体也就应运而生。体育旅游经纪人主要包括体育活动策划经纪人、体育旅游代理人、旅游产品贸易中介等。

第二节　国内外体育旅游发展状况

一、国外体育旅游的发展状况

发达国家非常重视体育旅游领域的发展，并且也形成了一定的理论研究体系，对体育旅游的研究已经进入了规范化阶段。体育旅游领域涉及面广，涉及社会学、地理学、休闲旅游、城市规划、体育学等多个社会科学领域。体育旅游已经形成了巨大的、成熟且较完善的市场。其中，人们最熟悉的有美国职业篮球联赛（NBA），它成功的商业化操作所形成的效应，使得每个赛季、每个主客场都吸引了大量的国际、国内狂热的球迷蜂拥而至；瑞士仅滑雪旅游一项，每年接待外国游客就达 1 500万人次，创汇 70 亿美元左右；以"足球工业"为主体的意大利，体育旅游的年产值从 20 世纪 80 年代的 180 亿美元已达到 21 世纪初的 500 亿美元左右，超过了汽车制造业和烟草业产值。韩国和日本仅通过联合举办 2002 年世界杯，就分别创造出88 亿美元和 245 亿美元的产值。新西兰的旅游业创汇已经超过了它的传统农业产品出口的总收入（达到 100 多亿美元），其主要得益于它具有优美良好的自然环境和体育基础，50% 以上的新西兰人在业余时间经常参加体育活动，有着大量质优价廉的体育运动休闲设施和配套服务，体育旅游中的赛事、训练、休闲和体验带动了其他观光、休闲游。西班牙旅游部门对本国 315 家宾馆提供的服务项目进行调查统计发现，体育运动占 56.42%、基础设施占 31.12%、健康服务占 6.46%、休闲活动占5.49%。这些数字足以说明体育在西班牙旅游业中的重要地位。仅此就足以证明体育旅游业的蓬勃生机和巨大市场潜力。可以肯定，体育是旅游业不可缺少的一部分。

二、我国体育旅游发展的基础与重要意义

（一）我国体育旅游发展的基础

1. 经济增长方式的转变

2015 年，我国国内生产总值增长率为 6.9%，低于 7%，这个数字充分表明，我国的经济发展已经从两位数的高速发展时代到了中高速发展的经济社会发展新常态。面对经济社会发展新常态的机遇和挑战，2015 年年末，中央经济工作会议强调要着

力推进供给侧结构性改革，推动经济持续健康发展。体育旅游业作为旅游产业和体育产业深度融合的新兴产业形态，具有无污染、健康等特点，既有强劲的市场需求，又能增强国民体质和身体健康，有利于推动调结构、去库存的供给侧结构性改革，符合产业经济结构从之前粗放式的快速增长阶段向追求质量和健康的方向发展。

2. 市场需求旺盛

收入增长为旅游度假方式向体育旅游这一中高端休闲游领域拓展奠定了坚实的经济基础。目前，我国人均国内生产总值已经达到 10 000 美元，居民收入水平已具备覆盖中高端休闲度假游需求的物质基础，预期收入增长将释放体育旅游市场海量的需求空间。

中产阶层崛起带来旅游消费模式升级，激活了体育旅游市场旺盛的需求。伴随着我国经济社会稳步发展，中产阶层的规模不断扩大。中产阶层一般受限于较大强度的脑力工作，加之经常面对激烈竞争与较高的精神压力，传统观光游已很难满足其旅游休闲需求，这一群体迫切需要具有调节压力、慰抚心理作用同时又能达到健身康体效果的旅游活动。集观赏性和体验性于一体的体育旅游完全契合中产阶层心理与生理需求，中产阶层的崛起必然带动我国旅游消费模式由传统观光游向兼顾休闲与健身的体育旅游消费模式转变。

3. 带薪休假积极推动落实，进一步释放体育旅游市场消费需求

近年来，中央和地方政府纷纷出台政策法规，积极推动落实带薪休假制度。随着居民可支配闲暇时间增加，体育旅游市场消费需求有望进一步得到释放。人力资源服务商智联招聘联合北京大学社会调查研究中心发布的《中国职场人平衡指数调研报告》显示，2015 年，中国职场人平均每天休闲时间为 2.55 小时，较 2012 年的 2.16 小时增长了 20%。2015 年以来，中央多次提及落实带薪休假制度，并要求地方政府出台相关实施细则。据此，北京、湖南等地相继出台了相关文件。此外，2015 年 8 月，国务院发文鼓励有条件的单位试行"周末+周五下午"的 2.5 天短假。随着我国带薪休假等制度的落实，居民闲暇与休闲时间有较大提升空间。

4. 具有丰富的体育旅游资源

我国是一个国土广阔、历史悠久、民族众多的国家，这些特点使我国拥有宝贵的体育旅游资源。由于纬度广，各地在地貌、气候等方面都存在着很大的差异，因此我国几乎适合开展所有类型的体育健身活动，东北地区可以开展雪上运动，东部、南部滨海地区可以开展水上运动，新疆等地可以开展沙漠探险运动，而为数众多的

名山大川可以开展攀岩运动。同时，几乎每个地区都有独特的体育民俗活动，如内蒙古的那达慕大会等，这些民间体育活动蕴涵着浓厚的民俗文化，具有独特的魅力。

（二）发展体育旅游的重要意义

1. 体育旅游具有健身功能

体育旅游相对传统观光旅游来讲是一种更高层次的旅游，通过亲自参与某项健身、冒险或观战的体育活动，不仅能增强体质、健美强身，还能陶冶情操。因此，大力发展体育旅游，可以起到提高全民素质、振奋民族精神的作用。

2. 体育旅游具有经济功能

体育旅游能增加国家创汇、改善投资环境、提供就业机会、促进对外合作与交流。以"足球工业"闻名的意大利，发展体育旅游的年产值在 20 世纪 80 年代末已达 80 亿美元，跻身意大利国民经济十大部门的行列，目前已达 500 亿美元。英国通过发展体育旅游业所得到的年产值近 90 亿英镑，超过汽车制造业和烟草工业的产值。在美国洛杉矶举办的第 23 届奥运会吸引了几十万旅游者，直接带来旅游收入约 32 亿美元。欧洲发达国家调查发现，体育带来的经济效益约占一个国家国内生产总值的 1%~2%。一次大型体育盛会能给主办地带来大规模的旅游者群体，涉及运动员、教练、官员、记者人数近万人，同时还会有大批的观众。成功地举办一次大型体育盛会能够带动一条集交通、住宿、餐饮、购物为一体的旅游消费链，给举办地带来巨大的经济效益。

三、我国体育旅游的发展现状

我国最初的体育旅游一般是在旅游热点地区或景点设置一些体育和休闲设施（如蹦极、降落伞、射箭、骑马等），只是简单地依附观光、文化游作为休闲的补充，内容大多雷同，形式单一，规模极小。目前，我国体育旅游的开发仍显得较为零散，尚未形成气候，高质量的体育旅游产品不多。近几年随着旅游业和体育业的快速发展以及与国际的接轨，特别是 2001 年为了配合世界大学生运动会的举行和 2008 年奥运会的申办，国家旅游局专门策划组织了"2001 中国体育健身游"主题年活动，向海内外旅游者推出了 60 项各地具有代表性的大型体育健身游活动，12 大类、80 个专项体育旅游产品和线路，并以此为契机，极大地推动了我国体育旅游的发展。虽然许多项目和产品在当时具有计划性质和生命周期短的特点，但也都取得了良好的效果和经济效益，使对我们进一步搞好体育与旅游的结合，大力发展体育旅游更加充满信心。目前，在我国涌现了许多成功的体育旅游产品，如东北的冰雪旅游、山东的风筝节、青海的"环青海湖"自行车挑战赛、西藏的登山旅游、新疆的沙漠探险等，体育旅游市场具有巨大的开发潜力。

北京 2008 年奥运会申办成功，为发展我国体育旅游产业提供了一个极佳的契机，保守估测，在筹备奥运会的 7 年中，仅前往北京的游客每年就增加了 20%。2008 年奥运会期间，增加了至少 40 余万名外国游客，加上我国港、澳、台游客，估计已突破 60 万人次，每人最低消费 5 000 元，就可以直接创收 30 亿元，这还不包括因"奥运卖点"而到我国其他省（市、区）深入游览的游客所创造的消费。

近年来，《国务院办公厅关于促进全民健身和体育消费推动体育产业高质量发展的意见》《全民健身计划（2021—2025 年）》《体育总局办公厅 文化和旅游部办公厅关于开展 2022 年国家体育旅游示范基地申报工作的通知》《户外运动产业发展规划（2022—2025 年）》等一系列文件，可以看出，"体育+旅游"进一步受到国家和社会的高度关注。

2020 年，国内参与体育旅游的人数突破 10 亿人次，达到我国旅游总量的 15%，体育旅游总体消费已超过 1 万亿元。但是，我国体育旅游市场份额占比不高，与发达国家相比仍有很大差距。我国体育旅游政策供给不完善、供需两侧结构性失衡、产业转型升级动能不足、市场经济衔接不畅，加之 2020 年新冠病毒感染疫情的暴发使体育旅游产业遭受重创。但是，随着我国经济的逐步企稳向好，体育旅游产业迎来了新的发展前景。《2021 年体育旅游发展报告》显示，2021 年，国内体育旅游产业规模达 2.92 万亿元，比 2020 年同期增长 0.69 万亿元，增长率为 31.0%。由此可见，我国体育旅游产业的发展规模不断扩大，产业经济逐步增长。作为幸福产业与绿色健康产业的重要支柱，体育旅游产业高质量发展既成为相关产业发展的必然趋势，也符合我国经济发展新常态的现实需求。新时代，我国的体育旅游示范区、体育主题公园、体育民俗旅游、体育休闲度假旅游等多种体育产业新业态均呈现出良好的发展态势。

四、我国体育旅游存在的不足及对策

由于发展起步晚，我国的体育旅游发展还不成熟，主要表现以及对策如下：

第一，体育产业化的发展落后于旅游业。我国体育正在从只重视竞技体育的"金牌战略"转变到体育的大众化、产业化上来，工作的重点和观念的转变有个过

程，体育产业的发展和成熟也需要一个过程。体育产业与旅游产业之间的关联性越高，产业间的资源互动、利用也就越充分。体育产业与旅游产业这两大产业的相互配合和融合不够，基本是各自为政，没有真正意义上的合作。现阶段，我国体育旅游由体育部门和旅游部门共同管理，体育旅游以科层式的管理模式为主，主要以单向沟通和垂直化领导为主，各部门之间数据尚未开放互通，存在明显的数据孤岛现象。相关部门与体育旅游企业、体育社会组织等主体共治能力不足，社会组织、公众参与体育旅游治理的积极性不高，渠道不畅，导致体育旅游治理效率不高。但是，体育和旅游具有很强的兼容性和相互促进作用，这就需要两大产业间的合作协调或成立专门的体育旅行社、体育旅游集团。

第二，体育旅游尚未进行统一的规划和管理。由于体育旅游是两大产业交融和渗透的结果，体育旅游究竟隶属于哪个部门主管，还无定论。而且体育旅游本身就涉及许多的部门、行业，它的发展需要一个大的综合部门来协调和沟通。有的国家设置有体育旅游部，专门主管体育行业和旅游行业，并且进行两大行业的协调和配合。例如，韩国设置了文化体育旅游部，专门主管这几大行业，并进行协调、统筹、规划。

第三，体育旅游产品开发和营销能力不够。体育旅游兼具高水平赛事观赏、社群活动交流、明星粉丝效应、休闲娱乐体验等多种用户黏性强的特性。体育旅游还未得到相关部门的足够重视。根据麦卡锡的营销理论，体育旅游远没有在产品、定价、渠道和促销方面形成配套措施。因此，我国在开发体育旅游产品时，必须要搜索市场需求信息，考察旅游资源分布的情况，与体育部门或赛事的组织者、景区、景点相互合作配合，结合需求市场和资源，开发出适销的体育旅游产品。随着人们健康意识的提高、旅游层次的提升，越来越多的人从静态的观赏者转变为动态的参与者，不再满足于走马观花式的观光、购物。因此，体育旅游需要既能满足旅游爱好者的需求，也能满足体育爱好者的需求。我国在产品开发和营销时要把握住这一点，要开发吸引两者的产品和根据形象设计来营销，吸引客源和开拓市场。

第四，体育旅游缺乏专业的人才和从业人员，还没有形成科学规范的培训和上岗从业标准。体育旅游的发展核心是专业人才的培养，由于我国体育旅游处于起步阶段，理论研究尚不成熟，高级管理人才、设计开发人才和从业人员稀缺，而体育产业和旅游产业两大产业也刚处在高速增长期，本身对人才的需求也很大。我国可以通过在体育专业中开设旅游休闲专业，在旅游专业中加强体育专项知识、技能的培养和训练，并在两大产业内加强从业人员的培训，培养具有创编、策划和开发体育旅游产品技能的专业人才；培养具有体育旅游市场经营与管理技能的管理人才；培养能在体育旅游领域进行运动咨询与指导以及健身游、观看赛事、户外运动旅游的导游。专项技术要求特别高或危险性高的特殊岗位要通过专门的职业鉴定持证上岗。

第五，对体育旅游的理论研究较少，还很不成熟，因此制约了体育旅游人才的培养和产品的开发、营销，也制约了体育旅游行业向更深层次的规模化和标准化的发展。我国可以采取走出去，引进来的方法，翻译国外研究体育旅游成熟的理论著作，考察学习国外成功市场的模式和经验，总结和探索适合我国国情的体育旅游的方法。

第六，对体育旅游的资源了解、掌握和开发不够。我国国土辽阔，有丰富而复杂的地形地貌，有沙漠、草原、戈壁、雪山、海洋、山川、湖泊等丰富的体育旅游自然资源，适合开发各种体育旅游项目，但开发并推向世界的还不多。我国是个多民族国家，少数民族主要分布在偏远地区，自然景观奇特、民族风情浓郁，在长期的生活实践中形成了独特的传统体育项目和民俗文化。我国应该对其及时发掘、整理，这样既可以避免传统体育文化的流失，还可以丰富体育旅游的产品。

第七，体育旅游的配套政策和行业发展指导不够。由于体育旅游是两大产业的交叉融合体，既不完全隶属体育，也不完全隶属旅游，再加上正处在起步阶段，因此没有成熟、系统的理论研究来指导、支持和制定体育旅游的发展纲领、政策和法规等。

第八，关联产业融合不足。体育旅游涉及食宿、交通、娱乐、购物、健康、教育培训等多个相关业态，相关产业之间信息互通不足，制约了体育旅游完整产业链的形成。一是体育旅游赛事开发不足，影响力有限，难以带动地区优势产业的发展。二是体育旅游相关产业之间要素流动较少，与健康、教育培训、娱乐、购物等产业融合不足，难以满足游客多元化的运动休闲需求。

第三节 体育旅游经纪人业务

一、体育旅游经纪人的业务范围

（一）体育旅游策划服务

体育旅游活动是层次较高的专业化的旅游活动，必须不断推出新的内容才能吸引游客，因此在现代体育旅游经纪活动中，策划服务就显得尤为重要。体育策划服务的内容主要如下：

（1）为体育旅游企业策划大型体育活动、体育赛事和体育节，如龙舟赛、滑翔赛等，同时也包括这些活动的组织、赞助、广告、宣传、包装等内容。

（2）为体育旅游企业策划体育活动的经营项目，力求不断推出新的经营项目。

（3）为体育旅游企业进行主题公园、冲浪池、体育博物馆等体育旅游景点的设计。

（4）为体育旅游企业进行体育旅游实物性产品的设计策划，如吉祥物、纪念品等。

（5）为体育旅游企业提供投资咨询服务。

（6）为体育旅游者制定多种多样、丰富多彩的体育旅游活动，如登山滑雪旅行、狩猎探险旅行、漂流以及各种体育野营活动等。

（7）为体育旅游者设计、选择体育旅游路线，拟订体育旅游计划。

（8）为体育旅游者提供各种咨询服务。

（二）体育旅游代理

体育旅游代理人一般不拥有体育旅游产品的所有权，无经营风险，其代理的对象既可以是体育旅游者，也可以是体育旅游企业。体育旅游者代理人主要为体育旅游者购买体育旅游产品提供服务，同时负责安排体育旅游者参加体育旅游活动，体育旅游者代理人与体育旅游企业之间没有固定的和较连续的业务关系，只是松散地为体育旅游企业推销产品，招揽介绍旅游者。代理企业的代理人则相反，其一般要与体育旅游企业订立正式的委托合同，为体育旅游企业代理体育旅游产品的销售业务，代理企业向旅游者提供体育旅游活动的服务。有的体育旅游代理人具有体育旅游者代理人和体育旅游企业代理人的双重身份。其提供的服务主要如下：

（1）代理体育旅游者的旅游活动、安排体育旅游者参加体育旅游活动。

（2）提供体育旅游者需要的导游、陪同和翻译人员。

（3）受外国体育经纪人的委托，负责接待其组织的旅游团在本国进行体育旅游。

（4）代理体育旅游者租赁体育用品，如帆船、热气球、游艇、木筏、帐篷等。

（5）代理体育旅游公司推销旅游项目、招揽游客。

（6）代理体育旅游企业编辑、发行供旅游者了解有关地区体育旅游情况和增加体育旅游知识的书刊、地图、影像资料、明信片等产品。

（三）体育旅游产品贸易中介

体育旅游产品贸易中介提供的服务主要如下：

（1）代理厂商进行体育旅游产品的批发和零售服务。

（2）接受游客委托为其购买体育旅游产品。

此外，体育旅游产品中介提供的服务还有安排食宿及其他体育旅游方面的服务。

二、体育旅游产品开发的原则

（一）体育旅游市场需求原则

体育旅游市场需求原则是指以旅游市场需求特征为依据，开发出适销对路的旅游产品。在开发旅游产品过程中，坚持这一原则是非常必要的。体育旅游市场需求具有明显的地域性，即在不同的地域，由于自然条件、人文条件不同，人们的旅游需求有所不同。从了解主要体育旅游目标市场的自然条件、经济水平、历史背景、宗教信仰和风俗习惯等入手，分析各地特别是主要体育旅游目标市场所在地的旅游需求特征，可以使体育旅游产品开发具有较强的针对性，避免盲目性。

（二）体育旅游资源特征原则

体育旅游资源是体育旅游产品开发的依托。体育旅游产品开发成功与否，在较大的程度上取决于旅游资源利用得当与否。因此，开发某种或某类体育旅游产品必须充分考虑该体育旅游产品开发所依托的旅游资源的性质、特征。体育旅游资源有自然资源和人文资源之分，西北地区拥有良好的自然资源，可以利用这个资源开发攀岩、漂流、滑雪等体育旅游产品；北京、上海、广州等大城市可以利用举办大型赛事的资源来开发观赏型体育旅游产品。

（三）体育旅游产品特色原则

有特色才有吸引力、竞争力和生命力，因此体育旅游产品开发必须坚持突出特色的原则。突出特色的原则有三个方面的含义：一是要以富有特色的体育旅游资源为依托来开发旅游产品。这样对旅游者具有强大的吸引力，因而其市场进入能力和市场占有能力更强。二是在体育旅游产品开发过程中要注意保持旅游资源、环境原有特色面目。三是在体育旅游产品开发过程中要力戒重模仿、轻创新的做法，必须因地制宜，注重旅游环境，突出地方特色、突出民族特色。

（四）体育旅游产品质量原则

体育旅游产品的质量是增强体育旅游产品走向市场化的力度和加快体育旅游产品走向市场化的速度的根本保证。其原因是体育旅游产品生产、消费的同时性使体育旅游产品的质量成为影响体育旅游产品走向市场化的核心因素。体育旅游产品生产与消费的同时性导致旅游者无法在决定购买和消费体育旅游产品之前检验和验证体育旅游产品的质量。因此，尽管说体育旅游产品的宣传和促销是体育旅游产品走向市场化的一个重要因素，但其核心却是体育旅游产品的质量，体育旅游产品生产与消费的同时性也向体育旅游产品的生产者或提供者提出了更高的要求。在大力丰富体育旅游产品品种的同时，我国应努力提高体育旅游产品的质量，始终坚持体育旅游产品质量第一的原则。

（五）体育旅游产品结构优化原则

体育旅游产品结构优化原则是指以本地体育旅游资源为依托，以国际、国内体育旅游市场需求为导向，实现体育旅游产品多样化、系列化、配套化。体育旅游产品结构优化主要依赖于以下两个方面的旅游努力：一是兼顾行、住、食、游、购、娱等各类体育旅游产品的开发。旅游需求是一种包括以上各方面需求在内的综合性需求。因此，体育旅游经营部门绝不可能仅凭某一类或某几类体育旅游产品就能有效地拓展体育旅游市场，只有对行、住、食、游、购、娱等各类体育旅游产品进行综合开发，使其协调发展，才有希望有效地拓展体育旅游市场。二是兼顾豪华、标准、经济等各档次体育旅游产品的开发，这样才能满足各个阶层的要求，提高市场占有率。

三、体育旅游经纪活动中的赛事旅游开发

（一）体育赛事 IP

IP（Intellectual Property，即知识产权，下同）是指权利人对其创作的智力劳动成果享有的财产权利。体育赛事 IP 是指赛事版权，主要包括赛事运营权、转播权、

门票销售权、商业开发权四个方面的内容。

　　赛事旅游是体育旅游业务的核心，原因在于赛事旅游属于资源型产品，每一场体育赛事都具有严格的知识产权保护，只有拿到相关机构的官方授权，所有围绕这一赛事的产品开发才是合法合规的，否则对于消费者和企业来说存在很大风险。大型赛事 IP 引发的旅游活动以国际赛事类旅游活动最具代表性，其影响力大且效应持久，对群体的覆盖性最强。以里约热内卢奥运会为例，根据里约热内卢政府旅游业研究中心的数据，里约热内卢两大标志性景点——面包山和基督山，其游客接待量分别从 2009 年（成功申奥）的 102.9 万人、147.8 万人上升至 2016 年的 154.4 万人、224.1 万人；里约热内卢国际旅游收入也从 2008 年的 12.64 亿美元增长至 2016年的 21.04 亿美元，赛事品牌带动旅游业发展明显。以 2022 年北京冬奥会为例，《2022 中国冰雪产业发展研究报告》显示，自 2015 年北京获得 2022 年冬奥会和冬残奥会举办权，至 2021 年 10 月底，中国参与过冰雪运动的人数为 3.46 亿人次，冰雪运动参与率达到 24.56%。同时，中国冰雪产业规模在 2021 年逐步走出新冠病毒感染疫情的影响，达到 5 788 亿元，比 2020 年增长 51.88%。按照目前的增长速度，中国冰雪产业规模有望在 2025 年突破 1 万亿元规模。《中国滑雪产业发展报告》的统计数据显示，2020 年，中国滑雪装备市场规模约为 126.9 亿元，同比增长 8%。美团门票数据显示，2022 年元旦期间，冰雪乐园、冰雪嘉年华的访问量，较上一年同期提升 500% 以上。在 2021—2022 年雪季，冰雪旅游人数高达 3.12 亿人次（超过新冠病毒感染疫情前的 2.24 亿人次的高点），为整个旅游行业带来 3 900 亿元的收入。

　　大型体育赛事往往能够吸引来自世界各地的大量体育爱好者涌入主办地，这种大量人群在短时间内定向性的流动，为赛事主办地旅游业带来了滚滚财源，如何围绕这些体育赛事开展相应的旅游活动引起了旅游界的密切关注。与赛事相结合的旅游活动操作空间很大，旅游地点可以在比赛地，也可以在比赛地附近，还可以在客源地到比赛地的途中，而旅游时间则可以贯穿赛事前后比较长的一段时间。

　　众所周知，美国体育赛事丰富多样，已成为由 NBA（美国男子篮球职业联盟）、NHL（美国冰上曲棍球联盟）、MLB（美国职业棒球大联盟）、NFL（美式橄榄球大联盟）四大职业联盟为支柱的体育强国。相关数据显示，2013 年，美国赛事旅游工业产值高达 151 亿美元，直接和间接地提供了 21.2 万个就业岗位。

案例

体育数字 IP 主攻新赛道

体育产业如今正处于风口。2014 年 10 月发布的《国务院关于加快发展体育产业 促进体育消费的若干意见》明确提出，到 2025 年，体育产业总规模将超过 5 万亿元。这给体育产业释放出明确的投资信号。2018 年 12 月发布的《国务院办公厅关于加快发展体育竞赛表演产业的指导意见》明确提出，推动体育竞赛表演产业与资本市场对接。除政策方面的支持外，在市场层面上，消费升级的社会背景使得人们对体育消费需求也越来越高。据不完全统计，30 多家 A 股上市公司和 10 多家新三板上市公司在投资体育产业，其中不乏成立专门体育公司的、大手笔购买超级赛事 IP 的、收购上游体育公司的以及入股职业体育俱乐部的投资举措。这一轮资本浪潮风起云涌、群雄并起，体育产业链正在面临着怎样的变革？

中国体育赛事 IP 价值将迎来大爆发

近年来，体育赛事 IP 成为一个热门概念，腾讯公司以超过 30 亿元的价格签下 NBA 的 5 年网络独家直播权，中超联赛卖出 5 年 80 亿元的天价版权费，一个又一个数字正在颠覆人们对于体育赛事 IP 的传统理解。

体育赛事 IP 为什么如此值钱？因为体育赛事 IP 是整个体育产业链的基础。如果不能形成一个品牌化的平台，体育运动仅仅是一种健身方式，如举重或竞走，只是竞赛而称不上产业。体育赛事 IP 的特点是稀缺性极强、爆发力强、培育周期长、生命周期长、收入稳定性强。第一，正是由于体育赛事 IP 的稀缺性，一年转播收入仅 8 000 万元左右的中超联赛才能卖出 5 年 80 亿元的价码，体育赛事 IP 的商业价值先于观赏价值获得认同。据圈内人士称，目前除了中超之外很多赛事版权的价格都往上抬了 10~20 倍。第二，辨识度极高。因为拥有着其他模仿者无法比拟的篮球技术，科比和姚明这类体育 IP，能有效地长时间维持着其超高价值属性。第三，网聚效应高。IP 的实质是粉丝效应。粉丝因为热爱所以聚齐并形成口碑效应，而口碑辐射则是网聚效应的直接体现并可以转化为商业价值。

2014 年，美国体育产业年产值为 4 410 亿美元，约占美国国内生产总值的 3%，其中大众体育健身服务业占整个体育产业的 32%，体育用品生产业占整个体育产业的 30%，体育赛事产业（包括门票收入、体育比赛标志权和纪念品的销售，电视转播费、广告和公司赞助）占整个体育产业的25%。中国2014年体育产业的产值为3 136亿元，所占国内生产总值的比重为0.6%，其中近80%的产值由体育用品贡献，体育赛事产值不到10%。由此可见，中国体育赛事IP未来将有巨大的发展空间。虽然目前国外优质赛事IP还占据着主导地位，但因为体育播出媒体的丰富性，特别是互联网新媒体的不断涌现，国内体育赛事IP成长空间依旧巨大。阿里体育首席执行官张大钟甚至呼吁要创造中国式IP："我认为IP不是靠买的，'买买买'是我之前20年一直在做的事情，如果大家现在还把思路集中在买IP上，只是把传统的体育模式互联网化而已。真正的IP应该是自己创造的。"

阿里体育开通数字化渠道 打造全国最大的体育赛事营销阵地

纵观体育产业链，体育赛事IP处于上游，中游是媒体和社区，下游属于消费品和健身场所，整个产业包含实物性、观赏性、参与性消费，横跨传媒、服务、用品等行业，产业链长、环节多，创造价值的空间更大。BAT互联网巨头、万达集团等企业重视体育产业的一个重要原因是体育迷具有极高的黏性，独家版权将让用户与平台紧密联系在一起，通过互联网思维，以体育赛事IP为核心，打造全产业链市场，挖掘出体育赛事IP的深度商业价值，成为互联网时代的新玩法。在这个过程中，在体育产业的各个环节都有机会诞生市值超过百亿元，甚至超过千亿元级别的上市公司。其中包括体育媒体平台（如全球体育媒体巨头ESPN拥有1亿订阅户，付费收视收入占比达60%）、健身俱乐部市场（中国健身俱乐部市场已达千亿元级别）、体育用品行业（如耐克、阿迪达斯及其他运动功能性服装企业等）等。

作为率先推出运动积分体系"运动银行"活动的承载平台，阿里体育始终致力于打造体育消费新业态、新模式。为了给自身的体育营销提供内在动力，阿里巴巴选择的主要模式是赛事IP驱动、平台整合。赛事IP为平台导流、添流，平台通过赋能商家来兑现价值。具体而言，阿里巴巴首先是选取合适的体育赛事IP，引入到阿里巴巴的平台上。阿里巴巴再对自身平台上的商家进行赋能，最终形成体育赛事IP、平台、商家的闭环联动。围绕着这些赛事IP，阿里巴巴以天猫为主要平台，发展出了体育商品、体育服务、体育社群等多元化的体育产业经济路径。同时，通过淘宝、天猫、盒马、飞猪、大麦等子业务的海量受众，阿里巴巴沉淀得到了海量的体育数据。

阿里巴巴以纵深数据及多维IP重构体育生态，从而为体育赛事营销秘籍的打造奠定了坚实的硬核。天猫是当下阿里巴巴体育营销战略的中心阵地，天猫为足球、篮球以及小球类赛事 IP 专门打造的"天猫球迷日"产品，通过为球迷定制产品、举办独家互动活动等方式，打造品牌差异化。不仅如此，天猫提供包含单品牌场、品类场、人群场、IP 场等在内的体育相关营销资源，双方合力形成一个面向全球的体育赛事营销阵地。在这片阵地，从短期看，品牌可以通过体育赛事营销变现，中期可以利用体育赛事 IP 形成品牌壁垒，长期可以沉淀和积累体育消费者资产——最终形成一个体育相关的数据中心。由此可见，体育赛事 IP 数字化营销也将迎来专属的春天。与此同时，相关企业以终端消费者需求为切入点，利用科技红利和智能硬件全面满足每一个人的运动需求。按照国务院的要求，到 2025 年，我国要发展形成 5 亿运动人口，或许 5 亿运动人口规模的市场比 5 万亿元规模的市场更加吸引人。

——资料来源于 http://baijjahao.baidu.com/s？id＝16944736716130950036&wfr＝spider&for＝pc.

（二）赛事旅游的特点

1. 触发因素具有即时性

赛事旅游活动是由赛事活动引发的，具有较强的休闲性质。因此，其触发因素也具有即时性的特点，特别是大型体育赛事的主办权十分难得，在获得一次机会以后，通常需要经过很长时间才有可能再次迎来这样的机会，这对于当地的旅游业无疑是稍纵即逝的良机。

2. 空间位移决定了体育与旅游的结合

参观或观看比赛是赛事旅游者的第一动机。根据"效益最大化原则"，在已经完成自身空间位移（很可能是远距离空间位移）的情况下，多数人会连带选择其他活动，而旅游是最容易衍生的大众化活动之一，因此观看比赛很自然地与旅游活动相结合，成为集观赛、观光、休闲、购物为一体的综合性旅游活动，即赛事旅游。2002 年韩日世界杯足球赛期间，从 5 月 31 日到 6 月 30 日，韩国和日本接待的外国旅游者人数都超过了 40 万人次。

3. 容易受到比赛的影响

由体育赛事引发的赛事旅游必然要受到比赛的影响，赛事旅游活动的内容、接待安排和目标市场都与比赛情况密切相关。

赛事旅游活动的内容根据比赛的性质、参与者的情况和赛程的安排来具体设计。组织者设计的主题活动大都以赛事活动为核心。传统的观光、休闲项目也需要根据旅游者观看比赛的具体时间、地点以及旅游者的国籍、偏好等个体特征来进行选择和组织。如果比赛是分轮次进行的，旅游活动的安排还必须相对灵活，以适应每一轮次的胜负结果给旅游者带来的影响。赛事旅游活动的组织除了必须与比赛的具体情况相结合外，还应考虑到赛事旅游者在消费方面的特征。赛事旅游者消费的情绪化特征明显，在整个比赛期间，观赛者喜怒哀乐的情绪会随着比赛的进行而逐渐发展，进而影响其消费欲望，增加消费的随意性。如果组织者能够适当引导、巧妙利用，旅游者的消费潜力将得到进一步的开发。

4. 目标市场明确

赛事旅游容易受到体育赛事影响，策划者一般会经过调查，明确目标市场，从而使得赛事旅游的市场宣传、产品设计和接待工作更有针对性，这有利于提高旅游活动的组织水平，产生较高的经济效益。赛事旅游者一般来自参赛国或地区，尤其是预期中有可能取得良好成绩的参赛国或地区，也包括一些来自其他国家和地区的痴迷者。因此，赛事旅游的目标市场很容易确定。例如，2002 年韩日世界杯足球赛，中国队首次从亚洲"出线"，进入世界杯决赛圈，中国又与韩国和日本邻近，因此中国球迷是赛前最被看好的目标消费群体之一。

（三）开发体育赛事旅游的意义

赛事旅游是当代旅游的一个重要组成部分，有着广阔的市场前景。开发赛事旅游能够进一步加强赛事活动的影响，并能促进当地旅游业及其他各项事业的发展。其主要意义表现在以下几个方面：

1. 提高赛事主办地综合建设水平

主办大型体育赛事的过程，也是一个打扫庭院迎接宾客的过程。一般情况下，在举办大型赛事之前，举办地会投入大量的人力、财力、物力进行较为充分的准备，全面加强当地的基础设施和环境建设，提高接待服务质量。换言之，承办大型体育赛事是对主办地的综合建设水平的一次全面评估，赛事的成功举办则是对建设工作的最好肯定。例如，广州为举办 2001 年第九届全国运动会投资 120 亿元用于城市基础设施建设，修建了珠江大桥、全封闭的环城高速公路、新国际机场等。又如，北京为迎接 2008 年奥运会，在治理环境中计划投资 1 800 亿元来改造北京的环境，使北京的绿化率提高到 50%。

2. 创造新的经济增长点

赛事活动为主办地的旅游业带来大量客源，能够增加旅游业收入，创造新的经

济增长点。另外，同时如果赛事活动发生在当地的旅游淡季，还可以提高旅游设施的利用率，平衡淡季和旺季的差异。

据有关专家的测算，2008 年的北京奥运会每年（自申办成功至 2008 年）拉动我国国内生产总值增长一个百分点，其中旅游因素占 0.85 个百分点，这充分说明了奥运会对旅游业的巨大促进作用。另外，国际奥委会出版的《奥林匹克》杂志的材料显示，从 1997 年算起的 4 年中仅仅因为举办奥运会而给澳大利亚带来的旅游收入就达到了 42.7 亿美元。至今，奥运会为悉尼乃至整个澳大利亚带来的旅游商机仍在持续中。根据韩国有关部门的统计，2002 年韩日世界杯足球赛促使韩国国内生产总值增加了 115 万亿韩元（约合 6 889 亿元人民币），创造了 53 万亿韩元（约合 3 175 亿元人民币）的附加值和 35 万个就业岗位。

3. 提升形象，拓展客源，促进旅游业的长远发展

现代传媒对大型体育赛事的关注无疑给主办地提供了绝佳的广告宣传机会，其宣传频度、力度以及受众范围都是其他任何广告手段所难以企及的。另外，大型体育赛事由于机会难得，往往为主办地旅游业增添了崭新的内容，吸引了许多接待地的非传统客源。新客人会通过这次近距离的接触对主办地产生深入的了解，从而起到类似于食品品尝、汽车试驾的宣传效果。这对于提升主办地在全世界的旅游形象，拓展客源都极具意义，有利于旅游业的长期发展。

例如，2002 年韩日世界杯足球赛期间大量中国球迷（约 4 万人）赴韩，不但给韩国商界和旅游界带来颇丰的收入，同时也为韩国在中国加强市场宣传奠定了坚实的基础。悉尼奥运会使澳大利亚的旅游形象品牌效益超前 10 年，雅典奥运会激起了无数人对爱琴海的向往。同样，北京奥运会也把全世界的目光都吸引到东方来，我国的大好河山以及悠久灿烂的历史文明更加深入人心，我国的旅游业也因此而获益。

体育赛事旅游开发的各种意义都源自赛事的举办，但每一方面的影响程度都与旅游同赛事的结合程度紧密相关。

（四）赛事旅游的开发策略

以体育赛事为核心的赛事旅游活动可以包含很丰富的内容，如何制定并实施良好的开发策略，充分利用各种旅游资源，是赛事旅游取得成功的关键。

1. 有效组织赛事活动是前提

体育赛事是赛事旅游产生的前提，策划赛事旅游活动也要围绕体育赛事进行，应以妥善安排比赛事宜、保证旅游者观看比赛为第一要务。因此，组织赛事除了要

解决对旅游者的接待、票务、签证等常规工作以外，还要管理和协调赛事相关事宜，尽全力使参加旅游者能及时、安全、舒适、尽情地观看比赛，在此基础上，才能够进行其他的赛事旅游活动。

2. 以体育比赛为核心，强化旅游者的感受

既然赛事旅游的核心是体育赛事，那么赛事旅游就应当采取各种措施强化旅游者的体育赛事感受，以突出旅游的特色。实施各种强化措施的要领在于：比赛前充分吸引关注、调动积极性；比赛中尽量提供优越的观看条件；比赛后趁大家意犹未尽之时，组织各种交流活动。

围绕比赛涉及的旅游休闲活动包括以下几个方面的内容：

（1）赛前造势、竞猜、讨论等吸引参与度的活动。

（2）参观比赛场馆、举行非正式比赛或其他相关活动。

（3）组织以比赛为主题的休闲活动，如球迷胜利方联欢、明星签名、重要人物访谈、主题演讲、展览会等。

通过这些安排，旅游者可以对自己喜爱的运动项目有更深入的了解，并且可以获得与来自不同国家和不同背景的其他爱好者进行交流的机会，这种爱好会因此得以升华。旅游管理部门和企业应充分发掘与赛事活动相关的内容，并与传统的旅游观光项目结合，使旅游者在观赛和游览两个方面都尽兴。

3. 分析游客的特征，有的放矢

体育赛事的吸引力是全球性的，赛事旅游的客源结构与主办地传统的旅游客源结构有可能产生很大的不同，来自不同的国家和地区的大量游客对于旅游服务的需求各不相同，这对于赛事旅游策划的针对性提出了更高的要求。除去在安排住宿、餐饮服务时应考虑到旅游者的生活习惯以外，赛事旅游策划还需要注意以下几个方面的问题：

（1）旅游者为比赛而来，一般会带有鲜明的立场，比赛结果会影响其情绪和消费欲望。为避免失败一方的沮丧情绪影响后期旅游消费，旅游活动应尽可能安排在比赛之前或是两场比赛的间隔阶段。

（2）旅游安排应参照比赛的时间安排，旅游活动应能够灵活地控制时间，特别是参观地点与比赛地点之间的路程不宜过于遥远，以免耽误旅游者观看比赛。

（3）对于客流量的大幅增加应有周密的准备和应对部署，比赛盛事是集中反映接待地组织管理水平和服务质量的活动。赛事活动的接待工作压力大、任务重、范

围广、客源复杂，是对当地接待系统的严峻考验，因此接待单位必须予以充分重视。

（4）为方便与赛事旅游者的沟通，主办地应尽量安排体育爱好者参与接待，或者在事先对接待者进行体育赛事相关知识培训。

4. 利用赛事平台，进行整体宣传

体育赛事可以为主办地吸引旅游客源，也会紧紧抓住公众的注意力不放，如何使人们在关注比赛的同时也关注主办地的自然景色、风土人情，使赛事观众真正成为游客，是主办地旅游管理部门应当着力研究的问题。为达到这样的目的，主办地在进行赛事宣传的时候，应当制定详尽的配套宣传措施，要把赛事宣传和主办地的经济发展、历史文化、自然风光和社会生活以及当地完备的旅游设施和高质量的服务水平等方面的宣传作为一个整体进行，以期争取到良好的宣传效益。另外，在整体宣传的过程中，主办地还应当对策划时确定的重点目标市场有所侧重。

5. 控制市场价格，吸引顾客、培育市场

举办大型体育赛事的意义不仅在于比赛期间所带来的经济效益，更是主办地利用体育平台面向全世界的一种综合展示，必将给包括旅游业在内的各项事业的长远发展带来难得的契机。赛事旅游服务是这种综合展示的第一步，应当在消费者心目中树立一个良好的形象。但是，由于赛事期间客流量大增，许多商品的价格往往会趁机大幅上涨以追求最大利润，这样的做法往往会使一些旅游者望而却步，从而削弱了宣传效应，影响了长期效益。例如，在2002年韩日世界杯足球赛期间，赴韩旅游价格上涨了120%，使很多中国球迷放弃了赴韩计划，对于韩国而言，其也就失去了向这部分中国游客近距离展示的机会。因此，主办地相关管理机构应该出台措施，制定适当的价格政策，限制比赛期间价格的过度上涨，以吸引顾客、培育市场，从而创造长期效益。这些措施主要如下：

（1）限制基本价格上涨幅度，维持市场稳定。

（2）适当开放非基本产品的价格，调节供求平衡，保障经济效益。

（3）防止高档消费品价格过高，超出高收入旅游者的承受范围。

（4）维持中低档产品的价格稳定，挽留中等收入的旅游者。

6. 营造气氛，赛事邻近地区商机无限

大型体育赛事所吸引的游客数量通常会远远超出门票的销售数量，很多游客到比赛举办地的目的并非一定要亲临现场，而是为了感受赛事期间特殊而浓烈的气氛，这也是世界杯足球赛期间足球酒吧顾客盈门的原因。因此，赛事旅游活动的开展并不只局限于比赛的举办地，距离比赛地较近的地区、该项活动普及程度最高的地区以及到举办地的途经地区都可以开展赛事旅游活动，只要能够营造出赛事的氛围，经过良好的宣传都可以吸引大量的游客前往。例如，2002年韩日世界杯足球赛期间，泰国通过适当的宣传和价格优惠等一系列措施也获得了不错的旅游收益。

7. 重视赛后效应，坚持可持续发展策略

大型体育赛事结束以后，主办地在一段时期内的游客数量仍然会持续增加，这种效应被称为体育赛事旅游"滞后效应"。造成这种滞后效应的原因主要有两点：一是主办地的传统客源可能会考虑到体育赛事期间交通拥挤、价格上涨等问题而避开这一高峰，选择在赛后前往；二是体育赛事的整体宣传效果良好，吸引了许多新的游客。

基于上述原因，主办地的旅游管理部门应当目光长远，坚持可持续发展的思想，制定长期策略，重视基础设施的建设和服务质量的提高，借体育赛事的机遇提升当地的旅游形象。另外，旅游经营者不要趁机"宰客"，而是应当在对外业务中重视与客源地经营者的长久合作，培养良好的业务关系。

随着2022年北京冬奥会、2023年成都世界大学生运动会、2023年杭州亚运会等相继落户中国，体育日益成为全民的关注热点之一。作为一种新兴的旅游形式，体育赛事火热发展，也会带动体育旅游的快速发展，这对于我国旅游业以及其他产业而言，都更有意义。各级组织者和旅游企业应借鉴其他国家和企业的经验，结合我国特有的旅游资源，充分利用各种商机，开发具有中国特色的赛事旅游活动，为促进我国旅游业及其他产业的可持续发展打下坚实的基础。

案例

奥运的东风也能将爱回馈给体育旅游市场

2022年北京冬奥会的成功举办让许多地区得以纷纷结合各自区域人文、地理特色，充分挖掘资源优势，推动当地体育旅游经济的融合发展。

例如，北京冬奥会给北京市延庆区的体育旅游发展带来了难得的市场和战略机遇。习近平总书记在主持召开北京2022年冬奥会和冬残奥会筹办工作汇报会时强调，要"加快建设京张体育文化旅游带"。京张体育文化旅游带从北京市延庆区延伸至河北省张家口市各县（区），这一区域将建设国家级冰雪旅游度假区、高端体育赛会聚集区等，是推动3亿人参与冰雪运动的重要平台。

引领人心的红色文化、丰富新颖的徒步路线、沿途优美的自然景色，2021年4月启动的第十二届北京国际山地徒步大会在北京市门头沟区开展，吸引了众多徒步爱好者，成为"京西文化走廊"上一道别致亮丽的风景线。位于北京市门头沟区的妙峰山，吸引了很多自行车爱好者来这里骑行，部分骑行爱好者说："骑过了妙峰山，就意味着骑行的水平上了一个新的台阶。"体育和文旅的融合发展就是为了打造一种全新的体验，无论是徒步、攀岩、骑行，都可以为体育爱好者进行订单式设计，同时以此打造地区独特的"体育+文旅"IP，推进旅游产业的增速发展，将这样的爱延续至一代代的体育旅游者。

无论奥运会的比赛多么精彩，2022年2月20日后，鲜花和掌声都会归于宁静，孕育新的开始。而前、后奥运时代的旅游为北京带来的影响可能会长久和深远得多。相对于单纯的奥运旅游收入，北京建造的交通网络和场馆体系创造出更丰富的就业岗位、更成功的国家（城市）旅游形象、更标准的服务质量将会深远地推动北京经济高质量发展，进一步提振投资者的信心，刺激投资与消费。

体育和旅游之爱应该是热烈的，在21世纪，这两种社会活动调动世界各地千百万人行动起来，走出孤立。体育和旅游之爱也应该是广博的，这两种社会活动促进着不同文化和生活方式的人们之间建立起理解和紧密的关系，并有力地促进世界各国之间的稳定与和平。我们更期待体育和旅游之爱是坚韧和朴实的，这两种社会活动都是发自内心，为人性所爱，同样代表着社会最强大的经济驱动力，产生了多种经济衍生物，孕育着巨大的市场潜力。

课后思考题

1. 什么是体育旅游？什么是体育赛事IP？
2. 体育旅游产品的特征、功能以及开发原则是什么？
3. 国内外体育旅游业发展现状如何？
4. 我国当下体育旅游兴起的原因是什么？
5. 我国体育旅游目前存在的问题及解决措施有哪些？
6. 体育旅游经纪人的业务范围包括哪些？
7. 如何做好体育赛事的开发策略？

第八章
体育媒介与
体育赞助

DIBAZHANG

第一节　体育媒介

一、体育媒介概述

（一）体育媒介的概念

从传播学的角度看，体育具有倡导新的生活方式、生活观念，自身备受关注并易与电视、报刊、广播等媒体结合的特点。体育媒介是指与商业信息和媒体发生一定联系的体育精神、人物、组织、赛事等。

具有较强传播功能的运动明星、运动队、精彩体育赛事、体育俱乐部、健身娱乐活动等都是体育媒介的重要组成部分。优秀运动员、高水平运动队、精彩赛事等，因其能够经常提供新鲜、刺激、极具亲和力的形象和事件而备受媒体关注，成为媒体竞相报道的对象，媒体也因此争取更多的读者，不断扩大市场效益。而赞助企业、广告客户和广告代理商则对这个活跃的展示媒介存在一定的品牌宣传需要，这里的供需构成了体育媒介市场。

体育媒介由于具有高度的社会关注度、广泛的传播面、极大的社会亲和力等特点而成为比单纯的报刊、广播、电视等更具优势的广告传媒。这种传播优势使体育媒介具有巨大的市场潜力。

（二）体育媒介市场

体育媒介市场价值大小的取决于体育媒介的特征状况和它所结合媒体的条件、市场状况等。

1. 体育媒介市场的内容

（1）体育报刊。国家体育总局报业总社的各类报刊，各省（市、区）的体育报刊，因传播体育媒介信息而获益，以其发行量、广告体现其价值。

（2）体育电视频道、栏目。体育频道、有线电视体育频道、各地卫视体育栏目、国外体育频道等，以电视广告体现价值。

（3）体育网络站点。各种网络公司网站，以网络收费用户、网络广告显现价值。

体育媒介市场不是体育组织所专有，许多非体育组织也可以在这样的市场中获得一定的份额。

2. 体育媒介的作用

体育媒介的作用包括新闻报道、宣传，传递体育专业知识，发展和推广体育事业，开发市场，传递体育精神，舆论监督。各种体育媒介因其宗旨、对象、内容、定位不同而具有不同的作用。

3. 市场收入渠道

市场收入渠道包括发行量、收视群体收入；广告收入；中介体育活动收入；组建体育俱乐部拥有俱乐部无形资产和特许权等，如电视转播权等的经营收入。

4. 体育媒介的标志、称号、专利等特许权转让的无形资产市场

（1）运动员、运动队媒体市场。由于媒体的宣传，世界优秀运动员在取得成绩后举世瞩目，很容易成为年轻人崇尚、追逐的偶像，这就使得明星运动员成了最佳的广告载体。运动员的出场费、转会费在某种程度上也都是其广告价值的反映。

（2）体育组织媒介市场。由于体育赛事、运动明星的不断升温，相关的体育组织也令人耳熟能详。因此，体育组织的相关称号、标志和专利等的特许权也成为很好的传播载体，而且更加权威和令人信赖。

（3）赛场特许使用权市场。无论是高水平的竞技体育比赛，还是大规模的群众体育赛事，都有可能引起媒体的广泛关注和传播，进而使赛事特许使用权成为企业传播商业品牌的重要载体。赛事特许权主要是指赛事的相关标志、称号和专利等无形资产。因此，赛事冠名、会徽和吉祥物的使用，指定产品经营和场地广告等的特许使用权都是传播商业信息的有效载体。这些特许权多通过企业赞助、广告等途径获得。

5. 赛事电视转播权转让市场

赛事电视转播权是体育组织很重要的一种无形资产。由于体育比赛具有竞争的激烈性、结果的不确定性、传播的广泛性以及符合现代生活方式等特征，因此能够吸引全世界观众的关注。电视台竞相通过购买体育赛事的电视转播权，转播体育赛事来提高自己的节目收视率，增加电视广告收益。随着电视转播范围的不断扩大，电视转播权成为赛事主办者的一种重要的无形资产。

（三）媒介在体育经纪中的作用

传媒经济的本质是"影响力经济"。从某种程度上讲，如果没有影响力，传媒就什么都不是了。所谓影响力经济，即从媒介的经营运作角度出发，只有媒介拥有

足够的影响力，才有可能得到足够的广告回报；否则，只有注意力而没有影响力，便成为炒作与宣传，达不到市场营销的目的。影响力经济与注意力经济是有区别的：前者在性质上属于营销学范畴，而后者在性质上属于传播学范畴。影响力经济的确立，为媒介的受众导向、服务质量以及广告经营，提供了坚实的理论基础。市场实践证明：没有一个坚实可靠的盈利模式做基础，注意力无法转化成为企业的收入和利润。

在 21 世纪，从传媒竞争着眼，我们应从资源的合理配置与增值的角度来认识传媒经营，应把传媒所握有的资源与产生的影响视为可以运作的对象，应把经营视为对传媒功能的最大效率的发挥，体育与传媒合作，达到互利双赢的效果。传媒影响体育，主要凭借以下的资源：

（1）品牌号召力和舆论影响力。一方面，传媒介入体育产业，可以利用自己的品牌号召力；另一方面，传媒和体育"联姻"，更能高扬手中的"话语权"。

（2）传媒资金雄厚的优势。传媒业利润丰厚，传媒集团的经济实力不容小觑，掘金体育产业，雄厚的资金方为强有力的后盾。

（3）传媒"海量"的信息资源。在当今的社会结构和运行条件下，传媒介入体育产业，可以利用自身渠道多、信息快的优势，在体育产业的信息战中先发制人。

（4）借道传媒广告发行资源。传媒开发体育产业可以充分利用自身的广告资源和发行资源，在和对手竞争中占据优势地位。

二、大型体育赛事的传播与策划

（一）拓宽信息资源

大型体育赛事项目多、时间长、受关注面广，因此它的传播任务更为艰巨，在整个传播工作中需要有周全的策划和缜密的安排。

体育经纪人和体育经纪机构的行为就是一种传播行为，是人与人之间信息的传递与分享，是一种共享信息的过程。由于传播的双向性特征，体育经纪人在经纪活动中兼有信息的接受者与传播者两种身份。如果没有体育经纪人这一中介环节，体育运动与社会也许就无法沟通，体育经纪人的传播活动正是试图打破信息的传输阻碍，使得信息的传输不断冲破有限的空间阻碍，向外扩张。体育经纪人在传播链中不可或缺的作用是显而易见的。

对体育经纪人而言，掌握和开拓信息资源，主要从以下两个方面着手：赛事资源和运动人力资源。

一方面，奥运会市场固然是最有价值的一块市场，随着申奥的成功，中国奥委会与奥运会资源有关的市场开发权和北京 2008 年奥组委的权利融为一体，不能再独立开发，但是别的市场，如亚运会、大运会等赛事的中国代表团，都是值得考虑和开发的资源。

就单项赛事而言，国内体育比赛的市场潜力也值得认真关注。目前一些国内赛事资源的价值凸显，体育组织待价而沽，足球、篮球等赛事资源先后卖出了不菲的价格，这些项目基本具备了自我造血功能。

还有综合性赛事，特别是国家体育总局作为主办单位的赛事，如全国运动会、城市运动会。从它们炙手可热的现况，可以想象到它们的市场潜力和价值。

另一方面，作为显性传播资源的体育明星，具有青春健康、积极向上的精神风貌，是体现公司形象和产品质量的最好的活载体。我国的体育明星广告资源丰富，开发的程度不断扩大。体育是一种激情四射的特殊文化，体育明星广告传播的是体育的独特魅力。孙雯拍的南孚电池广告中的那句"坚持就是胜利"，在满是汗水的脸颊的映衬下，让人感到一种震撼，让人体会到中国女足永不放弃的顽强斗志。

我国越来越多的新闻传播媒介开始引入企业形象识别系统（CIS），作为传播媒介自身优势的展示，更多地属于媒介公关范畴，即向社会公众展示和宣传媒介的各种资源，包括媒介形象、媒介品牌、媒介的受众群体、发行量、广告收入等。企业形象识别系统的本质是以塑造形象为目标的组织传播行为，它使公众在市场环境中对某一个特定的传播媒介有一个标准化、差别化的印象和认识，以便更好地识别并留下良好的印象。它与媒介的名称、口号、建筑物外观以及媒体的内部管理、对外交流等，构成媒体的总体发展战略。新闻传播媒介实施企业形象识别系统也就是向社会展示新闻资源的过程。此外，新闻传播媒介自身优势的展示与新闻传播内容的展示是结合在一起的。新闻传播媒介的资源展示和新闻资源的转换与整合是分不开的，这里面有社会关系、资金、人力资源等向新闻信息资源的转换，也有各种不同类型资源的整合利用。

（二）设立高效、畅通的新闻中心

大型体育赛事的规模越来越大，比赛项目越来越多，参赛人数直线上升，加之观众的要求越来越高，不仅需要及时的赛事报道，还要赛事花絮、深度报道、幕后新闻等来满足个人所好，简单的原始报道已经适应不了高强度、高难度的体育报道的需要。因此，与时俱进，不断全面地提高大型体育赛事的传播中的科技含量，已成为必然。

作为体育赛事不可或缺的组成部分，赛事经纪是赛事转播的关键，它在市场运作中起到桥梁和协调平衡的作用，可以对赛事转播的时间、价格以及相关的市场运作问题起到沟通与协调作用，对赛事转播的合法权益起到保护作用。

国际上赛事电视转播权的各种经营模式表明，赛事转播中的中介机构非常重要，体育市场是由卖方、买方和中介机构三方面构成的。中介机构是经济活动中不可缺少的中间环节，是联系买方与卖方的重要纽带，但是目前我国各个协会经营水平还不高，企业和客户有限，无论是对销售环节的市场调研，对目标市场的把握和定位，对设计优化的营销组合，还是多渠道营销、促销等，都需要非常专业化的营销中介机构来协助完成。电视台、生产企业也同样对中介机构协助包装精品体育赛事电视节目提出了迫切的需求。

（三）充分发挥大众传媒的作用

体育传播包括人际传播、组织传播和大众传播。其中，大众传播已经成为当代体育赛事传播空间的重要纬度。大众传播自身的高速发展使其成为大众生活不可或缺的构成要素，它在现实世界中为人们构筑了一张隐形的网络，深入到大众生活的方方面面，体育也因之渗透到大众生活的每一个角落。在1996年的亚特兰大奥运会期间，共有214个国家和地区进行电视转播，全世界收看电视报道的观众高达196亿人次。主办国除了获得高达4.56亿美元的电视转播费外，还获得了由此引发的体育商品、体育广告、体育彩票、体育旅游、技术咨询等多方面的相当可观的市场收入。这又向人们显示了体育在走向产业化之时，正是大众传播使它能冲破时空的局限而把体育市场向全世界拓展。因此，体育经纪人必须对当代体育与大众传播的关系作出认真的分析和思考。

1. 考察大众传播在赛事前对赛事传播的策划情况

现代体育传播有个双向互动的规律，受众的心理倾向是决定体育传播者意图的一个重要的因素，而且体育传播者的意图要通过受众心理的接受才能产生作用。因此，把传播学中的受众心理倾向和体育传播的实际操作结合起来，进行系统的研究，是体育传播学的一大课题。

为了尽量满足体育传播中受众的个性心理需求，要求对受众进行深入的调查，了解不同受众群体对体育传播的不同需求。不同性别、不同年龄、不同文化背景、不同职业的体育受众对体育运动项目的喜好都有差别，因此各类媒体应该有的放矢地策划，争取最优的传播效果。

2. 考察体育大赛前电视转播权的转让策划

目前，体育组织或经纪机构要办一项赛事，赞助商是第一考虑因素，有了电视转播，赞助商才会出钱。有的赛事目前还没有市场，需要通过规范操作培养市场。最初由主办者出资来制作电视信号，并提供或转让给电视台播出，把置换来的广告时段回报给赛事的赞助商，使赞助商能得到贴片广告时段，由此得到更多的回报。由于开发了转播权在实现社会价值和经济价值方面充分满足了赞助商，逐渐把市场引入良性循环轨道，把市场慢慢培育起来。第二年的赛事就有可能在这个基础上进一步增加社会效益和经济效益。赞助商从中得到了较好回报，电视转播收到了良好的经济效益和社会效益，场地广告的利益也得到了兼顾，从而把市场培育起来。

现在电视插播广告的专业化程度已经非常高了，电视转播的开发手段也越来越多样化。例如，世界杯足球赛，因为足球比赛不能像篮球比赛那样插播广告，赛事主办者为了实现转播权价值，有了新的手段，在世界杯足球赛的转播中，当电视屏幕展示比分时，就出现赞助商的商标，这是在制作赛事时加进去的。

通常，具体的赛事传播策划之初就会遇到广播、电视转播权转让的问题。传播学的奠基人施拉姆在其《传播学概论》中也认为，商业化的大众传播媒介，产生了无法控制的社会影响。在市场化的今天，运用商业化的市场手段经营大型体育赛事的转播已成为必然趋势。

3. 考察体育大赛前网络媒体的组织策划

目前，互联网在社会上迅速普及，快速增长的中国网民开始把网络作为获取新闻信息的主要渠道之一。当重大事件发生之际，对期待了解信息的网民来说，网络的重要性不但胜于广播，甚至超过了报纸。网络在传播方面的优势和强势主要表现在信息量大、选择性强、时效性强等令传统媒体可望而不可即的方面。把公众的注意力集中于某些事件上，形成议论中心，在传播学上称为"议程设置"，它是大众传媒对社会的积极作用之一，互联网在这方面具有得天独厚的优势，它使得赛事成为大众的热点、焦点，也使得赛事的发展得到大众的有效监督，可以使舆论得到正确的引导。总体来看，现在的传统媒体已经离不开网络的支持。

第二节 体育赞助

毋庸置疑，体育在当今社会生活中正扮演着越来越重要的角色。传媒和信息技术的迅速发展打破了体育的时空局限，增强了体育对社会的影响力。据调查，早在1998年，在法国举行的世界杯足球赛就获得全球 40 亿观众的青睐。2000 年悉尼奥运会有 42 亿观众观看了转播。2018 年在俄罗斯举行的世界杯足球赛更是获得全球36 亿观众的青睐。在全世界范围内，亚洲贡献了最多的观众量，约 16 亿人次，占观众总数的 43.7%。其中，中国、印度尼西亚和印度的观众排名亚洲前三位。精明的商家早已认识到体育背后蕴藏的无限商机，借助体育开展的营销活动不仅能吸引消费者的目光，更重要的是体育运动所推崇的公正、公平使企业的宣传效果和品牌价值提升到较高的水平。

一、体育赞助的发展和作用

（一）体育赞助

赞助活动古已有之，赞助最初的定义基本等同于捐赠、资助，是一种纯公益性的社会行为。然而，随着经济活动的日益深入，现代社会赞助被认为是一种商业行为。从经济学的角度，也可把赞助理解为一种市场性的经济行为。

关于体育赞助的定义，最早的文献见于 1981 年在西班牙召开的欧洲体育部长研讨会上所达成的共识，认为"体育赞助是个人或组织之间一种具有共同利益的关系。赞助方某些利益的换取与体育活动设施或体育参与者的某种联系。"哈格斯泰特（1983）在他的专著《赞助与体育广告》中，将体育赞助定义为：体育赞助可以看成产业和体育双方共同事业的一个简要术语，具有商业或其他社会动机，不包括理想化工作和做善事，是体育与企业之间的一种交换方式。广告是其中一个重要部分。同时，他在书中还强调，不仅是产业与体育之间具有这种共同事业，也包括产业与文化，教育研究和环境等方面的共同事业。

1983 年的《豪威尔报告》将体育赞助定义为机构或个人对体育项目、体育比赛、体育组织提供的支持，双方互惠。该报告最后说，体育赞助服务了整个体育，同时也服务了参与体育的人群，并取得了良好的效果。

现代社会体育赞助是指一方面企业为体育赛事、运动队、体育明星、体育场馆以及体育公益事业提供经费、实物或相关服务；另一方面被赞助方授予提供赞助的企业冠名权、标志使用权、特许销售权等特殊权利，或者为赞助商进行商业宣传，这是一种商业合作。

（二）体育赞助的类型

1. 体育赛事的赞助

体育赛事特别是大型的、世界性的赛事，如奥运会、世界杯等是众多赞助商青睐的对象。因为这些大型赛事不仅观众多、影响大、媒体关注度高，而且这些赛事本身就是一种品牌。商家赞助这样的体育赛事可以显示其实力，提升知名度和美誉度，打造企业品牌。1996 年，可口可乐公司赞助亚特兰大奥运会约耗资 6 亿美元（约占其当年全部广告预算的 47%），在奥运热潮的推动下其第一季度收益增加 12%。2011 年，百事可乐与美国国家橄榄球联盟签订了一份 10 年期协议，将双方的合作伙伴关系延长至 2022 年季后赛，最终的合约价值可能达到 23 亿美元。韩国三星集团连续三期成为奥林匹克全球赞助计划（TOP 计划）全球合作伙伴，先后花巨资赞助汉城奥运会、巴塞罗那奥运会、悉尼奥运会，借助奥运五环提高了中低档品牌的形象，在竞争中取胜。意大利时尚品牌 Herno 成为巴塞罗那俱乐部（简称"巴萨"）自 2024—2025 赛季起三个赛季的官方正装合作伙伴，巴萨男足、女足和篮球队也将穿着该品牌的服装踏上欧洲赛事的客场之旅。凭借努力、团队合作和抱负，在各自的领域中追求卓越是双方合作的重要契机，体育与时尚界的共驱和聚合正在成为体育赞助市场的显著特征。

2. 体育明星的赞助

因为体育明星在某种程度上是广大体育迷的崇拜对象，体育明星的一举一动都可能产生轰动效应。赞助商对体育明星进行包装，聘请体育明星成为企业形象代表或代言人，进行一系列的营销策划和活动。因为流量明星的频频"塌房"，使众多品牌方的目光转向体育明星。体育明星良好的身体素质、拼搏奋斗的精神和严格管理的训练生活让代言更有保障，东京奥运会和北京冬奥会更将全民运动推向高潮，大量优秀运动员被大众关注和喜爱，商业价值进一步提升。赞助企业利用赞助体育明星而开展的营销活动，使运动员的健康、积极、拼搏的形象融入赞助企业的文化中去，赞助企业的产品销量、企业形象等都大有提升。不过，各个运动项目之间的商业代言并不均衡，每个赞助商的对标运动员也有明显的差异。例如，奢侈品品牌选择体育明星的标准与生活用品品牌选择体育明星的标准差异明显，谷爱凌国际化的长相、健康的肤色、流利的中英双语能力、年轻活力和积极正面的形象、时尚模特的身份以及滑雪项目针对的是追求高端休闲生活的人群这一特点，使蒂芙尼于2021年成功签约谷爱凌。2022年年底，路易威登也宣布与谷爱凌达成合作。

3. 体育场馆设施的赞助

充满动感的体育场馆的广告效应更是无可比拟。商家耗资购买一个大型体育场馆的命名权意味着这家企业的名字将可以通过印刷文字、空中电波和互联网经常与潜在顾客接触，效果比起传统的商业营销方式更自然、更亲切、更加容易被人们所接受。通过对体育场馆进行赞助，购买体育场馆冠名权的办法，一家默默无闻的公司可以立即名扬全国乃至世界。对体育场馆冠名权进行开发通常被描绘为"建筑赞助"，代表一种特殊形式的赞助，是最快增长和最有价值的赞助形式之一。现如今，我国场馆冠名权开发正处于初期阶段，而国外场馆冠名则相对成熟。体育场馆冠名权的开发独具特色，超过一半的主要职业体育场馆都拥有一家公司的名称。欧洲著名足球队马德里竞技队在新球场揭幕仪式上宣布，万达集团冠名新球场，新球场的名称定为万达大都会球场（Wanda-Metropolitano）。该球场2017年落成后投入使用，万达大都会球场将替代已经使用50年的文森特-卡尔德隆球场。万达集团在西班牙乃至欧洲的知名度也会随着新球场的使用而越发知名。美国西雅图萨菲科保险公司就是在1997年购买了西雅图海军陆战队棒球场的冠名权而一举成名的，最后被美国金融服务管理局从地区性公司提升到全国性公司的地位。冠名体育场馆的赞助活动发展很快。据统计，到目前为止，北美洲有超过50个职业体育场是用啤酒公司、航空公司、石油公司等企业的名字命名的，欧洲足球五大联赛里面，企业冠名的球场就更是数不胜数，如拜仁慕尼黑的安联体育场、斯图加特的梅赛德斯奔驰竞技场、沃尔夫斯堡的大众竞技场等。

4. 体育媒体节目的赞助

体育巨大的影响力和魅力是随着各种现代化媒体，特别是电视的出现而日益展现出来的。然而，到现场去观看体育运动比赛的人毕竟是少数，大多数人只有通过各类媒体（如电视、报纸、网络等媒体工具）来了解和欣赏体育比赛的状况。因此，关注体育的人们自然对各类媒体也格外关注。有的企业在赞助体育赛事的同时，为配合这一赞助营销，积极购买转播赛事时段的电视广告时段。赞助的形式包括节目冠名、以品牌名特约播出、节目背景的大幅品牌标志宣传等。报纸媒体较多的形式为金牌榜、特约刊登等冠名，消费者在关心体育新闻的同时会反复触及商品品牌。

5. 体育俱乐部的赞助

赞助体育俱乐部也是体育赞助营销的一种非常重要的模式。赞助企业向俱乐部提供资金、实物等，俱乐部给予赞助企业各种资格的广告权利。特别是有的职业俱乐部，有自己的职业队，这些职业队要经常参加各种比赛。赞助这种职业俱乐部的赞助商可以取得俱乐部职业队比赛现场的广告权利，有的还可以直接取得俱乐部职业队的冠名权。赞助企业可以充分利用俱乐部及其职业队来进行各种营销活动。

(三) 体育赞助的发展历程

1. 国外体育赞助的发展

美国新英格兰铁路运输公司于 1852 年曾免费运送哈佛大学和耶鲁大学划船队参加比赛，与此同时大力宣传此事，吸引了上千名体育迷搭乘他们的火车前往观看比赛，从而开了体育赞助之先河。

1896 年第一届奥运会于雅典开幕，柯达公司就对奥运会伸出了赞助之手。而正式的大规模体育赞助始于英国，壳牌、埃索和英国石油公司三家跨国石油公司于 1965 年共投资 1 000 万西德马克赞助汽车大赛，开创了企业大规模赞助与自身产品有直接关系的运动项目的先例。

第 23 届奥运会的主办者尤伯罗斯当选洛杉矶奥委会主席之后，开创奥林匹克商业之先河，通过利用企业的赞助，使得奥运赛场摆脱了五环旗下的赤字，变成了企业的"淘金场"，成就了阿迪达斯等诸多国际企业的跨国战略。

奥运会中的奥林匹克全球赞助计划（TOP 计划）就是世界顶级赞助团队计划，又称为奥林匹克全球合作伙伴计划，即赞助商通过向国际奥委会、奥运会组委会和 200 多个国家奥委会提供资金、企业产品、技术和服务以及人力资源来支持和发展整个奥林匹克运动，是目前国际体育市场开发得最成功的项目。可口可乐一直以来都是该计划的核心成员。要进入奥林匹克全球赞助计划并不容易，只有财力雄厚、具有良好形象的大企业才有机会支付巨额的赞助费用，但是因此而获得的各种收益也是相当可观。

2. 我国体育赞助的发展

我国体育赞助起步较晚，1980 年 10 月在广州举办的万宝路网球精英赛是我国首次由企业赞助的体育赛事。此后，"555"等品牌也开展了大规模的体育赞助。1984 年我国第一次参加奥运会时，仅有"健力宝"和"海鸥表"两家企业向代表团赞助了 70 万元的资金与实物。到了 2000 年悉尼奥运会上，中国代表团收到的赞助额达到了 7 000 万元，其中还不包含实物赞助，16 年中增长了近 100 倍。1983 年，在由上海市举办的第五届全国运动会，赞助金额只有 11.36 万元，而到了 1997 年在同样由上海市承办的第八届全国运动会中，赞助金额达到了 8 921 万元，比第五届全国运动会增长了约 784 倍。2008 年北京奥运被视为迄今为止赞助水平最高的奥运会，包括 12 家国际奥组委长期合作伙伴在内，一共有 62 家中外企业以合作伙伴、赞助商、供应商等不同身份与北京奥组委合作。1976 年，蒙特利尔奥运会共有 628 家赞助商和供应商，整个赞助计划为组委会带来 700 万美元的收入。2008 年北京奥运会的赞助商数量只有蒙特利尔奥运会的 1/10，但赞助总额却超过 10 亿美元，是当年的上千倍。由此可见，我国体育赞助在近年来有了长足进展，增长速度惊人。

近年来，借力于体育赞助的国内企业日益增多，饮用水著名品牌"农夫山泉"因赞助中国体育代表团，用从每瓶水中提取一分钱支持申办奥运会等，在饮用水市场上树立了崭新的形象。此后，赞助体育的举动开始方兴未艾。

改革开放后陆续出台的一系列法律法规，为我国体育赞助事业发展提供了法律保障。特别是自 1995 年《中华人民共和国体育法》颁布后，体育赞助拥有了合法地位，既鼓励了单位及个人赞助体育事业，同时也为赞助者享有作为赞助回报的各种体育无形资产的合法性奠定了法律基础。

但是，我国体育赞助市场仍存在一定的问题。我国体育赞助市场的发展波动较大，投资效益率不高，而且资金主要集中在足球、篮球等项目上，分布不均，造成了小部分项目的巨额投入和大多数项目的少投入或零投入。另外，我国体育赞助市场还存在着虚假投入和泡沫赞助的情况，企业投入缺乏诚意与远见。大量的"潜伏营销"一直出现在我国体育赞助市场上。例如，某些企业试图通过体育赛事的机会，未经相关部门批准便私自将体育竞技的标识印刷在商品上。这些问题都严重地阻碍着我国体育事业的全面发展。

20 世纪 90 年代中期，足球热席卷全国，影响极大，各大企业为了创出名声，不惜重金赞助足球队，一时间各足球俱乐部如雨后春笋般发展壮大起来，足球运动员也一举成为我国各运动项目中个人收入的最高水平。同时，法律法规对于烟草企业营销行为的约束使得足球成为最佳的宣传载体。我国法律明文规定不允许烟草产品在我国境内的各宣传媒体中做广告，因此赞助足球比赛来宣传企业品牌成为烟草企业的最佳选择，如"云南红塔足球俱乐部""成都五牛足球俱乐部"等。

（四）体育赞助的作用

1998 年法国世界杯赛的电视观众高达 370 亿人次，是现场观众 260 万人次的 1.4 万多倍，而且遍及全世界五大洲的各个角落。2002 年世界杯赛事仅在我国国内就创造了世界杯 64 场赛事 120 亿人次以上观众收看赛事的新纪录。2018 年俄罗斯世界杯足球赛公告显示，中国是所有国家中观众最多的国家，观众高达 6.557 亿人次，占观众总数的 18.4%。以上数据足以说明体育赞助对体育产业的巨大影响。

国外企业普遍认为赞助体育至少有以下几个方面的好处：

（1）与广告媒体受众分流相比，体育能以其激情、刺激、活力与悬念吸引全球不同肤色、种族、性别以及年龄观众的关注。全球有 17 亿人通过电视观看 1998 年法国世界杯决赛就是最有说服力的佐证。这对提升赞助商的形象、扩大品牌知名度以及促销都是十分有利的。

（2）体育比赛积极向上、勇于拼搏的健康形象对企业及其产品的形象有"增值效应"。

（3）赞助商能在情感上与体育爱好者（消费者）形成共鸣。

（4）有助于促进企业文化（企业凝聚力与自豪感）的建设。

（5）为企业公关及招待客户提供了机会。

体育赞助可以是无偿的社会公益活动，也可以是有偿的商业行为，不过在市场经济条件下公益性已不太为人所关注，它的商业性却广为拓展。体育赞助已经发展为规模庞大的一项商业行为，对体育事业的作用与影响也意义深远。对于赞助商而言，体育赞助能扩大企业和品牌的知名度，美化企业的品牌形象，重新塑造商品个性特征，使商品差异化，有针对性地与目标顾客沟通，凸显赞助商的实力与地位；能绕过某些沟通障碍展示产品和先进技术，获得消费者在心理上的消费偏好和激发消费者的购买欲望，有利于企业产品的销售，同时还能激励本企业的员工。和一般的纯粹商业性行为不同，体育赞助有利于企业与政府或社会团体建立更密切的关系，创造出更有利于企业生存的社会环境。对于被赞助方，体育赞助能够扩大财源，增强活力，改善体育的社会形象，提高体育的社会地位；能够有力地激活各类比赛的举行，从而促进运动水平的提高和竞技体育的发展；能够满足民众日益增长的体育观赏需求，促进群众性体育活动的开展。

由于长期受计划经济体制的影响，多年来我国一直把体育作为纯粹福利事业，国家这一体育事业的唯一投资者主导着整个体育事业的发展，并完全承担着我国体育事业的责任。同时，在我们的主导思想中，也一直把体育领域的劳动视为非生产劳动，认为体育不能生产和创造经济价值，只是在利用和实现投资的社会价值。但随着我国经济体制改革的推进，社会各经济部门的主导思想有了根本性改变，因而也已不再把体育视为单一的社会福利。体育作为社会经济生活的重要部分，被纳入整个社会经济发展的范畴之中，要把体育推向社会，推向市场。

在体育产业里，体育赞助扮演着相当重要的作用。有资料显示，全世界的企业投向体育的费用占其赞助费用总额的74%。目前，在我国国内选择观看体育赛事已经成为消费者休闲活动的首选。在15~49岁的人群里运动人口的比例已高达75%。更令人惊奇的是在这个年龄层中居然有47%的人曾经亲自前往现场观赏体育赛事。由此可见，随着人们生活水平的提高以及体育休闲在人们日常生活中地位的上升，体育赞助的魅力会逐渐体现出来，将给无数企业带来巨大的商机，从而促进体育产业的发展。不得不承认，体育赞助的巨大魅力及它给企业和体育产业带来的影响，使之在体育产业发展中占有重要的地位。

美国的一项调查显示，64%的受访者比较愿意购买体育赞助厂商的产品，其根源在于厂商的公益性。有统计资料表明，一个企业要想在世界范围内提高自己的品牌认知度，每提高1%就需要2 000万美元的广告费，而通过大型的体育比赛如奥运会、世界杯足球赛等，这种认知度可提高到10%，同时还能获得很好的经济效益。因此，大型的企业都不惜花大价钱成为大型比赛的合作伙伴，以此开拓市场来获取经济利益。

赞助是一项"四位一体"的工作——赞助方、被赞助方、中介、媒体，四方必须一起合作。这四方就像汽车的四个轮子，其中赞助方和被赞助方是动力，中介和媒体掌控方向。

二、我国体育赞助存在的问题和建议

短短的几年，我国体育赞助发展的速度就已十分惊人，在经济全球化的带动下也逐步地实现了全球化、国际化，逐渐与国际接轨，在世界各种知名的体育赛事中初露锋芒，产生了不小的影响。但是，我国的体育赞助市场还存在一些问题，影响了我国体育赞助的发展。

（一）我国体育赞助存在的问题

1. 对体育赞助本质的认识不足

（1）体育赞助与捐赠的混同。目前，人们普遍认为体育赞助就是体育捐赠，就是各种组织或个人等对社会体育事业进行的不含有任何经济目的的无偿帮助和支持。实际上，赞助与捐赠的区别在于被赞助是一种有偿的要求回报的商业性营利活动；而捐赠是指国家、集体或个人进行的无偿帮助和赠送。体育赞助实则是企业以体育为媒介，以开拓市场、和与公众交流为目的的市场营销活动，是赞助双方的资源交换过程。赞助与捐赠认识上的混同，使体育组织在开展体育赞助活动时，过多地考虑自身的需求，而忽视了赞助者的营利性需求，从而打击了企业体育赞助的积极性，影响了体育赞助的发展。

（2）体育公益性赞助与商业性赞助的认识问题。无论是公益性赞助还是商业性赞助，其根本都是通过赞助活动，实现其赞助企业的营利性目的，而并非无偿地支持体育公益性事业。企业的公益性体育赞助，其实质是一种社会公共关系的商业性营销活动。企业通过对体育公益性事业的支持，树立企业良好形象，提高知名度，从而达到营销获利的根本目的。

2. 体育赞助的定位不当

体育赞助和广告、公共关系的促销一样，同属企业沟通和营销的商业活动手段。这一点已成为国际社会的共识。在国外，赞助费用都能计入成本税前开支。对此，法国、意大利等国家甚至有专门的法律给予保障。而我国由于对体育赞助的本质认识不足，相关部门仍把赞助等同于捐赠，把体育赞助看成非营销手段，不能和广告一样计入成本和税前开支，使得企业只能变换方式，改用广告的名义走账，或者税后从利润或职工的福利费用中开支。体育赞助定位不当，无形中加大了企业体育赞助的成本，挫伤了企业赞助的积极性。另外，由于体育赞助定位不当，政府对体育赞助缺乏必要的政策支持和引导。尽管体育赞助有其商业性的一面，但同时也有其社会性的一面。前英国体育赞助委员会主席丹尼斯豪威尔在 1983 年的《豪威尔报告》中明确指出，体育赞助服务了整个体育，同时也服务了参与体育的人群。体育赞助所具有的社会效应，使一些国家通过优惠政策予以提倡和鼓励，有的予以减免税优惠。而我国却缺乏这方面的优惠政策。据我国学者蔡俊五对北京 43 家企业的调查，100% 的企业认为政府在体育赞助政策、纳税方面缺乏激励机制，对体育赞助缺乏科学定位，阻碍了我国体育赞助的发展。

由于体育赞助活动需要与其他组织协调共同进行，因此赞助活动有一定的时机性，如体育比赛并不是根据企业所希望的时机开展的。因此，一时或一地进行的体育活动并不一定就适合企业进行赞助。我国不少企业在这方面往往表现出凭感觉拍板的弊病，缺乏合理的、全面的赞助活动分析，结果经常是花了冤枉钱还收不到效益。

2003 年夏天，西班牙足球甲级联赛豪门球队皇家马德里足球俱乐部访问中国，为了提升品牌的知名度，国内休闲服饰企业——七匹狼实业股份有限公司（以下简称"七匹狼"）斥资 400 万元，成为皇家马德里中国行第一场"龙马之战"的唯一指定服装赞助商。以唯一指定服装赞助商的身份，出现在如此庞大宣传攻势的体育赛事中，表明了七匹狼在服装界力争成为强者的雄心。这种营销手段堪称是国内服装业罕见的"大手笔"。令人遗憾的是，七匹狼投入巨额赞助塑造品牌的行为并未能够得到应有的回报。七匹狼虽然是这次比赛的唯一指定服装赞助品牌，但在镜头前，皇马球星却几乎从来没有穿过七匹狼品牌的休闲装，球星们不仅在赛场上穿的是阿迪达斯的运动服，就连其他活动也都身着阿迪达斯的运动服。更为致命的是，七匹狼在各大媒体和自己专卖店及网站刊登的广告上，七位巨星身着的都是阿迪达斯的运动服，这实在无异于自己为竞争对手做广告买单。在看似并不复杂的体育赞助营销活动中，七匹狼付出了高昂的学费甚至成为业界的笑话，被某杂志评选为 2003 年营销十大败笔之一。由此可见，国内企业在体育赞助过程中，准确把握赞助与企业品牌战略之间的关系，要基于企业目标受众、体育赛事性质、赞助时机等来选择赞助对象，赞助赛事应与其他沟通手段有效配合，并加以深入挖掘，就显得迫在眉睫，提高整体运作能力也更加任重道远。

3. 体育赞助法规不完善

我国虽然在体育赞助方面制定了一些法规，但由于把"体育赞助是体育捐赠"的定位作为体育赞助法规制定的依据，很难有效地保护体育赞助企业的合法权益。例如，国家体育运动委员会 1996 年出台的《社会捐赠（赞助）运动员、教练员奖金、奖品管理暂行办法》无视体育赞助与捐赠的本质区别，将两者混为一谈，在法规层面上把体育赞助与捐赠同等对待，使赞助者本应享受的合法权益得不到保障。目前，我国虽然已经存在多种法规来规范体育赞助行为，但是体育赞助行为专门立法仍为空白，并且缺乏配套的法律实施细则，因此在解决纠纷的过程中仍存在困难。

4. 埋伏营销的消极影响

1999 年，柯拉把埋伏营销定义为公司将自己与赞助的赛事联系起来，但不付钱的行为。企业实施埋伏营销的主要途径如下：

（1）组织一些与比赛结果有关的竞猜活动，或者把比赛门票当成奖品送发。

（2）对转播比赛的媒体进行赞助。

（3）在比赛期间播放广告，有意通过内容将公司产品与赛事发生联系。

（4）在靠近比赛地点发放传单或宣传小册子等。

由于埋伏营销的成本低、利润大，越来越多的企业采用埋伏营销。然而，埋伏营销会给消费者造成一种假象，让消费者误以为埋伏营销者才是赛事的赞助者，或者在某种程度上与赛事有联系，从而削弱了正式赞助商的影响和形象，损害了正式赞助者的合法权益。例如，在 1998 年的"托普电脑杯 98 世界女飞人挑战赛"上，由于沱牌曲酒独家赞助了这次转播比赛的 12 家电视台，这家酒厂的招牌在比赛节目中频频出现，这削弱了托普电脑公司独家赞助体育赛事的形象，使沱牌曲酒的埋伏营销的回报远远超过了托普电脑公司的正式赞助回报。而沱牌曲酒对赛事转播赞助的花费仅 30 万~40 万元，远远低于托普电脑公司的 100 万元的赞助成本。体育赞助成本与收益的失衡，势必影响企业的体育赞助热情。2010 年世界杯赛场上，36 名身着统一橙色短裙的金发女郎出现在世界杯看台上。然而，在该场比赛下半场时，她们即被 FIFA 官方驱逐出比赛球场。原来这是一家名叫巴瓦利亚的荷兰啤酒商精心策划的埋伏营销。巴瓦利亚试图通过这些性感女郎达到品牌曝光的目的。从效果来看，虽然性感女郎们被驱逐出了球场，但巴瓦利亚的名字却在电视、网络等平台上红极一时。巴瓦利亚用尽可能低廉的成本，来收获最可观的效益，但这无疑也是在损害 2010 年世界杯赞助商中其他啤酒商的合法权益。

5. 体育赞助品的质量问题

赞助产品的质量是开展赞助活动、提高赞助回报的基础。由于我国体育赞助发展较晚，赛事水平普遍偏低，档次、规模相对较差，加之体育组织管理水平不高，赞助产品的质量没有明显的改变。而体育组织对体育赞助产品的定价又脱离市场需求，要价很高，使赞助方难以接受。据蔡俊五对北京 43 家企业的调查，98% 的企业都认为要价太高。而体育组织为了减轻财政的压力，纷纷开展和扩大职业俱乐部联赛制，或者不断扩大赞助性比赛的数量，忽视体育赞助产品"质"的提高。例如，体育系统 1997 年全国赞助性比赛的次数从前一年的 9 662 次猛增到20 786次，增幅高达 115%。由于盲目地追求产品数量，而忽视了产品质量，导致赞助总收入不但没有增加，反而从 5.790 1 亿元降至 4.273 9 亿元，降幅为 26%。企业认为体育赛事规模小、宣传覆盖面窄、影响力小，抑制了企业的体育赞助需求。

（1）体育赞助短期性行为太强。在少数情况下，体育赞助对企业可能会产生立竿见影的效果，但在多数情况下，体育赞助的效果要经历一段时间后才会显露，这被称为体育赞助的"滞后效应"。体育赞助对受众起作用，需要一个时间过程，只有当体育赞助投入达到一定程度，才会滞后性地让消费者产生购买的行为。不少企业往往会忽视这一客观因素。例如，在北京世界大学生运动会（以下简称"北京大运会"）期间，赞助商中涌现出不少新面孔。有些企业是刚刚成长起来的，首次利用赞助北京大运会的方式为其提高品牌知名度。但是北京大运会之后这些企业便销声匿迹了，再没有出现在其他体育赛事赞助商的名单里。这种昙花一现式的体育赞助行为，在我国的企业中并不少见。投入巨额赞助费建立起来的知名度，是需要通过连续性的营销或赞助活动来进行维持的。要使赞助项目真正发挥效用，企业需要投入资金、时间、精力来开展一系列后续推广、宣传和促销等活动。

（2）赞助活动的组织能力不强。体育赞助是一个复杂的系统活动。只有当参与的四方，即赞助者、被赞助者、媒体和中介机构都旗鼓相当、精诚团结、同心协力、密切合作时，才能创造体育赞助的良好效益。由于体育赞助活动的规模较大，涉及的营销工具与宣传手段丰富，往往不是单个企业能承担的，它不仅要求活动组织人员具有全面的、专业的实践经验与统筹组织能力，而且需要能获得各组织机构的支持。我国企业在体育赞助过程中，往往由于某个部门或环节的工作做得不充分，敷衍了事而导致整个赞助活动达不到预期效果，最终使企业蒙受损失。

6. 体育赞助过于商业化

体育赞助是在无形当中让观众、消费者无意识地接受企业的产品。如果过度商业化，则有违体育运动的本质，也容易引起消费者的反感情绪，从而不接受赞助企业的产品。以 2002 年韩日世界杯足球赛为例，中国队首次打入世界杯足球赛决赛圈，让中国人为之振奋。中国足球协会只顾拉赞助，热身赛安排不力。中国足球协会部分官员、教练忙于各种应酬，部分球员忙于做广告，结果在比赛中一球未进、净负九球。因此，有网民评论道："看中国队进球，到电视广告里找。"由于过度商业化，球员在 2002 年韩日世界杯足球赛上的表现差劲，观众、消费者对他们产生了一种抵制心态，从而对赞助企业的产品也出现了抵制情绪。

（二）对发展我国体育赞助的建议

1. 观念更新

企业进行体育赞助的主要目的就是获利，缺乏营利性机制的赞助活动将使企业失去赞助的动力。为此，体育组织应该更新观念，改变那种体育赞助就是体育捐赠的陈旧观念，使之开展体育赞助活动时，既考虑自身的需求，又充分考虑赞助者的需求。通过体育赞助活动，双方达到利润最大化，实现双赢的结果，从而激励企业积极参与体育赞助。

2. 体育赞助的合理定位及其政策的优惠

通过对体育赞助"商业性本质"的充分认识，国家有关部门应转变对体育赞助的观念和定位，使企业的体育赞助费用和广告费用一样均可列入成本和税前开支，以减少企业体育赞助的成本支出。同时，国家有关部门应借鉴先进经验，制定企业体育赞助的优惠政策，通过优惠政策激励和引导企业积极参与体育赞助，推动我国体育赞助的发展。

3. 法律制度的完善

我国应通过法律制度的完善，对体育赞助的性质以及赞助者、被赞助者、中介机构的权益作出必要的规定和说明；通过法律制度的强制实施，保护企业体育赞助的合法权益；通过市场法治环境的改善，激励企业参与体育赞助，加速我国体育赞助的发展。

4. 减少体育赞助活动中的埋伏营销

企业作为市场经营的主体，其首要目的就是利润最大化。既然埋伏营销的成本低、利润大，那么高额利润的内驱力就会使它们通过各种方式进行埋伏营销。于是，对埋伏营销的抑制就显得十分困难。在一定程度上，体育组织者只能通过法律的方式来解决埋伏营销问题，即通过体育执法力度的加强，加大埋伏营销者的营销成本，抑制其埋伏营销的发展，使体育赞助者的权益得到保护。

5. 合理选择体育赞助的形式，注重赞助的长效性

体育赞助的形式主要有三种：媒体节目赞助、运动队赞助和赛事赞助。开展什么层次、项目和规模的赞助都取决于企业的特点、地位、实力和战略目标，必须慎之又慎。企业需要根据自身的实力以及所要达到的营销目标并结合赞助形式的特点进行决策。

赞助是长时期的投入，其回报的周期也比较长。企业唯有不断地给受众以刺激，才能给受众留下印象。随着赛事的临近，由小到大、由远及近、由浅至深地加深目

标受众的印象，企业才能形成连绵不断和高潮迭起的宣传效果。此外，消费者可能出现一时无需求或需求不强烈，或者有需求但一时没有支付能力，或者有支付能力、有需求，但本地一时无货等情况。这些都会导致体育赞助效果的滞后。因此，企业在决策体育赞助投入时，应充分考虑体育赞助的滞后效应与累积效果，克服短期行为，实现体育赞助投入效果的质的飞跃。

体育赞助的宣传效应以心理效应为主，各种功能只有经过长期不懈的努力方能实现，很难一蹴而就。因此，体育赞助贵在坚持，无论是赞助目标还是赞助对象都要保持相对稳定。

6. 提高体育赞助品质量

随着企业体育赞助业务的深入发展，企业体育赞助日益理性化和成熟化，企业对其从体育赞助中得到的利润是多少、付出是多少，变得越来越精通、老练。为此，体育组织只有提高赞助品的质量，增加赞助者的满意度，才能吸引赞助者、留住赞助者。一方面，体育组织应充分利用已有的高层次、高水平、高吸引力的可赞助资源，使之发挥最大作用；另一方面，体育组织应通过不断创新，创造出新的卖点、亮点，产生社会轰动效应，提高体育赞助的品牌和档次。例如，体育组织通过比赛时间、空间、内容和规则的创新，使体育赞助商得到更多、更好的赞助回报，吸引更多的企业参与体育赞助活动。

在进行广告、公关、促销等配套宣传时，体育组织要有创意的想法，以创新的手段和方式找到与企业相关的切入点。体育赞助实际上是一个带有很大风险性的行为，只有管理好了，才能给赞助者带来收益。赞助企业和体育管理部门必须牢牢把握以下两点：第一，赞助双方是以支持和回报的等价交换为核心的双赢沟通手段，即强调双赢。第二，赞助只是一种沟通手段，其目的是扩大沟通效果，提高企业的知名度和美誉度。体育管理部门又该怎样完善体育赞助事业呢？首先，体育市场开发部门应建立健全诚信体系；其次，体育管理部门应制定和执行严格的赞助排他性原则；最后，体育管理者应掌握赞助商的赞助动机，了解赞助商对受赞助体育赛事的期望，并做好赞助方案。

7. 构建"三赢"的合作伙伴关系

在体育赛事中，赞助商、体育主体、媒体应通力合作，构建"三赢"的合作伙伴关系。体育运动是多种价值的载体，除强身健体外，还是约束人们形成正当社会规范的有力工具，是竞争与协作的最佳平衡器，对人们建立崇高的生活目标有着重要的导向作用。媒体尤其是电视，能对体育赛事进行无限复制，一场比赛可同步让数十亿人看到。任何体育赛事现场观众毕竟有限，只有通过电视转播才能让更多的人欣赏到体育赛事。如果没有电视转播，赛事的影响就会大大降低，赞助商的赞助热情就会大打折扣。没有被广泛关注的体育赛事转播，电视台尤其是体育频道的收视率会大大下降，并最终影响赞助效果。赞助商需要借助合适的体育赛事和电视台的播放，达到自身的目标。

体育主体、电视台需要赞助商提供资金或实物，确保赛事顺利进行。因此，赞助商、体育主体和媒体都拥有对方需要的资源，也都能从对方得到自己所需要的资源，从而实现资源共享、各取所需。目前，我国体育赞助的最大问题恰恰是不能使赞助商取得商业利润。赞助商要取得成功，应把握以下两条原则：一是获利原则。企业决定赞助之前，往往会与"硬广告"做比较，赞助利益与赞助金额的均衡是赞助决策的关键。奥运会全球赞助商国际商业机器公司（International Business Machines Corporation，IBM）在2000年奥运会后，结束了与奥运会长达38年的赞助关系，此举是因为该公司觉得投资与报酬不相称，且与国际奥委会未能达成共识。二是相似原则。"赞助匹配"是指消费者感知到该体育项目与其赞助品牌在形象、价值和逻辑联系方面的相似程度，这种关联感知的相似性来自赞助商和被赞助对象在功能、属性和产品之间的关联。赞助的体育项目的观众与赞助商的目标顾客应相似，有较大的关联性。赞助商通过赞助其目标顾客喜爱的体育项目，与他们建立对话的平台。例如，我国邮政速递公司曾连续多年以邮政特快专递服务（EMS）冠名，赞助举办"甲A（中国足球甲级A组联赛）最快进球评选"，很好地把公司业务"快速、准确"的特点与足球比赛中最具魅力的时刻——"射门"和最讲究的"速度"联系在一起。因为正确地选择赞助对象而给公司带来巨额回报的例子不胜枚举。国内这方面的典型案例当数上海航星集团赞助辽宁足球俱乐部。1995年，具有"十连冠"光荣历史的辽宁足球队惨遭不幸，从中国足球甲级A组联赛降入甲级B组联赛，陷入低谷。就在其极度困难的时候，上海航星集团以400万元的高价买下了该俱乐部的冠名权。并且承诺，如果该俱乐部当年能够重返甲级A组联赛，再奖50万元。虽然辽宁队1996年的战绩不尽如人意，也未能重返甲级A组联赛，但航星集团却因此而获得相当大的利益，当年的总产值从上一年的2.4亿元猛增至4亿元，当年增长幅度达67%。取得如此可观的业绩和赞助辽宁足球俱乐部所产生的巨大广告效应有很大关系。2022年，意大利足协与意大利航空建立了赞助合作关系，合作将持续到 2024 年年底。根据赞助协议，该公司将成为意大利国家足球队的官方航空公司，负责未来两个赛季的所有航空旅行。意大利航空自成立以来，就将其品牌与世界体育联系在一起。意大利足协主席加布里埃尔·格拉维纳表示："今天我们庆祝协会和意大利航空之间根深蒂固的合作关系，这是我们之间的一种天然联盟。事实上，意大利航空在全世界传播着意大利的形象和它的卓越，意大利国家足球队为自己是这个伟大体系的一部分而自豪。"

体育赞助是产品的市场推广与民众的情感沟通的桥梁。运动营销是以运动项目为原动力，以著名的运动员群体为感召体，以产品销售为终极目的，对公共关系市场推广、广告促销和产品测试等市场目标加以实施的市场技术。因此，体育市场又被称为"项目市场"或"运动营销市场"，是为公众提供娱乐和消遣服务的一种生活方式市场，以满足人们的心理需求来进行有效的商业运作。为此，体育市场必须认真学习市场运作理念，加强策略研究，提高管理水平。体育赞助不是慈善捐助，寻求市场回报和商业利润是赞助商的基本倾向。赞助商在评价体育项目时所使用的规则已由个性化和随意化向标准化和程式化转变。

三、体育赞助经纪

（一）体育赞助中体育经纪人的市场营销微观环境

体育经纪人的微观环境因素主要包括供应者、赞助商、媒体、消费者、竞争者。

1. 供应者

在体育经纪人市场中，体育经纪人作为市场主体，必然要同各种组织或个人发生关系。对体育经纪人而言，供应者可以是运动员，他们将其无形资产（姓名权、肖像权等）的商业价值的代理权提供给体育经纪人，体育经纪人通过寻找赞助商对运动员无形资产的赞助，开发运动员的商业价值。供应者也可以是体育部门、体育组织，它们将各类赛事的代理权提供给体育经纪人，体育经纪人通过选择赞助商赞助体育赛事，获得赛事的筹备资金以及和赛事相关的资金。体育经纪人通过代理、居间、行纪等方式从供应者处获取佣金，而供应者一方也可以通过代理权的"出售"，达到简化营销程序、提高效率和交易成功率等目的。目前，世界上多数体育部门、体育组织都与体育经纪人建立了良好的关系，大量赛事由体育经纪人代理，运动员经纪则更为普遍，体育经纪人在赞助商和供应者之间起到了很好的纽带作用。

2. 赞助商

体育赞助已成为体育行销的一种普遍形式，通过投资于体育运动，赞助商可以从中获得潜在的商机和利润。据美国国际事件集团（IEG）的统计，1995—2001年，世界赞助总额从122亿美元增长到220亿美元，平均年增长率高达16%。2018年，根据世界广告研究中心（WARC）提供的一份报告，全球广告客户在赞助方面的支出总额达到660亿美元，这些资金中的大部分都流向了体育产业。据全球数据分析和咨询公司Global Data估算，在2022年卡塔尔世界杯中，中国企业赞助了13.95亿美元，总赞助额位列全球第一，中国企业成为2022年卡塔尔世界杯的顶级赞助商，赞助总额超过了包含可口可乐、麦当劳和百威等全球知名品牌在内的"美国队"。但是，为委托人赢得赞助并不容易，体育经纪人要对运动员委托人了如指掌，对运动员有一个合适的定位，不能随意地就接受赞助商对运动员的赞助。姚明的经纪人小组——"姚之队"为姚明的定位是一个年轻有为、蓬勃向上、勤奋好学、有责任心的青年，凡是与形象不符的广告一概不做，不管出多高的价，姚明都不会签约。体育经纪人也要对赛事有充分的了解，了解体育赞助市场情况，确定目标赞助商，评估赛事中的预期消费群体和赞助商的目标消费群体是否符合。在与赞助商的谈判中，体育经纪人应与赞助商分析赛事项目和对方产品类型之间的吻合度、双方风格之间的吻合度，并提供给赞助商详细的营销计划，从而引起赞助商的兴趣，促成双方达成合作意向。

3. 媒体

媒体的参与是体育比赛吸引赞助商的重要因素之一。没有各种媒体的宣传、报道、配合和造势，体育赛事独有的魅力就会失色不少。同时，媒体可以扩大比赛影响力、提高赞助商的声誉、吸引潜在的消费者。随着社会的发展、科技的进步，媒体的数量和种类（包括电视、广播、报纸、杂志、网络等）日益增多。其中，电视媒体以其覆盖面广、曝光度高等优势，在众多媒体中备受青睐。赛事电视转播的方式主要有体育部门付费转播、电视台无偿转播、体育部门与电视台联合策划赛事、向电视台销售电视转播权（商业价值较高的赛事等）。体育经纪人应根据赛事的水平、受关注程度等选择适当的媒体参与。在美国职业体育赛事中，电视转播权的出售在职业联赛的收入中占有很大的比重。虽然中国的电视转播权几乎被中央电视台垄断，但是随着我国职业体育的发展，电视转播权的自由买卖会逐渐发展起来，打破一台独揽的局面，这时就需要体育经纪人的介入，在媒体和赛事组织者中间斡旋，使得最后达成转播协议。网络已经深入人们的生活之中，网络电视的观看使得网络赞助也成为可能，且会有越来越强烈的趋势。

4. 消费者

消费者是市场营销环境中最重要的力量。体育产品供应者、体育经纪人、赞助商、媒体所做的一切活动都是为了使体育产品最终能够得到目标受众——消费者的青睐。因此，消费者是体育产品经营和营销的出发点与归宿点。体育消费者主要通过两种途径欣赏比赛：现场观看和通过媒体欣赏。体育经纪人在这个过程中，要对赞助实施进行检查监督（如广告牌的安置、商品展览的陈列等），维护赞助商的权益。若广告牌安置得当、商品陈列适宜，赞助商会在消费者心中留下积极的印象，消费者并不认为这是一种商业广告，反而会觉得赞助企业的形象具有公益性，比较容易接受赞助企业的产品，倾向于消费赞助企业的商品。

5. 竞争者

随着体育职业化、商业化的发展，体育经纪人正逐渐发展成为一个令人羡慕的职业。越来越多的人加入这个前景美好的行业中来。从业人员的增多意味着竞争的加剧，谁能够以自己的优势打动和吸引委托人，谁就能在竞争中胜出。营销活动的根本任务就是要比竞争对手更好地满足目标顾客的需求，因此体育经纪人必须了解竞争对手的情况，认清自身在竞争中的优势和劣势，正所谓"知己知彼，百战不殆"。只有在竞争中充分发挥自己的优势，才有可能处于不败之地。

（二）体育赞助中体育经纪人的市场营销宏观环境

体育经纪人的市场营销宏观环境主要包括政治环境、经济环境、法律环境等。

1. 政治环境

政治环境是指对企业产生影响的政党、社会集团、社会势力等在国家生活和国际关系方面的政策与活动。对我国的体育经纪人而言，体育经纪人伴随市场经济体制的确立而产生，随着体育职业化、商业产业化的发展而发展。国家对职业体育变革的支持，也促进了体育经纪人行业的发展。

随着我国加入世界贸易组织、经济全球化以及体育运动的国际化趋势，体育经纪人面临着前所未有的发展机遇。体育经纪人必须研究国际政治环境对营销活动的影响，并努力适应其影响。在国际体育行为中，赞助变得尤为重要。赞助国际大型赛事，对企业的发展有着积极的意义。

2. 经济环境

一个国家和社会经济运行状况及其发展变化趋势将直接或间接地对企业市场营销环境产生影响。与其他环境力量相比，经济环境对企业的营销活动有着更为直接的影响。一个国家经济环境将直接影响国内居民的消费方式和内容，较好的经济环境意味着居民拥有较高的收入，较高的收入让消费者可以有更多的钱用于支付娱乐、休闲、参与和观赏体育比赛所产生的费用。居民对体育比赛的需求增加，也就意味着体育经纪人有了更大的发展空间。我国自市场经济体制建立以来，国民经济持续高速增长，人民生活水平不断提高，经济得到了飞速的发展。居民消费结构的变化、良好的宏观经济环境，为我国体育经纪人的市场营销活动铺设了宽阔的发展道路。

3. 法律环境

法律环境对企业的营销活动起到约束和限制的作用。世界各国对于体育经纪人的法规管理有所不同。美国有 20 多个州制定了体育经纪人管理的专门条例。欧洲的许多国家则在民法和商法中对经纪人有专门的论述，一些国家还制定了专门的经纪人法。随着我国经济体制的不断完善，法律体系日趋健全。从 1982 年起，我国已经陆续出台了大量的经济法规，法律环境对企业市场营销活动的作用越来越大。但是专门针对体育经纪人及其经纪活动的法规较少。尽管国家和一些地方政府出台了部分经纪人管理办法，一些项目管理中心也出台了本项目的经纪人管理办法，但从总体来看，我国体育经纪人法律制度有待完善，体育经纪合同规范化程度低，对体育经纪人信用监管不足，体育经纪纠纷解决机制不完善。在这种情况下，违规操作等现象时有发生且管理困难，对我国体育经纪人的发展十分不利。体育经纪人应以现有的法律法规为准则，并遵守和体育经纪活动相关的法律法规及有关的体育规章制度，从事经纪活动。

(三) 体育赞助中介

体育赞助中介机构（或经纪人）无论在促成赞助交易，还是在优化赞助资源配置、提高赞助质量和效益等方面都起着巨大的、不可代替的作用。此外，体育赞助许多优势的形成和发挥都离不开媒体，如果没有媒体通过铺垫、包装、炒作、转播、报道和评论等多种手段的大力配合、渲染和推波助澜，体育赞助几乎就会失去其独有的魅力而无法存在。因此，中介机构和媒体是体育赞助的天然同盟军。在发达国家，中介机构和媒体已经成为体育赞助联合体中的两个不可或缺的组成部分。在我国，这两者的力量还没有得到应有的重视。由于赞助方和被赞助方是两个主要的利益主体，赞助的成败得失与他们的关系更大，因此他们更应该多多依靠与借助中介机构和媒体的力量，主动寻求与中介机构和媒体合作。

在体育赞助营销过程中，经纪人有两个方面的作用：一方面是有利于促成赞助双方的交易。赞助双方没有能力也没有必要去详细地收集有关赞助市场的情况。经纪人专门从事这方面的工作，掌握了大量有关赞助市场的信息，对于市场的行情和双方的心理有比较好的把握，因此能够较好地促成双方的交易。另一方面是有利于提高赞助的策划和实施水平。经纪人拥有关于体育赞助的丰富的专业知识和实践经验，他们可以根据双方的要求和赛事的特点，设计可行的、有效的赞助方案，并参与整个赞助方案的实施过程，从而提高了赞助活动的质量和水平。对赞助商来说，其提高了赞助投资的收益；对被赞助方来说，其节约了大量的时间和人力，获得了满意的融资效果，并可以专注于工作质量和工作效率。因此，强化与经纪人的合作和沟通，对体育赞助营销的实施就显得十分重要。

缺少专业的体育赞助中介组织制约着我国体育赞助的发展。我国体育赞助的中介机构与国外同行在成功销售赞助这一关键点上相比，差距较大，主要体现在：第一，我们的赞助方案中没有对每一个赞助内容都标出价格，也没有体现出给赞助者带来的市场价值和与媒体广告相比的真正优点。第二，对于赞助商来说，赞助评估是判断赛事赞助能否对公司的销售、形象以及公共关系提高的一个量表；而对于体育组织及体育赞助的中介来说，赞助评估是其了解赞助计划成功与否的一个有效途径。体育组织及体育赞助中介要帮助赞助商形成赞助赛事效果的评估，体现赞助评估过程与赞助商在此阶段的销售计划相一致。第三，努力吸引赞助商的高层管理人员参与到赛事的组织中来，这是保证赞助计划销售成功且顺利履约以及维系与赞助商关系的一个关键。第四，建立积极有效的反馈机制。体育赞助中介应在赛前、赛中、赛后都要与赞助商建立积极有效的沟通，及时将赛况及赛事的观众人数、媒体报道的广度和频度发送给赞助商。这一点对于保证赞助商顺利履约，建立长期良好的合作关系是非常重要的。与之相比，更重要的是赛后的沟通，体育赞助中介应在赛后将赛事的整个赛况、赛事中有关赞助商的图像资料以及赞助商赞助赛事的评估报告及时传送给赞助商。

赞助商最关心的是回报，也就是关心赞助行动对树立企业形象、推广企业产品到底能起多大作用。就我国目前的体育市场状况而言，赞助代理属于体育经纪领域中前景较好的一项业务，有一定的社会认同感和良好的企业支持环境。代理企业投放赞助或寻求赞助对象的体育经纪公司必须了解客户的需求及其想要达到的目的。

从事企业赞助代理的体育经纪公司或体育经纪人应遵循以下基本原则：

（1）坚持排他性原则。企业在赞助某项比赛或某个俱乐部之后，最不希望看到竞争对手拥有同等的权利，或者是与赞助的球队或比赛发生任何的利益关系。在球队或比赛接受赞助的时候，其不可以同时接受竞争对手的赞助。国际奥委会的奥林匹克全球赞助计划规定：一个类型的项目只能有一个计划赞助商。例如，阿迪达斯公司本来与英国奥委会达成了服装使用方面的专有协议，但在悉尼奥运会举办前，由于很多游泳运动员喜欢"斯毕都"牌的泳衣，英国奥委会只好请斯毕都提供游泳服装。为避免损害指定赞助商阿迪达斯公司的利益，英国奥委会不允许斯毕都公司在游泳服上印出该公司的商标。但即使是这样，此举还是对原协议造成了不良后果。

（2）防止他人在非授权情况下与比赛或俱乐部扯上关系。这种情况通常很难避免。总是有人想搭便车，隐晦地利用比赛或球队为自己获利。他们可能会盗用比赛或球队的专用标语或图案，或者直接使用无明显区别的标志进行商业促销，误导顾客认为该公司与比赛组织者或俱乐部有着某种联系。例如，在未签合同的情况下，在比赛转播过程中插播广告，或者在比赛场地之外出现与比赛有关的广告牌等。如遇到上述情况，体育经纪人与赞助商应聘请律师及时采取相应的法律行动。

（3）注重运用分散和集中的辩证关系。企业在制订赞助计划的时候，通常不会与太多的项目协会发生协议关系，因为那样做反而会降低赞助的实际价值。尤其当一个新产品创牌的时候更要注意，在资金有限的情况下应该针对某一个项目或某一项赛事集中投入，最大范围内获得消费者的注意，从而对目标市场产生一定的冲击力。当然，也有许多著名企业采取了分散策略，把赞助资金投向尽可能多的项目、比赛或者运动员，可谓大手笔。但在通常情况下，这些都是世界一流的大公司，如可口可乐、耐克等。它们赞助体育的目的已经超越了树立企业形象或推出新品牌的初级目标，而是将体育作为企业灵魂和企业文化的一部分。因此，当我们谈起这些公司的时候，想到的不仅仅是某一个具体的比赛或某一名运动员，更多的是它与体育存在着不可分割的联系。

（4）注意赞助商之间的力量对比，合理保护各级赞助商的利益。一般来说，企业在体育赞助决策中不愿在同一层次或相似条件下与同一行业内的竞争对手共同成为赞助商，即使是由于资金或实物的等同被比赛主办方划为同一类赞助商时，它们仍希望能与其他行业或其他领域，具有同一档次、同一规模的企业成为赞助伙伴。比赛或球队应该自觉不与赞助商的竞争企业发生关联，这也是国际奥委会推出奥林匹克全球赞助计划的原因。目前这种赞助等级划分制已经被各单项体协及各国体育组织所借鉴。奥林匹克全球赞助计划将赞助商划分为三个等级：一是全球合作伙伴，只在一个行业或领域中选取唯一一名赞助商；二是国家层次的赞助商，也具有行业排他性；三是标志使用权赞助商，它们可以使用奥运会的特殊标志。实践证明，这种模式能够有效地保护各级赞助商的利益，同时募集更多的赞助资金。

（5）防止意外事件发生，做好多种应变准备。企业无论是赞助某项赛事、某名运动员或某个项目，都希望其能够在接受赞助支持后取得更好的成绩或保持优势地位。运动员的成绩下降、突然退役甚至死亡，俱乐部被降级等都会直接影响赞助商的利益，因此体育经纪人和赞助商均必须预先考虑到种种可能发生的情况以及解决办法，并明文写在协议中。体育经纪公司只有确保委托方与赞助商双方的权益，并且又能推出符合赞助商所需要的赞助项目时才能有所作为。

在2004年全球最有价值品牌的评选中，韩国的三星品牌名列第21位，这个十年前名不见经传、一直是在大多数西方人眼中廉价商品代名词的品牌一举成长为可以与微软、索尼和诺基亚等巨人相比肩的国际大品牌，三星品牌从丑小鸭到白天鹅的蜕变令人叹为观止。在此过程中，三星作为体育赞助商在品牌成长过程中的营销战略功不可没。

1997年，在饱受亚洲金融危机冲击、负债高达170亿美元的窘境下，当时的三星斥巨资成为奥运会奥林匹克全球赞助计划的赞助商之一，使深陷危机中的三星赢得挽回颓势、面向世界宣传其新形象的绝好良机。自此以后，三星与奥林匹克运动结下了不解之缘，先后成为长野冬奥会、悉尼奥运会和雅典奥运会的主赞助商。事实证明了三星的选择是正确的。多年来，随着象征奥运精神的五环标志与三星标志在世界范围内的频频同台亮相，三星品牌日益摆脱了在国际市场中低档品牌的尴尬处境，"年轻、流行、时尚数字先锋"的品牌形象逐渐深入人心。三星的巨大成功充分显示了体育赞助在企业的品牌战略中的重要地位。

案例一

体育运动的广告媒介特征分析

在现代商业社会中，具有社会传导功能的体育赛事不仅仅只是作为传播大众文化的媒介而被我们认识。现代商品经济社会中体育的职业化、商业化，将其造成了连接商业和媒体的中介桥梁。与媒体结合后的体育，因其能够携带、传播商业信息而成为现代商品经济社会的市场新"媒介"。其作为广告媒介所创造出的价值更为凸显。

随着社会的发展，传统媒体的传播环境日益恶化，由于个人化和媒体的细化，受众被分流，人们的注意力被分散，大量的广告充斥在强势媒体上，使这些媒体的空间越来越狭窄和拥挤，对与消费者的沟通反而造成了障碍。在这种情况下，许多企业纷纷寻求新的广告媒介。具有对大众眼球超大吸附力的体育赛事脱颖而出，成为广告媒介中的新宠。其成本比在传统媒体做广告要低得多，此外也为生产香烟等国家禁止在传统媒体上做广告的企业提供了传播途径。全球体育赛事赞助的飞速增长正是反映了体育媒介相较其他广告媒介所具有的无可比拟的优势。

一、与传统媒体的共生和激活

体育赛事的现场观众是极为有限的，尽管它精彩刺激、信息丰富，如果仅靠自身的能力，其传播范围和效果将会大打折扣。运动作为大众文化的组成部分，自然有着大众文化的基本特征。最为显著的特征是工业化复制。一场赛事，要被亿万人看到，就得靠传媒的加工、复制。

体育因报道而普及，更多人的关心使体育固定为一种"观赏性"项目。电视之前的媒体是报纸、收音机以及电影，1936年的柏林奥运会就用了收音机广播。电视的出现使体育运动更为普及。电视的特色就是诉诸视觉和听觉的现场性，而体育运动本身具有不确定性，赛场局势瞬息万变，最适合于电视的现场转播。之后的高速摄像技术让体育节目变得更有趣味性，网络及通信卫星又使体育节目能够覆盖到全世界。电视直播形成独特的传播场，使观众如临其境，耳闻目睹正在进行的比赛，从而产生现场感、参与感、动态感、新鲜感，使体育的魅力得到空前的发掘和张扬。体育赛事在制造体育信息、传播体育精神与文化的同时，广播、电视的直播将赛场的动画、音响、气氛无限地复制并传送给千家万户；报纸、杂志为观众提供比赛的深度报道和专业分析；互联网不仅提供比赛的即时信息还为运动员与观众、媒体与观众、观众与观众之间提供了自由的沟通空间。总而言之，传统媒体不但"克隆"了体育赛事，同时还延伸、放大、美化了比赛过程。

但是，体育媒介与传统媒介并非单一的依赖关系，而是互惠互利、相得益彰的关系。"广泛的媒体传播，有助于促进体育运动的普及发展和竞技水平的提高；而运动水平的提高、明星的产出，也有助于引起各种媒体客户的关注，提高媒体效益。这又有助于促进媒体对体育运动的发展给予关注和全方位的支持。传播媒体与体育媒介是互为促进、共同发展的市场关系。"

　　大型的体育赛事不仅是体育迷的节日，更是传媒的盛宴。2002 年韩日世界杯上，毫无疑问，斥资 2 498 万美元买下 2002 年和 2006 年世界杯转播权的中央电视台是最大的赢家。央视索福瑞媒介研究公司公布的监测数据显示，在 5 月 31 日世界杯开幕式和揭幕战的当天，中央电视台体育频道在全国八大城市的平均收视率为9.7%。6 月 5 日，中国队首战哥斯达黎加队，观众人数更是创下历史新高——收视率达到 24%。专家估计，全国有 2/3 以上的收视人口观看了 6 月 8 日的"中巴之战"，绝对人数将超过 7 亿人。从广告额来看，已有 4.5 亿元广告收入进账。1998年世界杯中央电视台的广告收入不到 1 亿元，而这次广告收入是其 5 倍还不止。印刷类媒体中，世界杯期间《北京青年报》零售量增加了 15% 以上，广告额净增4 000 万~5 000 万元。而专业媒体《东方体育日报》的广告收入在往年基础上翻了两倍还不止。本已经提前进入"冬季"的网络媒体也借世界杯"火"了一把。调查显示，73.79% 的网民在世界杯期间曾上网看世界杯相关报道，新浪网世界杯专题网站的访问量则突破 1 亿人次的纪录。2008 年 8 月 8 日晚，中国共有 8.4 亿人观看了北京奥运会开幕式电视转播。8 月 16 日，美国著名游泳运动员菲尔普斯完成了夺取8 枚奥运会金牌的梦想，北美独家转播奥运会比赛的 NBC 电视台收视率也创下历史新高，达到了美国 18 年来的收视率最高值，有超过 4 000 万的观众观看。据 NBC 统计，北京奥运会在美国的整体收视率甚至超过了 1996 年在美国本土举行的亚特兰大奥运会。全球知名媒介和资讯集团尼尔森在全球 38 个国家和地区所收集的数据表明，在 2008 北京奥运会的前 10 天，全球收看北京奥运会的观众已经达到 44 亿人，约为全球人口的三分之二。这一统计数据已经远远超过了 2000 年悉尼奥运会的 36亿观众和 2004 年雅典奥运会的 39 亿观众，创下了奥运会电视史上的新纪录。2018年，国际足联官方针对 2018 年俄罗斯世界杯足球赛在全世界范围内的收视情况发布公告。该公告指出，全世界约 35.72 亿人次通过官方渠道收看了世界杯赛事，平均每场比赛的观看数量为 1.91 亿人次，比 2014 年巴西世界杯足球赛提高了 2.1%。

　　在体育传播活动中，各种媒体各显所长，达到媒体资源的优化配置，产生巨大的传播效果。业界人士也已形成这样的共识：把信息、娱乐和商业融合在一起的新媒体，信息复制的成本大大降低，传播的速度大大提高，领域大大拓宽。体育运动为传统媒体注入了新的活力，为媒体带来了巨大的市场效益。

二、媒介资源的整合传播

无论是报纸、广播、电视还是霓虹灯、广告牌、灯箱、气球，这些媒介的形式是具有相对固定、单一形态的媒体。而体育媒介不同于这些媒介单一的、各自为政的传播特点，体育媒介是整合了众多大众传媒和广告媒介的综合性的、立体的传播媒介。体育媒介就像一艘装备了所有传播媒介的航空母舰，在相对集中的时间内，面向相对集中的受众，进行轰炸性攻势的广告信息传播活动。

体育媒介与大众传媒的整合为企业实施整合营销战略提供了广告信息发布的平台。赞助商通过赞助体育赛事获得冠名权以及独家广告信息发布优先权，从而成为与体育赛事息息相关的事件主体之一，以此来树立企业热心公益事业，慷慨解囊的公众形象。与此同时，体育媒介在体育赛事进行期间，配合事件炒作，整合广播、电视、网络等传统媒体渠道大量投放广告，形成广告信息立体的、大规模的传播阵容，达到轰炸性、密集性的造势效果。

体育媒介融合了各种形态的广告媒介，使广告信息得以整合传播，达到低成本、广覆盖、强效果的目的。体育运动的赛场上，广告就像五彩缤纷的闪光灯，无处不在、无时无刻不刺激着人们的感官。

当你观看一场温斯顿杯（温斯顿雪茄）赛车比赛时，赛道两侧全是赞助商的广告牌，头顶盘旋着印着韩国国民银行（Nations Bank）广告的汽艇，赛道上奔驰的赛车车身除了车顶印有车号外其他部位全是广告。修理站工作人员静立待命，他们的工作制服上都显眼地印着车队赞助商的标志，构成一幅幅人体广告牌。而你呢，正头戴阿迪达斯提供的纪念遮阳帽，手持佳能相机，吃着麦当劳的汉堡，喝着百事可乐，为你所钟爱的丰田车队或是宝马车队助威呐喊。聪明的赞助商总在提醒你"某某产品是本赛事专用产品""某某企业是本赛事独家赞助商"，而你是如此需要它们。

体育媒介几乎整合了电子广告媒介、印刷广告媒介、实物广告媒介、户外广告媒介和人际传播媒介等所有广告媒介，使观众在观看比赛的同时无时无刻不感受到广告的热情召唤。

体育媒介正是具有了这种整合性，才使得企业不惜重金赞助体育活动，利用体育媒介实行整合传播战略。整合传播就是媒体调动一切传播手段与资源对一个"有用信息"进行立体报道、主题引导的市场拓展方式。整合传播的目标是致力于经营品牌关系，以此获得顾客的信赖和忠诚，达到积累强大品牌资产的目的。整合传播就是研究向别人有效并高效地传递信息，以致最终改变目标受众的认识和行为的理论。为了达到"有效"，体育媒介就必须了解受众想了解什么信息，什么样的信息最容易被接受并最终影响到其行为的产生；为了达到"高效"，体育媒介就必须把多种传播方式手段整合起来，达到传播的最佳效果。

体育是一个相当大的传播系统，体育赞助也是一种非传统的传播工具，它开拓了现代营销传播的新领域。因此，企业纷纷将目光转移到体育媒介上来，争先恐后赞助体育赛事。据一份调查报告称，1990 年，全球体育赞助额为 77 亿美元，而 1997 年为 181 亿美元，7 年间体育赞助增长了 135%。1996 年，美国本土有 4 500 余家企业花费了近 40 亿美元赞助体育。然而也有的专家认为这一数据与实际情况还是有不小差距的。世界广告研究中心（WARC）的报告显示，2020 年全球体育赞助支出出现 10 年来的最大增幅，广告客户在体育赞助上的支出增长 5%，达到 484 亿美元，高于 2019 年的 461 亿美元。这一增长在很大程度上归功于 2020 年的东京奥运会。虽然东京奥运会因为新冠病毒感染疫情推迟举行，但是在当时的奥运周期中仍产生了 59.4 亿美元的收入，几乎是 2016 年里约热内卢奥运会的两倍。统计资料表明，体育赞助已占到全球赞助总额的 88%，是赞助领域的"绝对权威"。

三、独特的体验性传播方式

在"信息爆炸""媒体爆炸""广告爆炸"的时代，传统大众媒体的传播效果越来越有限。因为传统媒体的信息传播方式都是单句、强迫、灌输式的。也就是说，传播者发布了什么样的信息，受众就接受怎样的信息，而没有选择的权利，除了互联网具有一定的互动性外，观众唯一的办法就是一概不看。大量广告充斥在传统媒体上，不仅没有达到传播效果，反而使受众产生抵触情绪。如何应对这种尴尬的局面呢？企业利用体育媒介的体验性，为打破僵局寻找到了新的突破口。

体验经济学家派恩指出，体验是指人们用一种从本质上说以个人化的方式来度过一段时间，并从中获得过程中呈现出的一系列可回忆的事件。看（See）→听（Hear）→使用（Use）→参与（Participate）共用，让人们的感觉支配人们的大脑。在体验中传播广告的方式，犹如将产品信息转变成为参与者的一段体验回忆直接植入了大脑，无论是从传播效果还是从引导消费行为的效果来看都是其他媒介难以企及的。于是企业通过体育媒介大打体验营销牌。体验营销是对应于消费者行为流程的营销策略流程的整合与一体化管理，它试图打开消费者所有的感官并间接包括理性器官，从而使营销者的感官与理性感官更加贴近消费者的特点，以此博得消费者对于体验营销者行为的认同。

体育赛事本身就是大众广泛参与其中的事件，其为受众接收信息提供了一个体验的舞台。设想在一场篮球比赛中，参赛者身着阿迪达斯的运动服，脚穿耐克的篮球鞋，酣畅淋漓的比赛过后再来一瓶可口可乐。沉浸在这种痛快之中的人还用你告诉他耐克篮球鞋有多么舒适，可口可乐有多么解渴吗？也许北京沃天篮球娱乐发展有限公司（TBBA）的体验营销模式能够提供许多值得借鉴的经验。该公司通过对赛事的赞助，借助广泛的参与者，让更多的人亲身体验与参与到运动中。激烈的比赛中，主角不再是那些明星，而是所有报名就可以参赛的普通学生。零点公司研究董事范文认为："三人篮球运动的参与是多方面的，可以吸引多种兴趣的人来参与，这样就赋予了它广泛的带动面，使普通人都能参与进来，为企业和所有的目标消费者建立一个平等交流的平台。"许多商家认为这种让所有人亲身体验的、与运动的"零距离"的运动营销模式起到了事半功倍的效果。运用体验营销能够激发消费者的消费欲望，这种为引起消费者消费欲望而进行的体验营销设计，既要与比赛特色相适应，又要与目标消费者的潜意识需求相吻合，从而使得处于感性层面的产品不仅仅是某种具有自然属性，而且是一种能满足心理需求的商品。体育赛事变成一种有性格、有魅力、有风韵、有生命和象征意义的个性化品牌，满足了消费者特定的个性需求，成为消费者不可或缺的消费方式。

四、传播效果的排他性所具有的集中性优势

广告效果很大程度上取决于其排他性和异质性。传统媒体上的广告组合通常杂乱无序，同类产品中不同品牌产品的广告常常一起播出，都说自己的产品好，结果选择多了反而使消费者混淆迷惑不知如何选择。而体育媒介只允许有限的合作者（主赞助商）做广告，排斥其他同行企业，提升其广告价值。于1984年在洛杉矶举行的第23届奥运会采取了争取商业赞助并限定赞助商的做法，使奥运会开创了扭亏为盈的新篇章。这便是奥运会的奥林匹克全球赞助计划，又名"奥林匹克伙伴计划"，是国际奥委会为保证奥林匹克运动充足和稳定的财源，于1985年推出的一个市场开发计划，从全球范围内选择各行业内最著名的大公司作为国际奥委会的正式赞助商。每四年一个周期，企业需缴纳高达4 000万~5 000万美元的赞助费才能获得这一计划的"入场券"，之后便享有很多"特权"，比如在奥林匹克运动范畴内享有各自产品类型的排他性，其他企业想赞助奥运会不得与这些赞助商共同享有在奥运会期间电视广告宣传等方面的优先权。其他体育赛事的广告发布亦是如此，只是不同规模的比赛的赞助商各有差异。这种能够成为体育赛事中某类领域的唯一赞助商的资格，本身就意味着该产品在同类竞争者中的至尊地位。从 1985 年第一期奥林匹克全球赞助计划启动以来，可口可乐和维萨（VISA）等公司就一直未中断过赞助，在每一新的周期都与国际奥委会续约。有资料显示，可口可乐在赞助了 1996 年亚特兰大奥运会后，当年第三季度的盈利增加了 21%，而同期竞争老对手百事可乐的利润下降了 77%。2015 年 4 月，NBA 结束了与可口可乐长达 28 年的合作，选择百事可乐作为其独家营销伙伴。这样一来，百事可乐已经与全美四大体育联盟均建立了官方合作关系。据美国行业媒体《饮料文摘》（*Beverage Digest*）统计，2014 年健怡可乐销量下滑 6.6%，市场份额为 8.5%。百事可乐以市场份额为 8.8% 的微弱优势成为美国市场第二大的碳酸饮料品牌，仅次于可口可乐。尽管可口可乐以 17.6% 的市场份额继续保持着行业领头羊的位置，但销量仅比上一年增长了 0.1%。因此，当一个产品的广告带动该产品往上走的时候，如果该产品的广告同时能发挥抑制其他产品广告传播效率的作用，那将是打击对手最有威力的武器。

具备了排他性的优势广告信息在体育媒介集中性的特殊环境中犹如一颗信息炸弹，一时间产生巨大的信息辐射。体育媒介为广告信息封锁性投放提供了可行性。所谓封锁性，是指在广告投放的一段时间内消费者看到的、听到的、谈到的，几乎都是本企业的产品或广告，它类似于集中性又有所超越。排他性首先将同类产品的竞争者拒之门外，体育赛事又为广告信息提供了集中的传播时间、集中的空间、集中的受众，这使得在这一时间、空间内受众只受到这些广告信息垄断似的轰炸，这种传播效果除了体育媒介几乎没有哪种广告媒介可以实现。

——资料来源于余艳波. 体育运动的广告媒体特征分析［J］. 广告人，2004（9）：88-90.

案例二

埋伏营销

2008 年北京奥运会的官方体育合作伙伴是谁？是耐克、阿迪达斯、安踏，还是李宁？

大家脑海里可能浮现出的是这个画面：李宁手举祥云火炬，吊着威亚点燃 2008 年北京奥运会主火炬。那么，北京奥运会官方体育合作伙伴到底是谁呢？其实，阿迪达斯才是 2008 年北京奥运会的官方体育合作伙伴，李宁并不是北京奥运会的体育赞助商。

有这样认知错误的，并不在少数。根据央视市场调研（CTR）的一项针对运动服饰的调研结果显示，37.4%的受访者同样认为李宁是 2008 年北京奥运会的赞助商，而真正的北京奥运会官方体育合作伙伴阿迪达斯的认知率只有 22.8%。

为什么李宁可以达到如此之高的认知度？究竟用了什么方法呢？这就涉及埋伏营销的概念。

埋伏营销（Ambush Marketing）也叫伏击营销，是指非赞助企业开展与赞助对象相关联的营销活动，使消费者误以为其为官方赞助商。埋伏营销多使用在体育赛事之中，如奥运会、世界杯等。埋伏营销常见于体育赛事中，因为赛事赞助需要赞助商花费巨大的成本，并且赛事赞助后所带来的利益也十分诱人。除此之外，赛事赞助中还存在着明显的"灰色地带"，即非官方赞助商在赛事赞助中被道德所排斥、但不与法律相冲突的营销行为存在的区域。埋伏营销由来已久，与奥林匹克运动紧密关联。最早的埋伏营销案件发生在 1932 年的洛杉矶奥运会期间，一家被独家授权的面包房发现另一家面包房向某个国家代表团提供面包，当即将其告到当地奥组委，并索赔 100 美元。在此后长达 90 多年的奥运长河里，埋伏营销和反埋伏营销的斗争从未停止过。这类营销手段利用了消费者的认知错觉和惯性思维，让消费者主动地把品牌与赛事进行关联。

这正如广告大师叶茂中说的："很多消费者不知道谁赞助了奥运，只是感觉谁赞助了奥运。"

益索普（Ipsos）的北京奥运会赞助效果跟踪研究报告显示，被提及率最高的十个品牌中，蒙牛、百事可乐和李宁均不是奥运会赞助商，但是其通过各类宣传手段（如赞助运动员、主持人，开展活动型的竞赛等），使其品牌与奥运会搭上边，从而使消费者主动将品牌和当时举行的奥运会联想起来。

如果说"火炬手"李宁还有点无心插柳的成分，那李宁公司赞助央视主持人和记者的行为则是赤裸裸的"埋伏"了。

在阿迪达斯以近 2 亿美元的价格拿下北京奥运会赞助权的 3 天后，李宁公司就与中央电视台体育频道签订了两年协议——节目主持人和记者出境时必须身穿李宁牌的服饰。这也意味着，虽然运动员的服装是由阿迪达斯提供，但是主持人、记者所用的设备和服装都会有大大的李宁公司的标志。李宁公司抓住了运动员可接触的外部环境，通过演播室和采访这两个窗口，增加了品牌的曝光度从而为消费者的联系埋下了伏笔。

耐克和阿迪达斯这两大国际体育品牌，在埋伏营销上也是各种"死磕"。耐克在足球领域的头牌代言人是克里斯蒂亚诺·罗纳尔多（C 罗），而阿迪达斯则有"球王"梅西坐镇。

有意思的是，C 罗效力的皇家马德里队的球衣是阿迪达斯赞助的，耐克则赞助了梅西所在的巴塞罗那队。为了使消费者尽可能地把耐克与梅西联系起来，耐克不惜在 2013 年与巴塞罗那队续约，以 3 300 万欧元的天价继续赞助巴塞罗那队的球衣。因此，在西班牙国家德比时，我们看到的往往是耐克的头牌明星穿着阿迪达斯的球衣对阵穿着耐克球衣的阿迪达斯的头牌明星这一"诡异"的景象。

当然，埋伏营销并不只是运动品牌的专利。最近火热的 Beats 耳机也通过 2014 年的巴西世界杯"埋伏"了老大哥——索尼（SONY）。Beats 耳机在世界杯前推出了一则名为"比赛前的比赛"（The Game Before The Game）的广告，邀请了巴西的头牌球星内马尔作为代言人。虽然 Beats 并不是世界杯的官方赞助商，但广告一经推出，其品牌关系指数一路激增，远远甩开了官方赞助商索尼。

——资料来源于 http：//www. 52114. org/wx/show-1335159. html

课后思考题

1. 什么是体育媒介？
2. 简述媒介在体育经纪中的作用。
3. 如何做好大型体育赛事的传播和策划？
4. 如何做好埋伏营销？
5. 体育赞助的类型有哪些？
6. 如何挑选合适的赞助对象？

第九章
体育经纪合同

DIJIUZHANG

第一节　体育经纪合同概述

一、合同

依照《中华人民共和国民法典》（以下简称《民法典》）的规定，合同是指民事主体之间设立、变更、终止民事法律关系的协议。

（一）合同是一种民事法律行为

合同是合同当事人意思表示的结果，是以设立、变更、终止财产性的民事权利义务为目的，且合同的内容即合同当事人之间的权利义务是由意思表示的内容来确定的。因此，合同是一种民事法律行为。

（二）合同是一种双方、多方或共同的民事法律行为

首先，合同的成立须有两个或两个以上的当事人；其次，合同的各方当事人须互相或平行作出意思表示；最后，各方当事人的意思表示须达成一致，即达成合意或协议，且这种合意或协议是当事人平等自愿协商的结果。因而，合同是一种双方、多方或共同的民事法律行为。

（三）合同以在当事人之间设立、变更、终止财产性的民事权利义务为目的

一方面，合同当事人签订合同的目的在于各自的经济利益或共同的经济利益，因而合同的内容为当事人之间财产性的民事权利义务；另一方面，合同当事人为了实现或保证各自的经济利益或共同的经济利益，以合同的方式来设立、变更、终止财产性的民事权利义务关系。

（四）订立、履行合同应当遵守法律、行政法规

这包括合同的主体必须合法，订立合同的程序必须合法，合同的形式必须合法，合同的内容必须合法，合同的履行必须合法，合同的变更、解除必须合法等。

（五）合同依法成立，即具有法律约束力

所谓法律约束力，是指合同的当事人必须遵守合同的规定；如果违反，就要承担相应的法律责任。

二、体育经纪合同

体育经纪合同是合同的一种，是体育经纪人接受委托人的委托，以委托人的名

义或以其个人的名义，为委托人办理委托事务，并按规定或约定收取报酬和其他费用的协议。

体育经纪合同具有以下特征：

（1）体育经纪合同是一种提供体育服务的经济合同。体育经纪人通过与委托人订立经纪合同，从事经纪活动，为委托人提供经纪服务。

（2）体育经纪合同是双务合同，即体育经纪人和委托人相互负有义务和享有权利。

（3）体育经纪合同是有偿合同，委托人权利的实现必须以支付给体育经纪人一定的报酬为代价。

（4）体育经纪合同是诺成性的合同，一经双方达成协议即可成立。

三、体育经纪合同的形式

合同的形式是指合同的各方当事人之间相互明确权利和义务关系的方式，是当事人意思表示一致的外在表现，即当事人所达成的协议的表现形式。根据我国的经济生活实践和法律的规定，合同的形式分为口头形式和书面形式两种。其中，书面形式又可以分为普通书面形式和特殊书面形式。凡法律要求必须采用某种形式的，当事人必须采用该形式，否则合同无效。

口头合同由于简便易行，在日常生活中被广泛运用，但因无文字凭据，在发生纠纷时难以举证，不易分清责任。所以一般经济合同除即时清结者外，均采用书面合同。体育经纪合同也应采用书面合同，经当事人协商一致以文字表述的形式达成协议。虽然书面合同与口头合同相比较为复杂，但可以加强合同各方当事人的责任心，督促其全面认真履行合同，也便于合同管理机关的监督检查，发生纠纷时举证方便，容易分清责任。

我国目前的体育经纪合同多为普通书面形式。一般不要求必须采用固定的格式，但应当写明当事人的全部权利和义务，并由当事人签名、盖章。法人订立书面合同，应加盖法人的公章或合同专用章，并由法定代表人或代理人签名、盖章。

国际上也通常采用书面形式的体育经纪合同，有些体育组织将订立书面形式的体育经纪合同明文写入《体育经纪人管理规定》，有的甚至还要求使用该组织的标准合同文本。国际性单项体育组织，如国际田径联合会；国家体育项目管理机构，如意大利足球协会为简化手续，根据该组织的有关规定，将经纪合同的必备条款制成表格和文本，作为标准格式合同，让当事人填写使用。

在体育经纪中，比赛、组织、赞助、传媒等几个方面都需要法律服务，经常涉及的几个合同有电视转播合同、主办城市合同、赞助合同、球员转会合同、聘用合同、售票合同、中介（经纪）合同、保险合同、安保合同、场馆建设合同、指定器材合同、协会加盟合同等。

体育经纪人在日常运动员经纪活动中接触的合同主要有经纪人与委托人之间签订的委托办理转会事务的委托合同；体育经纪人受运动员委托为运动员签订的与俱乐部之间的工作合同，其中包括运动员与原属俱乐部之间的工作合同和运动员与接收俱乐部之间的工作合同；为顺利实现转会，经纪人代理的原属俱乐部与转入俱乐部间的转会合同。

第二节　体育经纪合同的订立

在合同签订阶段，主要的工作是合同文本的撰写与组织签订合同。本节介绍了合同文本的内容、撰写方法以及组织签订合同的程序和合同签订过程中应当注意的事项。

一、体育经纪业务合同性质的法律分析

从法律理论上划分，体育经纪合同的性质是双务性、有偿性和诺成性。

（一）双务性

双务合同是指双方当事人既享有权利，又同时承担义务的合同。根据合同当事人双方权利、义务的分担方式，合同可分为双务合同和单务合同。单务合同是指合同当事人一方只负担义务而不享受权利，另一方只享受权利而不负担义务的合同。

在体育经纪合同中，委托人和体育经纪人既享有权利又同时履行义务。对于经纪人来说，其主要义务是办理委托人委托的事务，其权利则主要是从委托人处收取报酬（佣金）。对于委托人，其主要义务是向经纪人支付佣金，其权利主要是要求经纪人处理委托给经纪人的事务，并且享受经纪人处理委托事务的成果。因此，体育经纪合同是双务合同。

（二）有偿性

有偿合同是指当事人一方享有合同规定的权益，必须向对方偿付相应的代价的合同。这种代价可以是给付货币，也可以是给付实物或提供劳务等，但必须是有价值的。根据当事人取得利益有无代价，可将合同分为有偿合同和无偿合同。无偿合同是指一方给予他方利益而自己并不取得相应利益的合同。

在体育经纪合同中，委托人委托经纪人办理事务，必须向经纪人支付一定的佣金，体育经纪人获取佣金的代价则是向委托人提供服务。因此，体育经纪合同是有偿合同。

（三）诺成性

诺成合同是指双方当事人就合同的主要条款达成一致即可成立的合同。根据合同成立是否以义务的实际履行为要件，合同可分为诺成性合同和实践性合同。凡除当事人意思表示一致外，还需实际履行义务才能成立的合同，为实践性合同。

对于体育经纪合同，体育经纪人和委托人就委托事务达成一致意见即成立，而不需要在合同成立时实际履行义务。因此，体育经纪合同是诺成合同。

二、体育经纪合同的种类、内容与格式

（一）体育经纪合同的种类

体育经纪合同根据不同的标准可以进行不同的分类。其主要有以下两种分类：

1. 按体育经纪的方式划分

按体育经纪的方式划分，体育经纪合同可分为委托合同、行纪合同和居间合同。从目前国际及国内体育经纪活动的状况来看，委托合同最为常见。

委托合同又称委任合同，是指一方委托他方处理事务，他方允诺处理事务的合同。委托他方处理事务的，为委托人；允诺为他方处理事务的，为受托人。

行纪合同又称信托合同，是指一方根据他方的委托，以自己的名义为他方从事贸易活动，并收取报酬的合同。其中，以自己的名义为他方办理业务的，为行纪人；由行纪人为之办理业务，并向行纪人支付报酬的，为委托人。

居间合同是指双方当事人约定一方为他方报告订约机会或提供订立合同的媒介服务，他方给付报酬的合同。报告订约机会的居间，称为报告居间；媒介合同的居间，称为媒介居间。在居间合同中，居间人是作为促进交易双方成交而从中取得报酬的中间人。

以上三种合同都是一方受他方委托为他方办理一定事务的合同，都属于提供服务的合同。但它们之间有着显著的区别。这些区别主要表现在：第一，在居间合同中，居间人仅为委托人报告预约机会，或者作为订约媒介，并不参与委托人与第三人之间的关系；在委托合同中，受托人以委托人的名义或自己的名义活动，代委托人与第三人订立合同，参与并可以决定委托人与第三人之间的关系内容；在行纪合同中，行纪人以自己的名义为委托人与第三人完成交易事务，与第三人发生权利义务关系。第二，尽管三者都为有偿合同，但佣金的具体取得有细微差别。居间合同的居间人只有在有居间结束时才可以请求佣金，并且在为订约媒介居间时，可以从委托人及其相对人双方取得佣金；行纪合同的行纪人和委托合同的受托人仅从委托人处收取佣金。第三，居间人没有将处理事务的后果移交给委托人的义务，而在委托合同和行纪合同中都有委托人取得事务处理结果的问题。

2. 按体育经纪的内容划分

按体育经纪的内容划分，体育经纪合同可分为运动员经纪合同、教练员经纪合同、体育赛事经纪合同、体育组织经纪合同和体育保险经纪合同等。

运动员经纪合同是指委托人（运动员）和体育经纪人就运动员转会（代理转会签约和事务）、运动员参赛（安排委托人的比赛和表演）、运动员无形资产开发（运动员形象的商务开发）、运动员日常事务（为委托人提供全方位的个人服务）等方面的经纪事务达成的协议。

教练员经纪合同是指委托人（教练员）与体育经纪人就教练员转会、教练员无形资产开发和教练员日常事务等方面的经纪事务达成的协议。

体育赛事经纪合同是指委托人（赛事的主办方）与体育经纪人就体育比赛和体育表演的策划、组织、宣传、推广（电视转播权、赞助广告、特许使用权开发等商务开发）的经营活动达成的协议。

体育组织经纪合同是指体育经纪人和体育组织就体育组织的品牌包装、经营策划、无形资产开发等方面经纪事务达成的协议。

体育保险经纪合同是指体育保险经纪人与委托人就运动员保险、赛事保险等方面的经纪事务达成的协议。

（二）体育经纪合同的内容

体育经纪合同有不同的种类，各种体育经纪合同具有共同属性。体育经纪合同一般包括以下内容：

（1）委托人和体育经纪人的名称或姓名、住所、身份证号、联系方式。单位客户应载明单位名称及法定代表人或主要负责人的姓名。根据有关法律规定，有下列情形之一的单位和个人不得成为体育经纪人的客户：

①无民事行为能力或限制行为能力的自然人。

②体育监管部门的工作人员。

③体育经纪市场禁止进入者，如违规运动员等。

（2）体育经纪的事项和具体要求。体育经纪合同根据不同的标的及不同的经纪工作内容，经过双方或多方协商，制定经纪双方的具体服务事项，每项都要阐明具体要求。例如，运动员形象权开发的具体事项及开发过程中受托人的权利和义务等。

（3）体育经纪合同的完成期限。体育经纪合同的完成期限包括合同生效期限、修改期限和终止期限。

（4）体育经纪人和委托人双方的权限范围。体育经纪合同应逐条阐明体育经纪人的权利和义务、委托人的权利和义务，如委托人应指明委托权利中具体包括哪些内容、不包括哪些内容等。

（5）佣金的数额及支付的时间、方式。

（6）违约责任、纠纷解决方式。

（7）免责条款。通常，自然灾害等不可抗力因素，可适用免责条款。

（8）其他。双方认为应当约定的其他事项。

不同种类体育经纪合同的内容，不同的是标的的内容。体育经纪合同的标的不同于一般商品，而是体育比赛、俱乐部、运动员劳务等。

体育经纪劳动合同标的可以是俱乐部、运动队、运动员等；体育经纪项目合同标的可以是体育比赛、表演、体育会议、体育旅游、体育考察等；体育经纪权利转让合同标的可以是电视转播权、广告赞助权、特许标志经营权等。

（三）体育经纪合同的格式

体育经纪合同的格式由以下几部分内容组成：

（1）标题。标题的种类多种多样，有指明合作双方名称和合作内容的，如中国奥林匹克委员会和 2008 年奥运会候选城市北京市联合市场开发协议等；有指明体育经纪合同种类的，如运动员代理合同等；有指明合同性质的，如协议书、委托书等。

（2）合同双方基本信息。该部分要求写明合同签订双方的名称（公司全称或姓名）、地址、电话、传真、联系人（主要负责人）等。

（3）必要的说明和名词解释。一些较规范的体育经纪合同，为使签订双方清楚了解合同的内容，需要对一些具体状况、前提条件做出详细说明，也需要对一些名词做出详细解释，以确保合同双方签订合同的公正、公平、公开。

（4）合同的生效。合同生效的要件如下：

①合同的生效时间或具体标志性生效事件。

②合同的中止条件。

③合同的终止条件。

④合同的修改条件。

（5）体育经纪合作内容。这是指详细、逐条描述体育经纪业务的经纪内容，并逐条解释相关要求。其中，权利分配、收益分配等部分要特别注意，在措辞和文法结构上均应符合要求，不产生歧义，意思表达宁可重复不能遗漏。

（6）经纪收益额定。这是指佣金、服务费用、代理费等相关收益内容，付款时间和付款方式，如现金还是电汇（账户）、是否有定金、是否有预付款、是否分期付款等。

（7）双方权利和义务。这是指详细、逐条说明合作双方享有的权利和应尽的义务。

（8）违约的责任和纠纷的解决。

（9）免责条款。

（10）合作期限。

（11）其他事宜。例如，保密协议、合同数量、如何保管、未尽事宜处理办法、注意事项等。

（12）落款。合作双方公司名称、授权代表、联系方式等，标明盖章有效。

（13）相关附件。阐明或协助阐明合作内容的相关文件以附件的形式放在合同最后。

三、体育经纪合同的签订程序

合同的签订是从双方有意向合作开始，经过一定时间的多次协商最终订立书面合同，使双方的合作内容受法律保护的过程。一般来说，合同双方就合同的内容、条款等协商要经过法律规定的要约邀请、要约、反要约和承诺四个步骤。其中，要约和承诺是任何一份合同签订所必须经历的过程。

合同的签订必须符合规定程序。

（一）双方洽谈

合作双方当事人（法人或自然人）相互洽谈，就合作内容一起磋商，基本形成统一意见。

（二）订约提议

订约提议是指当事人一方向另一方提出的订立合同的要求或建议，也称要约。订约提议应提出订立合同所必须具备的主要条款和希望对方答复的期限等，以供对方考虑是否订立合同。提议人在答复期限内不得拒绝承诺，即提议人在答复期限内受自己提议的约束。

订约提议类似体育经纪业务合作意向书，不同之处在于体育经纪业务合作意向书因为需要经过多次洽谈而商定，因此其法律约束性不如订约提议强。

（三）接受提议

接受提议是指提议被对方接受，双方对合同的主要内容表示同意，经过双方签署书面契约，合同即可成立。接受提议也叫承诺。承诺不能附带任何条件，如果附带其他条件，应认为是拒绝要约，而提出新的要约。新的要约提出后，原要约人变成新的接受要约人，而原承诺人成了新的要约人。实践中签订合同的双方当事人，就合同的内容反复协商的过程，就是要约→新的要约→再要约……直至承诺的过程。

体育经纪业务活动在合同撰写前会出现多个合作意向书，并经过多次谈判协商才能达成最后的合作意向，这正是多次"要约"的结果。

（四）撰写合同文本

撰写合同文本是指根据合同文本格式要求和最终的要约结果撰写体育经纪业务合同。

体育经纪业务合同撰写人应将合同草案报主管领导审核，或者向专业的法律顾问咨询，形成完善的正式合同文本，以避免体育经纪业务活动的风险。

（五）履行签约手续

当事人双方组建签约团队，确定签约代表，在约定的时间和地点签字并盖章。

（六）报请公证机关公证

法律规定的体育经纪合同还应获得主管部门的批准或工商行政管理部门的核实。对没有法律规定必须公证的合同，双方可以协商决定是否进行公证。

四、体育经纪合同签订的注意事项

体育经纪合同的签订是体育商务活动过程中的一项重要内容，可以说有时候一份经纪合同的好坏，往往牵涉巨大的经济利益，甚至直接关系一个体育经纪公司的生死存亡。因此，体育经纪人要充分认识到合同的重要性。

签订合同的注意事项主要分为合同签订前注意事项和合同签订中注意事项。

（一）合同签订前注意事项

1. 充分的市场调查与预测

签订体育经纪合同前，体育经纪人应当对体育经纪合作项目进行充分的市场调查，全面、详细地了解项目的基本情况，并调查相关的行业、产业、经济环境等信息，然后再对体育经纪项目进行客观合理的评估预测，冷静地分析体育经纪业务整个过程涉及的人、事、物等各项事务，再确定是否签订合同或变更合同。

2. 明确签约当事人的签约资格

体育经纪合同是具有法律效力的法律文件，因此要求签订合同的双方都必须具有签约资格。否则，即使签订合同，也是无效的合同。在签约前，体育经纪人要调查对方的资信情况，应该要求当事人相互提供有关法律文件，证明其合法资格。例如，体育经纪人要了解对方是否有开展体育经纪活动的相关资格、是否有授权或委托体育经纪标的的权力、是否有违反国家法律或有关部门规定的操作行为等。

3. 尽量争取起草合同

在谈判中，体育经纪人应重视合同文本的起草，尽量争取起草合同文本，如果做不到这一点，也要与对方共同起草合同文本。因为起草合同文本一方的主动性在于可以根据双方协商的内容，认真考虑写入合同中的每一条款。而对方则毫无思想准备，有些时候，即使认真审议了合同中的各项条款，由于文化上的差异，对词意的理解也会不同，难以发现对己方不利的地方。

涉外体育经纪合同更需特别注意，如果用外文文本作为基础，也有诸多不利，不仅要在翻译内容上反复推敲，弄清外文的基本含义，还要考虑法律上的意义，一些约定俗成的用法，包括外文的一词多义，弄不好就会造成麻烦，出现意想不到的问题。因此，在谈判中，体育经纪人应该争取拟定合同谈判的草稿，在此基础上谈判就会有利得多。

4. 涉外合同，争取在我方所在地举行合同的缔约或签字仪式

比较重要的谈判，双方达成协议后，举行的合同缔约或签字仪式要尽量争取在己方举行。因为签约地点往往决定采取哪国法律解决合同中的纠纷问题。根据国际法的一般原则，如果合同中对出现纠纷采用哪国法律未进行具体规定，一旦发生争执，法院或仲裁庭就可以根据合同缔结地所在国的法律来做出判决或仲裁。

(二) 合同签订中注意事项

1. 详读合同文本，反复推敲文字

合同文字如果含糊不清、模棱两可，在执行过程中，往往争议纷纷、扯皮不断，甚至遗祸无穷。此外，对合同中的一些关键词句一定要谨慎推敲，不能含糊迁就，有时仅一字之差，却"失之千里"。例如，某一合同中有这样一条："合同生效后不得超过 45 天，乙方应向甲方缴纳××万美元的履约保证金。超过两个月如未能如期缴纳，则合同自动失效。"这里"两个月"究竟从哪一天开始算起，是合同生效之日开始算起？还是合同生效 45 天以后算起，规定不准确。

因此，我们对于体育经纪合同文本应咬文嚼字，反复推敲。如有必要，我们应请法律专业人士撰写、审阅体育经纪合同文本。

2. 合同中的条款必须具体详细、协调一致

合同条款太笼络也不利于合同的履行。同时，我们也应注意合同中的条款不能重复，更不能前后出现矛盾。例如，我国一体育用品企业与外商签订了一份合同，在价格条款中有这样一条规定："上述价格包括卖方装运船舱的一切费用。"而在交货条款中却又出现了这样的规定："买方负担装船费用的 1/2，凭卖方费用单据支付。"这种前后矛盾的现象，最容易被人抓住漏洞。

第三节　体育经纪合同的风险评估

体育经纪人如果不重视合同风险的评估，就会导致大量的合同纠纷、知识产权纠纷、应收账款纠纷的发生。

事实上，一份详细完备、合法合理的合同是对当事人进行有效约束的需要，也是避免风险、保护合法权益不受非法侵害的需要。

合同风险评估的主要内容如下：

一、合同主体资格的合法性

按照《中华人民共和国民法典》（以下简称《民法典》）的有关规定，分支机构不具有独立法人资格，一般不能独立对外承担民事责任。但在实际工作中，往往又是分支机构或部门工作人员进行合同业务操作。这样的话，签约方就需要对合同签订双方进行主体资格确定，切忌与企业内部的职能部门签订合同，应该与其企业法人签订合同。如果企业法人授权分支机构签订合同，签约方应当要求对方出示法人授权证明文件。也就是说，签约方先要了解对方是否具备法人或代理人资格及有没有签订合同的权力。否则合同往往会因为主体不合格而无效。

二、合同标的物的约定应尽可能详尽

（一）在合同的约定中，标的物的名称、型号不能笼统

例如，电视机有"彩色"与"黑白"之分，平面电视有"纯平"与"超平"之分，因此在购买彩色超平电视时就不能想当然地认为反正现在大多是彩色电视机，而推定合同标的物就是彩色电视机，漏写"彩色"两字，或者只简单地写"平面彩色电视机"，这样就会被别有用心的人钻了空子，导致争议的发生。

（二）标的物要明确不会侵犯他人的知识产权

目前，大家对知识产权的保护意识越来越强，企业稍有不慎，就有可能陷入知识产权的侵权纠纷中。对企业而言，如果购买的是有商标的产品，就要注意对方是否是合法持有其提供的产品的商标权；如果是为对方生产、加工产品，就要注意该产品是否会侵犯他人的商标、专利权。同时，企业最好要求对方作出不会侵犯他人知识产权的承诺约定。

（三）标的物的数量应明确

标的物的数量应尽量细化到它最小的计量单位，因为同样的产品，如果其包装方法不同的话，可能就会出现不同的结果。例如，酒类买卖中，如果只约定购买"1 000 箱啤酒"，就有可能出现"一箱 12 支"或"一箱 24 支"这样两种相差巨大的结果。

（四）明确包装标准

标的物需要包装时，应明确其包装标准，包括外包装的材质、内包装或填充物保护的说明以及对防潮、防火、防撞击颠簸的要求等。如果采用国家标准或行业标

准的，合同应该写明该标准的名称、代号或编号。同时，合同还要确定包装费用的承担方式。

（五）注意列明每项商品的单价

有些企业在购销合同中，标的是多类商品，但只在合同中明确各类商品的总价款，而未明确具体每种商品的单价，一旦合同部分履行后发生争议，就难以确定尚未履行的部分商品的价款。

（六）标的物的交货时间应明确

例如，合同中约定"保证在第二季度交货"就是很不规范的说法。如果标的物是按政府指导价计算价格的，在这段时间内价格如果发生变化，就会使交货期限对合同双方的利益产生很大影响。在签订合同时如果不明确时间期限，那么合同双方在价格发生变化的时候，就可能在履行时间上发生纠纷。因此，双方在签订合同中应对时间加以明确，实践中当然也可以留下一定的余地，但是绝不可以有像"季度"之类过于宽泛的时间表述。

三、质量条款的约定应明确

在合同纠纷中，因为质量问题发生的争议占很高的比例，因此对质量条款的约定绝对不能粗心大意。一旦发生质量争议，就需要一个客观标准对其进行衡量，从而确定责任。按照有关规定，质量要求不明确的，按照国家标准、行业标准履行；没有国家标准、行业标准的，按照通常标准或者符合合同目的的特定标准履行。因此，为防止争议发生，合同中应约定一个质量检验标准。此外，对产品质量的异议必须要有时间与条件的限制。在合同中，双方还应就承担质量责任的时间和期限作出明确的规定。只要在规定的时间和期限内发生的质量问题，一方就有权利要求对方承担责任；超过这一限度，则对方不再承担质量责任。

四、约定违约责任时的注意事项

（一）注意定金与订金的区别

定金是合同担保的一种方式。债务人履行债务后，定金应当抵作价款或者收回。给付定金的一方不履行约定的债务的，无权要求返还定金；收受定金的一方不履行约定的债务的，应当双倍返还定金。定金的这种惩罚性功能又被称为"定金罚则"。在实践中，不少人将定金写成了订金，而订金在法律上被认定为预付款，不具有担保功能，是不能要求双倍返还的。

（二）定金与违约金不能相竞合

当事人既约定违约金，又约定定金的，一方违约时，对方可以选择使用违约金或定金条款。也就是说，不能作出既要违约金，同时又要适用定金罚则的约定，否则就可能会因这样的约定与法律相抵触而导致无效。

五、合同争议解决的方式应具体明确

按照《中华人民共和国民事诉讼法》的规定，合同的双方当事人可以在书面合同中协议选择被告住所地、合同履行地、合同签订地、原告住所地、标的物所在地人民法院管辖，但不得违反法律对级别管辖和专属管辖的规定。因此，双方在选择了"诉讼"的方式来解决争议时，建议进行"协议管辖"。在签订合同时，双方一般比较友好，比较容易达成一致意见，如果事先确定了管辖法院，就不必在事后因管辖问题发生争执而耗费大量的时间和精力了。

如果选择了"仲裁"方式来解决争议时，仲裁机构名称要具体明确。有的合同在约定仲裁事项时，只是笼统地写一旦发生纠纷由甲方（或乙方）所在地仲裁部门解决。这样的仲裁条款只是约定了仲裁地点而对仲裁机构没有约定，实际上不具有任何法律效力。根据《中华人民共和国仲裁法》的规定，当事人在订立仲裁协议或约定仲裁条款时，应当选定仲裁委员会。因此，对仲裁机构必须写具体的名称，如上海市仲裁委员会、广州市仲裁委员会。另外，由于仲裁是没有地域管辖的，因此双方如果担心在各自所在地进行仲裁会发生地方保护倾向时，完全可以找其他地方的仲裁机构进行仲裁。

六、注意用词严谨

合同中不能使用模棱两可的文字，如"还"字可以读为"huán"，也可读为"hái"。在理解"还欠款1万元"时，就会导致有"归还欠款1万元"和"还有1万元未归还"这样两种截然不同的理解。

很多合同在结尾中都会这样写："合同在双方签字盖章后生效。"但是一方如果只签了字而没有盖章，那么在发生纠纷时一方就可以提出由于合同只签了字而没有盖章，双方约定合同成立的要件不全，因此合同不成立。

七、合同履行时应注意保留好相关的证明资料

在履行合同时最好有比较完整的书面往来文件，而且都必须有对方当事人的确认。例如，供货方在送货时，应注意送货单让对方货仓人员签收并加盖收货章，如果没有加盖收货章，则每月应进行结算，并让对方公司加盖公章或财务章确认，这样才能确保自身的权益。否则，一旦因对方赖账起诉到法院，由于供货方只有送货单，对方又否认送货单上的收货人是其公司员工，在没有其他相关证据证明的情况下，供货方有可能会败诉。因此，在履约过程中要尽量完善手续，保留好相关的书面材料，才能把握主动权。

在实践中，供货方经常是在供货后先开出发票给对方公司，让对方做好账后再去收款。但在把发票交付给对方公司时，往往没有注明该发票的货款实际还没收到。在这种情形下，如果对方公司钻法律的空子以收到的发票作为已付货款的凭证，在供货方举不出相反证据证明对方公司还没支付货款时，就可能会输掉官司。

八、寻求司法救济时应注意诉讼时效

《民法典》对诉讼时效做了明确规定：向人民法院请求保护民事权利的诉讼时效期限为三年。例如，在购销合同签订后，若有一方延期付款或延期交货，另一方就应当从合同约定的履行期限届满之日起三年内提出诉讼。如果过了诉讼时效才来主张合同权益，就会丧失胜诉权，致使原本合法的权益受损而无法得到法律的支持。

第四节　合同的履行与变更

一、无效合同

无效合同是相对有效合同而言的。无效合同是指虽然已经成立，但因欠缺合同生效要件，其在内容和形式上违反了法律、行政法规的强制性规定和社会公共利益，因此确认为无效的体育经纪合同。无效合同不具有法律效力，不受法律保护。

（1）违反法律和行政法规的合同。其原因有合同主体不合格、合同内容不合法、合同意思表示不完备。

（2）采取欺诈、胁迫等手段所签订的合同。这违反了合同订立的平等自愿原则，因此是没有法律效力的。

（3）代理人超越代理权限签订的合同或以被代理人的名义同自己或自己所代理的其他人签订的合同。

（4）违反国家利益或社会公共利益的合同。

体育经纪合同被确认无效后，尚未履行的不得履行，正在履行的应立即终止履行。对于已履行的部分，应分不同情况进行处理，如返还、赔偿、收归国库、自行负责等。

二、合同履行

如体育经纪合同依法成立，确认为有效合同，即具有法律约束力，当事人必须全面履行合同规定的义务。合同履行的各方面当事人应该按照合同规定的条款，全面地、适当地完成各自承担的义务，从而使各自的权利也得到完全的实现。

经纪合同是经纪行为的具体体现，也是经纪活动的核心。为保证经纪合同的履行，各级工商行政管理机关负责经纪合同的监督管理，制定统一的经纪合同文本，并负责经纪合同的鉴证工作。体育经纪合同也应该接受国家各级工商行政管理机关的管理和监督。

在国外，某些体育组织为加大体育经纪合同的管理力度采取了一些特殊措施。例如，美国篮球运动员工会要求经纪人使用规范的"经纪人/运动员"委托合同范本；棒球运动员工会则把每年呈交的"委托合同"作为经纪人保留继续从业资格的硬性规定。

三、体育经纪合同的变更、转让和解除

（一）合同变更

合同变更是指在法律上有效成立的合同在尚未履行或未履行完毕之前，在承认其法律效力的前提下，对其进行修改或补充。当事人协商一致，可以变更合同。当事人对合同变更的内容约定不明确的，推定为未变更。从合同自由原则出发，允许合同的当事人适应社会经济及客观情况的变化，对于尚未履行或尚未全部履行的合同的内容予以修改，以符合当事人的最大利益。

（二）合同转让

合同转让是指合同依法成立后，订立合同的一方经另一方同意，可以将合同的权利、义务部分或全部转让给第三人的法律行为。合同转让只是合同主体发生变化，并不改变原合同的内容，转让后合同的权利、义务内容应与原合同相同。

（三）合同解除

合同解除是指在合同有效成立之后，因一方或双方的意思表示，使基于合同发生的债权债务关系归于消灭的行为。合同解除的对象是已经有效成立的合同。合同解除需通过当事人的解除行为来实现。合同解除后，尚未履行的，终止履行；已经履行的，根据履行情况和合同性质，当事人可以要求恢复原状、采取其他补救措施，并有权要求赔偿损失。

体育经纪合同范本

甲方（运动员）：　　　　　　　乙方（代理人）：

一、委托

运动员委托代理人以他的名义在本协议规定的条款和条件下行使权利。代理人有权行使本协议中直接提到的或与运动员有书面协议的内容，其他无权行使。

二、条款

1. 代理人受委托时限为一年，截至_____年_____月_____日。

2. 如果代理人与国家联合会之间的合同因任何原因终止，代理人与运动员的协议即不再有效。

3. 本协议不可自行续签。如果双方均有意续约，须待代理人续约后方可进行，并且必须在前协议到期前发出书面通知。

三、代理权限

1. 代理人授权安排运动员的任何比赛，包括运动员参赛费用的协商和谈判。

2. 代理人有权实施调查，与赞助商进行谈判，并最终代理运动员签订合同。

3. 代理人从运动员的利益出发，可采取任何有效措施，发现和调查新的商业机会。

4. 代理人不得越权行使委托权，在没有事先获得运动员同意的情况下，不能签订任何商业协议。

5. 代理人有权以运动员的名义处理财务，但必须遵守运动员的指导，同时对他处理的资金严格记账。以这种方式处理运动员的财务也必须符合国际田联和国家联合会的有关条例。

四、费用

_____。（在遵守国际田联有关运动员代理人的管理条例下，由运动员与代理人共同协商确定，商定后的数字必须明确写入协议中去。收费标准遵守国家协会的有关规定）

五、相关成本

1. 代理人须负责所有正常支出的杂费（比如租用办公室、电话和邮费）、成本和其他处理有关运动员事务的开支。代理人对非正常支出不负责任。代理人在获得运动员的同意之前，不得随意支付上述费用。

2. 如果代理人直接开支上述有关运动员的费用，如差旅费、住宿费、生活费等，由运动员在收到费用支出收据的_____天内补给代理人。

六、代理人的义务

代理人的义务如下所述：

1. 有足够的知识和技能履行代理合同，同时有强烈的责任心。

2. 对运动赛程安排了如指掌，与运动员的教练、所在俱乐部、国家联合会一起，共同协商和制定该运动员的竞赛安排。

3. 遵守国际田联和国家联合会的章程及有关条例。

4. 帮助运动员遵守国际田联关于资格的适用条例，尤其是第17条、第18条和第53条。

5. 在运动员授权范围内行使权利，让运动员及时、全面地了解代理人所从事的商业活动和各项安排。

6. 代理运动员的原则是不影响其运动训练和参加比赛。

7. 避免发生利益冲突，无论是表面还是私下的。

8. 采取一切有效措施代理运动员收回所有合同的款项。代理人有义务这样做，但如果第三方在获得代理人同意后不交纳时不负任何责任。

9. 及时支付所有协议费用。

七、运动员的义务

运动员必须履行以下义务：

1. 让代理人了解其竞赛安排及其商业兴趣和投资意向。

2. 参加所有代理人为其安排的比赛或公众集会，除非因为伤病或发生意外情况。

3. 如果代理人谈判决定，或者运动员同意为比赛做推广，必须依合同要求参加所有的推广活动。

4. 遵守国际田联和国家联合会有关代理人的规定。

5. 及时支付协议中所提到的费用。

6. 参加所有国家联合会及国际田联指定的比赛，包括：

（1）地区锦标赛；

（2）室外锦标赛；

（3）世界杯赛；

（4）奥运会。

7. 对运动赛程安排了如指掌，与教练、所在俱乐部、国家联合会共同协商和制定本人的竞赛安排。

八、机密

1. 代理人保证对所有关于运动员的事务保密。不论是正在为该运动员做代理，或者已经结束与运动员的委托合同，除非运动员授权揭露事实。

2. 如果代理人向国家联合会或国际田联揭露运动员资格问题或其服用违禁药物的事实，则不属于违反了以上第 1 款的规定。

九、保证和承诺

1. 代理人必须向运动员保证并承诺，其拥有运动员所属国家联合会及国际田联的认可。

2. 运动员必须向代理人保证并承诺，代理人是该运动员的唯一委托方，直到本协议到期。运动员不能雇用其他人或允许第三方来从事本协议商谈的条款。

十、终止

在下列情况下可终止本合同：

1. 代理人的执照被运动员所在国家联合会收回。

2. 代理人宣告破产。

3. 在其中一方破坏协议时，无辜方向破坏方发出通知，但不能对原协议进行修改。

4. 其中一方向另一方提前 3 个月发出书面通知，表明要终止合同的意愿。

十一、争议和仲裁

在发生与协议有关的争议时，合同双方必须遵守运动员所属国家联合会现成条例的申诉程序。如果该申诉没有取得任何结果，双方可以向国际田联仲裁小组提出申请，该组织的决定将对双方产生约束力，并成为最终决定。

十二、本协议依据地区联合会所在地的法律执行和解释，服从法庭普通判决。

甲方（签字）：_____　　　　　　乙方（签字）：_____

_____年___月___日　　　　　　_____年___月___日

体育赛事商业开发经纪合同范本

甲方（赛事组委会）：　　　　　　乙方（经纪人）：

办公地址：　　　　　　　　　　　办公地址：

联系电话：　　　　　　　　　　　联系电话：

传真：　　　　　　　　　　　　　传真：

邮政编码：　　　　　　　　　　　邮政编码：

为了促进_____体育赛事商业开发，提高赛事资源的商业价值，甲乙双方根据各自职能签署_____赛事商业开发居间合同。本协议中，甲方系_____赛事的组织机构；乙方是中国境内依法注册的合法企业法人，具备经纪资质，且热衷并积极参与中国体育事业的中介代理机构；乙方愿意向甲方报告订立赞助协议的机会或是提供甲方与赞助单位签订赞助协议的媒介服务，甲方同意支付报酬。经甲乙双方友好协商，根据《中华人民共和国民法典》《中华人民共和国体育法》以及有关法律法规的规定，为明确双方权利义务，就乙方提供中介服务事宜达成如下条款，以资信守。

第一条　定义和解释

1.1　"赞助单位"是指与甲方订立赞助协议，向甲方提供资金或产品并获得赞助权益回报的单位和厂商。

1.2　"佣金"是指乙方促成赞助协议成立后，甲方依据本协议的约定，向乙方支付的报酬。

1.3 "区域"是指在中国境内。

1.4 "赞助赛事"是指＿＿＿＿＿＿＿＿＿＿＿＿＿＿＿＿＿＿＿。

1.5 "赞助协议"是指甲方与赞助单位签订的，赞助单位无偿向甲方提供资金或产品，甲方授权赞助单位使用相关权利的协议。

1.6 "协议期限"是指在本协议第十一条第11.1项规定的期限。

第二条 合同期限

本协议于签署之日起生效，并于＿＿＿＿＿年＿＿＿＿＿月＿＿＿＿＿日期满，除非根据本协议的规定提前终止。

第三条 甲方的权利和义务

3.1 甲方按照本协议的约定按时向乙方支付佣金。

3.2 乙方进行介绍活动中，应乙方的要求，甲方可以提供相关帮助。

第四条 乙方的权利和义务

4.1 为履行本合同所赋予的权利和义务，乙方应当努力寻找相关捐赠和赞助机会，并就有关订立赞助协议的情况向甲方如实报告。

4.2 乙方应当尽力促成甲方与赞助单位订立赞助协议。

4.3 乙方应当就有关赞助单位的情况和订立赞助协议的事项随时向甲方如实报告。

4.4 乙方应督促赞助单位履行赞助协议使其赞助资金和实物按时到位，帮助赞助单位依法进行有关产品推广活动，同时协助、传递和实现甲方和赞助单位的意思表示。

4.5 未得到甲方的书面许可，乙方不能向赞助单位做任何与捐赠和赞助有关的承诺、许可。

4.6 乙方不得以甲方的名义从事任何本协议约定事项之外的活动，不得损害甲方的名誉。

4.7 不得以本协议中介服务为由进行任何商业宣传。

4.8 乙方承诺具有履行本协议的资质、能力和法律许可。

第五条 佣金的支付和返还

5.1 乙方促成甲方与赞助单位订立赞助协议，并且赞助单位已经按期足额向甲方支付了协议约定的资金或产品后＿＿＿＿日内，甲方按约定比例一次或分次给乙方支付佣金。

5.2　甲方按赞助单位向甲方实际提供资金额的____%向乙方支付佣金。赞助单位向甲方提供产品的，甲方按赞助协议中约定的产品市场价值的____%向乙方支付佣金。

5.3　乙方没有促成赞助协议订立的，不得要求甲方支付任何佣金、报酬和费用。

5.4　除佣金和双方另有书面约定外，甲方不再向乙方支付任何款项。

5.5　如赞助协议因不可抗力终止，甲方退还赞助单位提供的相应资金或产品的，乙方则应当立即返还给甲方上述退还资金额的____%部分。

第六条　商标、名称和服务标志的使用

在本协议有效期内，甲乙双方仅为履行本协议之目的，经甲方书面授权后，乙方可以使用甲方的商标、名称和服务标志。该权利只能在执行本协议范围内，双方均不能将该权利延伸到本协议内容以外。

第七条　保密

甲乙双方应当对本协议中的所有内容和对在本协议履行过程中所获悉的有关对方的保密信息进行严格保密。除经对方事先书面同意或根据有关法律法规的规定必须向第三方披露外，接收保密信息的一方不得向其他任何第三方（聘请的律师、会计师除外）披露保密信息或其中的任何部分。

第八条　区域限制

本协议仅在本协议约定的区域范围内有效，乙方在区域范围外不享有本协议规定的任何权利。

第九条　违约责任

9.1　如果一方未能遵守或履行本协议规定的义务，守约方可以书面形式通知违约方的违约行为，并有权要求违约方赔偿损失。

9.2　乙方故意隐瞒与订立赞助协议有关的重要事实或者提供虚假情况，损害甲方利益的，不得要求支付佣金并应当承担损害赔偿责任。

9.3　因乙方怠于履行义务致使赞助单位提供的资金和产品没有按本协议约定的时间到位，赞助资金和产品每延期交付一个月的，乙方应向甲方象征性地赔偿赞助资金或产品市场价值的一定比例作为罚款。罚款不影响乙方义务的继续履行和甲方单方面解除本协议的权利。

第十条 有效期和终止

10.1 本合同自双方签署盖章之日起生效，有效期至合同终止或者双方权利义务均履行完毕之日（以较晚发生者为准）。

10.2 除了本合同中根据法律规定的补救方法以外，在不影响提出终止的一方的其他法律权利的前提下，任何一方有权在出现下列情况时终止本合同，自另一方收到终止通知时生效。

10.2.1 另一方在执行本合同条款时发生重大违约，而且在违约方收到违约通知的____天内未能纠正；或者_____。

10.2.2 另一方在本合同中的任何陈述或保证被证明有重大的不正确或不准确。

10.3 本合同因为在此所述的任何原因而终止，都不解除任何一方履行至终止日前的责任，或者是履行终止后仍然有效的条款的责任。

10.4 发生以下情况，本合同可以随时终止。

10.4.1 代理人的执照被有关部门取缔。

10.4.2 代理人宣告破产。

10.4.3 在其中一方破坏协议时，守约方向违约方发出通知，但不能对原协议进行修改。

10.4.4 其中一方向另一方提前三个月发出书面通知，表明要终止合同的意愿。

第十一条 保证陈述

双方互相陈述、保证和承诺如下：

11.1 双方均具有完全的权利和法律权限或有效的授权签订和履行本合同。

11.2 本合同经双方签署，即依其中条款构成对双方合法、有效和有约束力的责任。

第十二条 遵守法律

如果有合理的原因相信本合同的任何条款违反了国家或地方的法律法规，那么双方须及时修改本合同以遵守法律。但是如果修改令本合同丧失了其根本目的，那么将认同双方同意终止。如果本合同因本条而终止，款项应支付至终止日的履行程度。那些为将来而已支付的款项应按比例退还，除了明确规定在协议终止后仍然有效的条款以外，任何一方将不就本合同而负任何义务或责任。

第十三条 不可抗力

13.1 由于水灾、火灾、地震、暴乱、罢工、劳工运动、疾病或本届赛事比赛日程正式公布后政府部门颁布的命令等不可预见、无法避免和无法控制，不是由于一方的过失而引起的情况（不可抗力事件），致使无法履行或延迟履行本合同，遇有上述不可抗力事件的一方不应被视为违约和应对另一方就无法履行或延迟履行负责。

13.2 受不可抗力影响的一方须及时将不可抗力的性质、影响程度通知另一方并提供证据。双方在所有合理情况允许下为减轻影响或制定替代安排而进行真诚的协商。

第十四条 争议解决

因本合同引起或与本合同有关的任何争议，由双方协商解决，协商不成，双方均可选择以下争端解决机制：

14.1 提请北京仲裁委员会按照该委员会仲裁规则进行仲裁；

14.2 诉至有管辖权的人民法院。

第十五条 其他

15.1 所有根据本合同要求和许可发出的通知都必须是书面的，在亲手送达或在以特快专递（需要有回执）发出三天后视为正式生效。

15.2 本合同构成双方之间就本合同所述内容的全部理解，取代所有先前其他或同期的有关所述内容的协议。

15.3 甲乙双方确认，在合作期间，一方可能得到另一方的保密资料。甲乙双方同意除非为了履行本合同而需要使用保密资料，双方将保护保密资料，只在履行本合同时对同样知道该资料是保密资料并同意保密的人等披露保密资料。披露以所需知道的范围为限。保密责任不包括非经一方违反保密责任而已为公众所知或根据法律要求披露的资料，本合同终止之后保密责任继续有效。

15.4 本合同未经双方同意并特别指明是对本合同的修改，以书面形式经双方授权代表签署，不得修改。

15.5 一方未对另一方违反本合同条款行为或之后的违约行为作出反对或采取行动不得视为弃权。本合同中的权利和补救方式是累积性的，任何一方行使一项权利或补救不排除或放弃其对其他权利和补救方式的行使。

15.6 本合同中的标题只为方便查阅，不构成本合同的实质内容。

15.7 任何一方没有另一方的事先书面许可不得转让或授权本合同下的权利或责任。本合同和其中所有条款对双方有效，也对双方各自的继承和批准的转让人有效。在任何情况下，允许的转让都不能免除出让人的责任。

15.8　本合同附件构成本合同的一部分，与合同条款同样有效，对合同双方构成约束力。

15.9　本合同正本一式____份，双方各执____份。

15.10　本合同未尽事宜，由双方另行协商解决。

甲方_____（公章）　　　　　　乙方_____（公章）

代表_____（签字）　　　　　　代表_____（签字）

电话：_____　　　　　　　　　电话：_____

____年____月____日　　　　　　　　____年____月____日

体育赛事承办经纪合同范本

甲方：_____　　　　乙方：_____

办公地址：_____　　　　办公地址：_____

联系电话：_____　　　　联系电话：_____

传真：_____　　　　传真：_____

邮政编码：_____　　　　邮政编码：_____

为了推动我国_____项目体育运动的发展，增进运动技术的交流与合作，甲乙双方根据各自职能签署_____赛事承办协议。协议中，甲方是组织实施赛事的_____运动管理中心，乙是负责开发、推广和经营_____赛事的经纪管理公司。经甲乙双方友好协商，根据《中华人民共和国民法典》《中华人民共和国体育法》以及有关法律法规的规定，为明确双方的权利义务，就有关事宜达成如下协议：

第一条　定义

1.1　_____赛是指由国家体育总局_____运动管理中心组织实施，并由_____经纪管理有限公司承办完成的比赛。

1.2　_____经纪管理有限公司（乙方）受国家体育总局_____运动管理中心授权和委托，拥有中国_____赛的独家承办权。

1.3 _____赛的比赛时间为_____年_____月_____日至_____日，具体日期协商确定。

1.4 比赛地点为_____省_____市。

第二条 比赛时间

该项赛事从_____年开始每_____年举行一届至_____年共举办_____届。具体比赛时间依照双方的要求协商确定。

第三条 比赛费用与付款方式

3.1 该项赛事的每届比赛由乙方按每届赛事组织费支付给甲方，金额分别为每年竞赛组织费人民币_____万元。

3.2 乙方在每届赛事开始前五个月将先期竞赛组织费人民币_____万元汇入甲方指定账户，在赛事开始前一个月将每届竞赛组织费余款汇入甲方指定账户。

第四条 甲方权利义务

4.1 依照赛事要求由甲乙双方共同组建赛事筹备执行机构，负责整个比赛活动的筹备、组织和实施。

4.2 根据赛事宣传及推广需要由甲乙双方共同组织和实施赛事新闻发布会，赛事开、闭幕式和站点欢迎仪式。

4.3 负责向国家有关部门、上级单位办理赛事的有关立项审批工作。

4.4 负责整个赛事的组织、实施及救护工作，以及制定比赛规程和现场组织、管理工作。

4.5 协调有关单位办理境外人员入境签证所需的正式邀请函件，以及参赛人员、比赛船只、设备的入、出境手续。

4.6 为整个竞赛工作提供所需的裁判、仲裁和技术人员以及所需的裁判设备，并提供裁判、仲裁和技术人员在比赛期间的人身意外保险，提供整个比赛期间甲方邀请的裁判、仲裁、技术人员、官员的交通及食宿费。

4.7 及时向乙方提供赛事商务开发和宣传推广的正式委托函件。

4.8 对乙方的商务开发及宣传工作进行协调和配合。

第五条 乙方权利义务

5.1 拥有独家开展该项赛事的商务开发和宣传推广的权利。

5.2 合作期满后，乙方拥有与甲方继续合作该项赛事的优先权。

5.3 负责提供给甲方_____年至_____年每届竞赛组织费，并按照双方协议的结算方式将该项资金及时支付给甲方，用于该项赛事的组织实施。

5.4　负责该项赛事宣传品的制作和印刷工作，前期赛事图案设计由双方共同完成。

5.5　邀请境内外主流电视媒体、平面媒体等单位记者对赛事进行全面报道并负责接待任务。

5.6　负责参赛人员、裁判、官员等人员入住酒店的预订。

第六条　合作期限

从本协议书签订之日起至_____年该项赛事结束止。

第七条　保证陈述

双方互相陈述、保证和承诺如下：

7.1　双方均具有完全的权利和法律权限或有效的授权签订和履行本合同。

7.2　本合同经双方签署，即依其中条款构成对双方合法、有效和有约束力的责任，因为破产、清盘或其他影响债权人权利的法律对履行造成的影响除外。

第八条　有效期和终止

8.1　本合同自双方签署盖章之日起生效，有效期至合同终止或者双方权利义务均履行完毕之日（以较晚发生者为准）。

8.2　除了本合同中或根据法律规定的补救方法以外，在不影响提出终止的一方的其他法律权利的前提下，任何一方有权在出现下列情况时终止本合同，自另一方收到终止通知时生效：

8.2.1　另一方在执行本合同条款时发生重大违约，而且在违约方收到违约通知的_____天内未能纠正。

8.2.2　另一方在本合同中的任何陈述或保证被证明有重大的不正确或不准确。

8.3　如乙方单方面终止本合同，则乙方仍须向甲方支付本合同约定的竞赛组织费，如甲方无故单方面终止本合同，则应将已收取的本合同约定的竞赛组织费返还给乙方。

8.4　本合同因为在此所述的任何原因而终止，都不解除任何一方履行至终止日前的责任，或者是履行终止后仍然有效的条款的责任。

第九条　遵守法律

如果有合理的原因相信本合同的任何条款违反了国家或地方的法律法规，那么双方须及时修改本合同以遵守法律。但是如果修改令本合同丧失了其根本目的，那么将认同双方同意终止。如果本合同因本条而终止，款项应支付至终止日的履行程度。那些为将来而已支付的款项应按比例退还，除了明确规定在协议终止后仍然有效的条款以外，任何一方将不就本合同而负任何义务或责任。

第十条　违约责任

10.1　在合同期内，甲方不得与其他单位或组织进行与本合同约定的赛事相同或相似的比赛，并保证本赛事名称和形式的唯一性和权威性。

10.2　甲、乙双方均应严格遵守国家有关法律法规及本协议书的规定，切实保护甲乙双方各自的利益。本协议签订后，双方不能违约，若一方违约，则必须向守约方支付违约金，守约方有权要求违约方赔偿相应损失。

第十一条　不可抗力

11.1　由于水灾、火灾、地震、暴乱、罢工、劳工运动、疾病或本届赛事比赛日程正式公布后政府部门颁布的命令等不可预见、无法避免和无法控制，不是由于一方的过失而引起的情况（不可抗力事件），致使无法履行或延迟履行本合同，遇有上述不可抗力事件的一方不应被视为违约和应对另一方就无法履行或延迟履行负责，而且履行时间应相应延长。

11.2　受不可抗力影响的一方须及时将不可抗力的性质、影响程度通知另一方并提供证据。如果不可抗力持续或累计超过一个月，双方可以在所有合理情况允许下为减轻影响或制定替代安排而进行真诚的协商。

第十二条　争议解决

因本合同引起或与本合同有关的任何争议，由双方协商解决，协商不成，双方均可选择以下争端解决机制：

12.1　提请北京仲裁委员会按照该委员会仲裁规则进行仲裁。

12.2　诉至有管辖权的人民法院。

第十三条　其他

13.1　所有根据本合同要求和许可发出的通知都必须是书面的，在亲手送达或在以特快专递（需要有回执）发出三天后视为正式生效。

13.2　本合同构成双方之间就本合同所述内容的全部理解，取代所有先前其他或同期的有关所述内容的协议。

13.3　乙方和甲方确认，在合作期间，一方可能得到另一方的保密资料，双方同意除非为了履行本合同而需要使用保密资料，双方将保护保密资料，只在履行本合同时对同样知道该资料是保密资料并同意保密的人等披露保密资料。披露以所需

知道的范围为限，保密责任不包括非经一方违反保密责任而已为公众所知或根据法律要求披露的资料，本合同终止之后保密责任继续有效。

13.4　本合同未经双方同意并特别指明是对本合同的修改，以书面形式经双方授权代表签署，不得修改。

13.5　一方未对另一方违反本合同条款行为或之后的违约行为作出反对或采取行动不得视为弃权，本合同中的权利和补救方式是累积性的，任何一方行使一项权利或补救不排除或放弃其对其他权利和补救方式的行使。

13.6　本合同中标题只为方便查阅，不构成本合同的实质内容。

13.7　任何一方没有另一方的事先书面许可不得转让或授权本合同下的权利或责任，本合同和其中所有条款对双方有效，也对双方各自的继承和批准的转让人有效，在任何情况下，允许的转让都不能免除出让人的责任。

13.8　本合同附件构成本合同的一部分，与合同条款同样有效，对合同双方构成约束力。

13.9　本合同正本一式_____份，双方各执_____份。

13.10　本合同未尽事宜，由双方另行协商解决。

甲方_____（公章）　　　　　乙方_____（公章）

代表_____（签字）　　　　　代表_____（签字）

电话：_____　　　　　电话：_____

_____年_____月_____日　　_____年_____月_____日

课后思考题

1. 体育经纪合同有哪些种类？

2. 起草体育经纪合同时有哪些注意事项？

3. 合同签约之前有哪些注意事项？

4. 无效合同是什么？

5. 体育经纪合同的基本格式是什么？

第十章
体育
经纪人管理

DISHIZHANG

第一节　体育经纪资格认定

只有明确了体育经纪的法律含义，并首先取得了体育经纪资格，才能合理、合法地从事体育经纪活动。体育经纪资格包含两个层面：一方面是从事体育经纪活动的人员资格；另一方面是经营体育经纪业务的主体资格。前者是要获得体育经纪人资格证书，后者是要获得经营体育经纪业务的许可。下面将就两种资格的认定程序和要求加以说明。

一、体育经纪人从业资格的认定

体育经纪属于非物质产业，体育经纪人行为的规范主要取决于对从业人员素质的把握。因此，《体育经纪人管理办法》将体育经纪从业人员的资格认定放在了重要位置，对从业人员的申请、培训、考核、发证等做了具体规定。

通过体育经纪从业人员的资格认定也就是取得体育经纪人资格证书。简单地说，要经过以下几道程序：申请→培训→考试→发证。

（一）申请

取得体育经纪人资格证书的第一步是提出申请。体育经纪人分为三级（一级为最高级），每一级对应有不同的申请资格。

国家职业资格三级申请资格（具备以下条件之一者）如下：

（1）高中毕业（或同等学力），连续从事本职业工作6年以上。

（2）具有大学体育类专业专科及以上学历证书。

（3）具有相关专业大学专科及以上学历证书（注：相关专业是指经济学、管理学和法学）。

（4）具有其他专业大学专科及以上学历证书，连续从事本职业工作1年以上。

（5）具有其他专业大学专科及以上学历证书，经三级体育经纪人正规培训达规定标准学时数，并取得结业证书。

国家职业资格二级申请资格（具备以下条件之一者）如下：

（1）连续从事本职业工作13年以上。

（2）取得本职业三级职业资格证书后，连续从事本职业工作5年以上。

（3）取得本职业三级职业资格证书后，连续从事本职业工作4年以上，经本职业国家职业资格二级正规培训达规定标准学时数，并取得结业证书。

（4）取得相关专业大学本科及以上学历证书后，连续从事本职业工作5年以上。

（5）具有相关专业大学本科及以上学历，取得本职业国家职业资格三级证书后，连续从事本职业工作4年以上。

（6）具有相关专业大学本科及以上学历，取得本职业国家职业资格三级证书后，连续从事本职业工作3年以上，经本职业国家职业资格二级正规培训达规定标准学时数，并取得结业证书。

（7）取得研究生学历或硕士以上学位证书后，连续从事本职业工作2年以上。

国家职业资格一级申请资格（具备以下条件之一者）如下：

（1）连续从事本职业工作19年以上。

（2）取得本职业国家职业资格二级证书后，连续从事本职业工作4年以上。

（3）取得本职业国家职业资格二级证书后，连续从事本职业工作3年以上，经本职业国家职业资格一级正规培训达规定标准学时数，并取得结业证书。

（4）取得相关专业大学本科及以上学历证书后，连续从事本职业工作13年以上。

（5）取得研究生学历或硕士以上学位证书后，连续从事本职业工作10年以上。

（二）培训

在符合基本条件的情况下，即申请被认可之后，申请人要参加国家体育总局和国家工商行政管理总局统一组织的体育经纪人培训课程。为保证体育经纪人的质量及其规范行为，并帮助其通过考试，国家体育总局和国家工商行政管理总局授权相关组织进行体育经纪人的培训、考试，并下发体育经纪人资格证书。

（三）考试

取得体育经纪人资格证书必须参加国家体育总局职业技能鉴定指导中心统一组织的体育经纪人资格考试，考试合格者方能取得国家体育总局颁发的体育经纪人资格证书。体育经纪人国家职业资格考试分为理论知识和专业能力两个科目。两个科目全部考试合格即可取得体育经纪人国家职业资格证书。考试方式为闭卷、笔试考试。考试时间分别为理论知识90分钟，专业能力120分钟。理论知识试卷题型为单项选择题、判断题，合计100分；专业能力试卷题型为综合分析题，合计100分。

理论知识主要考查体育产业与体育市场、体育经纪人活动、运动项目、体育管理、体育市场营销、体育赞助、体育无形资产、信息技术、法律法规以及体育经纪人员职业道德等方面的基本理论与实践知识；专业能力主要考查体育经纪实务。

（四）发证

体育经纪人资格证书的发证机关是国家体育总局，该证书由国家体育总局统一制定并核发。符合申请条件，参加了体育经纪人培训，并通过了体育经纪人资格考试就能取得体育经纪人资格证书。此外，根据《体育经纪人管理办法》的规定，体育经纪人资格证书实行年度检验制度，由国家体育总局授权的机构办理。无故不参加年审或年审不合格者，其体育经纪人资格证书将自动失效。

在现代体育的全球化发展趋势之下，跨地区、跨国界的体育经纪活动已经十分普遍。因此，体育经纪人在遵守国内有关法律法规之外，还必须了解并遵守国际法则，有时还必须同时获得国际体育组织的有关资格认定，方能从事国际体育经纪活动。这里做一些简要的介绍。一般来讲，取得国际体育组织经纪人的资格也要通过一定的基本程序：申请、考核和发证。与此同时，有相当一部分组织还提出了保证金的要求。

1. 资格认定

一般情况下，国际体育组织对申请人的基本条件要求并不十分严格，主要是考察申请人的信誉度。例如，国际足球联合会要求申请人必须附上可以证明其信誉的文字材料。此外，国际体育组织为避免出现垄断和作弊行为，要求申请人不能在相应的体育组织内任职，也不能与这些体育组织存在任何伙伴关系。体育组织官员或雇员如果要成为该组织认可的体育经纪人，必须要在原工作结束一定时间后才能提出申请。

满足上述条件后，体育组织会向申请人发出考核通知。考核可以是书面笔试，也可以是口头面试。考核目的主要是考察申请人对项目及其管理规定的了解、对有关法律的掌握和运用以及是否具备为委托人提供咨询服务的能力。在某些情况下，国际体育组织并不直接对申请人进行考核，而是委托成员协会对其管辖地区的申请人进行考核。

申请人通过考试后，再经过一个专门机构进行资格审定。例如，国际田径经纪人和国际网球经纪人的资格审定分别由国际田径经纪人联合会和国际网球经纪人联合会进行；意大利足球经纪人的资格审定权在意大利足球协会设立的足球经纪人事务委员会。

2. 注册登记制度

申请人经资格认定后，须到相应的体育组织或经纪人联合会注册，并同时缴纳注册费。有些项目还实行年度注册制度，体育经纪人须接受年审，并缴纳年度注册费。在美国，体育经纪人必须到州政府指定的经纪人管理机构注册，填写申请表（包括工作经历、实际工作经验和培训证书），并缴纳注册费。

为了保护自身及其成员的利益，许多体育组织规定，体育经纪人只有在取得其承认的经营许可证后，方可组织其名下的比赛或代理其名下的运动员。

3. 保证金制度

由于体育经纪人的行为具有一定的隐蔽性，容易滋生经纪活动中的欺诈行为，国外广泛使用了保证金制度。这是一种通过经济手段，约束和规范体育经纪行为的有力措施和制度。

通过申请注册的同时，申请人必须在注册机构指定的银行存入一定数额的保证金，作为押金来约束体育经纪人履行义务，规范经营。体育经纪人一旦违约，将从其银行保证金中扣除部分或全部作为罚款，之后体育经纪人还必须立即在银行内补足这笔钱，否则将被取消其经纪资格。

二、体育经纪主体经营资格的认定

体育经纪活动是以收取佣金为目的的经营活动，独立从事体育经纪活动的个人或组织必须经县级以上工商行政管理机关注册登记后，才能成为合法的市场经营主体。体育经纪人的经营主体可以有三种形式：个体体育经纪人、合伙体育经纪人以及体育经纪公司。经考试合格并符合国家工商行政管理总局出台的办法中有关个体经纪人、合伙经纪人或经纪公司设立条件的，可以向所在地工商行政管理部门申请登记注册，确定其经营主体资格。工商行政管理机关在受理登记注册之日起 30 天内，作出核准登记注册或不予核准登记注册的决定。

（一）个体体育经纪人

符合下列条件的人员，可以在当地工商行政管理机关申请领取个体工商户营业执照，成为个体体育经纪人：

（1）有固定的经营场所。

（2）具有符合经营条件的资金。

（3）取得体育经纪人资格证书。

（4）个体体育经纪人以自己的名义从事体育经纪活动并以个人全部财产承担无限责任。

（二）体育经纪人事务所

体育经纪人事务所有两名以上获得体育经纪人资格证书的合伙人通过订立合伙协议，共同出资、共同组成、合伙经营、共享收益。合伙人对企业的债务承担无限责任。申请设立体育经纪人事务所应具备以下条件：

（1）有自己的名称和固定的营业场所。

（2）有一定符合经营条件的资金。

（3）有两名以上具有体育经纪人资格证书的人员作为合伙人发起成立。

（4）合伙人之间签订有合伙协议。

（5）有组织章程和服务规范。

（三）体育经纪公司

体育经纪公司是根据《公司法》成立的专门从事体育经纪活动并承担有限责任的企业法人。设立体育经纪公司必须具备以下条件：

（1）拥有符合法律规定的注册资本金。

（2）有与其经营规模相适应的一定数量的专职人员，其中取得体育经纪人资格证书的人员不得少于5人。

（3）有相应的组织机构和固定的业务场所。

（4）符合《公司法》及有关法律法规的规定。

体育经纪公司需要按照工商行政管理机关核准的经营范围从事经纪活动。除个体体育经纪人、合伙经纪人、体育经纪公司外，其他公司和经济组织兼营体育经纪业务的，也需经工商行政管理机关注册登记后，才能成为合法的市场经营主体，并有与其经营规模相适应的一定数量的专职人员，其中取得体育经纪人资格证书的人员不得少于两人。

案例

国际足联废除牌照制

好消息：如果你和职业球员关系不错，从 2015 年 4 月开始，你就能成为他的经纪人了。不需要执照？不需要考牌？根据国际足联（FIFA）的新规定，都不用，你只要品行端正，无犯罪前科和破产纪录，就能成为经纪人。国际足联在 2014 年 5 月的全体大会上通过决议：放弃施行 14 年多的经纪人牌照制度，代之以更宽松简便的中介。

这项决议是国际足联"深度改革"步骤的一部分，"深度改革"最终得出结论：鉴于超过七成全球转会交易由非国际足联持牌经纪人运作，坚守牌照制度已无意义，干脆彻底开放，将监管中介的责任转嫁给各国足协。

佣金封顶助长回扣？

英格兰足球联盟主席哈维指出，国际足联"大撒把"的做法非常不负责任，"好比国际足联举手投降，'我们是没辙儿啦，各位保重吧'。"受打击最大的是目前的持牌经纪人，英国的足球经纪人协会拟与英足总会晤，商讨在英国国内维持现状的可能性。他们还通过欧盟委员会试图制止国际足联的佣金制度。国际足联建议，从 2015 年 4 月开始，"中介"在每笔转会交易中不得收取高于 3% 的服务费（目前没有上限，惯例是 5%~10%）。经纪人协会认为这有悖竞争法，对由此必然产生的暗箱操作深感不安和气馁，其法律顾问称国际足联此举其实是"人为限价"，将导致行业腐败丛生且黑市猖獗。"哪怕英足总不强制执行佣金封顶，俱乐部将以此为撒手锏拒绝经纪人要求更多佣金，让回扣等行贿大行其道。"

青训教练：救救孩子！

最具争议的是开放经纪人市场将危害年轻球员和球会的利益，鼓励中介放肆盘剥青少年球员。一位英超球会青训负责人表示："如果中介花钱收买不懂行的父母（法律监护人），中介可以终身控制一位球员！"现行规定允许中介和未成年球员签约，但不得在球员满 18 岁之前收取佣金，却又对中介和球员的合约长度没有限制。

英足总比国际足联严厉，将年龄下调至 16 岁之前，并且合约不得超过两年。英足总还规定，在英国国内执业的中介，需通过内政部通行的"信息披露暨禁止从业条例"检查背景。西布朗足球总监建议成立一家类似职业球员工会的组织，在青少年球员与球会签署第一份职业合约前，肩负起给他们拿主意的责任。另有业内人士建议，对球员的第一份合约薪水封顶，这样中介就没那么热心操纵他们的转会了。

积极因素：增加透明度

除了未成年球员面临被中介控制和盘剥，球会还是双重中介的受害者——中介同时代表球会和球员两头收钱。双重代表一度被禁，但没过多久便又还魂，许多经纪人借此发了横财。俱乐部对此既无对策又叫苦不迭，他们呼吁效仿美国职业竞技的做法："只有球员才能控制这个局面，球员应该通过其行业工会约束经纪人。如果是球员掏中介费，他们肯定对转会更有发言权。"

开放经纪人市场虽受到业界批评，但也有积极因素：中介必须在每笔交易中现身，注册自己的身份后才可以运作。这样一来，多少增加了点透明度。

国际足联放弃监管经纪人，不仅让英国的足球经纪人感到被出卖和受威胁，全欧洲的同行也是如此。德国足协在法兰克福召开欧足联旗下足协及其经纪人组织会议，共商如何搭建行业高品质服务统一框架。梅尔施泰因曾任英格兰国脚加斯科因和沃德尔的经纪人，现在是英国足球经纪人协会主席，他指出："国际足联放弃监管，那么行业必须自我监管，一如律师和会计师行业的监事会制度。"

——资料来源于 http://www.chinadaily.com.cn/hqcj/xfly/2015-03-30/content_13460079.html

第二节 体育经纪人管理制度

一、体育经纪人的自我管理制度

对于从事体育经纪人活动的个人或团体，其管理制度包括资格认定制度和培训制度。

（一）资格认定

只有先取得体育经纪资格，才能合法地从事体育经纪活动。体育经纪资格包括两个层面：一方面是从事体育经纪活动的人员的资格；另一方面是体育经纪主体经营资格。

（二）培训制度

在前面已经提到，体育经纪人这一职业对从业者的业务素质和综合能力的要求

很高。很多符合基本从业资格的人在实际从事体育经纪活动时，会发现自身在很多方面都存在欠缺。为了推动这一职业的健康发展，保证体育经纪人的质量和规范其行为，给予从业者更多正确的指导，许多体育组织和经纪人联合会在举行经纪资格考试前，往往会组织申请人进行相应的培训，其中很多资格认定组织甚至规定，参加培训是获取从业资格的必要组成部分。体育经纪人培训内容大多集中在相关法律法规、市场营销、经济合同、公共关系和行业规范等多个内容。

二、体育经纪人的组织管理制度

（一）注册登记制度

申请人经资格认定后，须到相应的体育组织或经纪人联合会注册，并同时缴纳注册费。要求实行年度注册制度的，经纪人还须在特定期限内到体育组织或体育经纪协会接受年审，并缴纳年度注册费。

为了保护自身及其成员的利益，许多体育组织规定体育经纪人只有在取得其承认的经营许可证后，方可组织其名下的比赛或代理其名下的运动员。

在我国，获得体育经纪人资格证书后还必须到工商行政管理部门登记注册，以获取营业执照；在领取营业执照 15 天内要到当地体育行政管理部门或与所从事的经纪业务有关的运动项目管理部门备案。此外，根据我国的《体育经纪人管理办法》的规定，体育经纪人资格证书实行年度检验制度，由国家体育总局和国家工商行政管理总局授权的机构办理。无故不参加年审或年审不合格的，其体育经纪人资格证书将自动失效。

个体体育经纪人从事经纪业务时必须向运动员出示营业执照（副本）以及通过体育行政管理部门或工商行政管理部门年检的有效的体育经纪人资格证书。

体育经纪人事务所、体育经纪公司统一对外接受委托，收取佣金。其业务人员不得以个人名义对外接受委托从事体育经纪活动。体育经纪机构业务人员从事经纪业务时必须出示单位授权委托书和本人的通过体育行政管理部门和工商行政管理部门年检的有效的体育经纪人资格证书。

体育经纪人事务所、体育经纪公司业务人员不得同时在两个以上的体育经纪机构执业。同时，个体体育经纪人也不得在体育经纪人事务所和经纪公司执业。

（二）保证金制度

在申请注册的同时，申请人一般还须在注册机构指定的银行存入一定数额的保证金，作为押金来约束体育经纪人履行义务、规范经营。体育经纪人一旦违约，将从其银行保证金中扣除部分或全部作为罚款；之后，体育经纪人还必须立即在银行内补足这笔钱，否则将被取消体育经纪资格。

保证金制度是体育经纪人及其体育经纪行为管理中一项非常重要的制度。由于经纪人行为具有一定的隐蔽性，容易滋生经纪活动中的欺诈行为，通过保证金制度这种经济手段，可以约束和规范体育经纪人的经纪行为。

（三）合同管理制度

为保障经纪人和委托人双方的合法权益，体育经纪人在实施代理前必须与委托人签订体育经纪合同，将双方的责、权、利以合同的形式确定下来，以便受到法律的保护。根据体育经纪活动方式的不同，可签订书面的委托合同、行纪合同或居间合同。该合同书通常包括双方的基本情况、服务范围、经纪期限、佣金支付、合同终止、争议解决等条款。所用体育经纪合同示范文本由双方协商选定。

体育经纪合同是体育经纪人接受委托人的委托，以委托人的名义或以其个人的名义，为委托人办理委托事务，并按规定或约定收取报酬和其他费用的协议。体育经纪合同是一种提供体育服务的经济合同，体育经纪人通过与委托人订立经纪合同，从事经纪活动，为委托人提供经纪服务。体育经纪合同是双务、有偿合同，即体育经纪人和委托人相互负有义务和享有权利，且委托人权利的实现必以支付给体育经纪人一定的报酬为代价。体育经纪合同是诺成性的合同，一经双方达成协议即可成立。

（四）佣金制度

体育经纪人在完成其经纪活动后有权利得到合理的报酬，即佣金。根据不同的代理事务和运动项目，佣金有不同的支付方式和标准。

（1）按比例收费。这是最常用的收费方式，体育经纪人按事先谈好的比例从运动员收入中提成。一般来说，代理运动员与俱乐部或职业体育组织进行劳资谈判的佣金比例较低，通常在0.5%~5%，负责运动员的财务管理一般收取总额的5%，比赛奖金提取10%；运动员名字或形象的商业开发，包括广告、赞助和电视转播合同等，佣金比例较高，可达15%~30%；如果由经纪人公司代理，佣金提成的比例会更大，达到25%~40%。但是，佣金的制度也在不断改革和完善中。例如，2019年，国际足联改革了转会制度，计划通过限制经纪人佣金、限制球队外租球员数量等方法保障球员的利益。国际足联设定了经纪人佣金上限：球员转出俱乐部（前东家）经纪人的佣金不得超过转会费的10%，球员经纪人的佣金不得超过转会费的3%，

签约球员俱乐部（新东家）经纪人的佣金不得超过转会费的3%。

（2）按时间收费。按时间收费是指收费以小时计算。

（3）综合收费。这是一种将按比例收费与按时间收费结合起来计算的收费方式。

（4）固定收费。固定收费，不论谈判耗费的时间及合同款数额，均按事先谈好的费用收取。

（五）仲裁制度

体育经纪活动出现争议和纠纷时，一般都要提请相关的机构进行调解和仲裁。不同的运动项目和不同的国家有不同的仲裁方式，一些国家已经颁布了解决体育争议问题的专门法规。当运动员与经纪人之间出现争议的时候，由于国家情况和项目的不同，仲裁权可能属于运动员工会、体育组织的仲裁小组或体育法庭。仲裁程序如下：起诉人首先通过书面方式向相应的仲裁机构陈述事实及起因，并且出示相应的证据，同时向仲裁机构缴纳一定的仲裁费。仲裁机构在进行裁决前，往往会先进行调解。如果调解不被接受，仲裁机构将根据调查结果在规定的期限内进行裁决。

值得注意的是，在一些职业联赛体系比较完善的国家，如英国、意大利，委托人与经纪人之间出现的纠纷主要还是根据有关的公共立法提请法院按司法程序进行处理，体育组织一般不介入。英格兰足球协会的官员介绍说，除了涉及球员比赛资格的问题外，运动员与其经纪人之间出现的其他纠纷，都由法院进行处理，足球协会一般不进行干预。

（六）违规处罚制度

对体育经纪人的违法违纪行为，由工商行政管理部门或有关体育组织给予处罚。轻者要通报批评、经济制裁，重者要责令停业、取消体育经纪人资格、吊销执照，甚至给予刑事处罚等。

第三节　我国体育组织对体育经纪人的管理

一、国家体育总局对体育经纪人的管理

国家体育总局对体育经纪人的管理主要如下：

（1）组织制定和推行有关政策法规。

（2）授权有关下属单位负责体育经纪人的资格认定和签发体育经纪人资格证书。

（3）指定体育经纪人培训和考试部门并指导培训和考试的实施。

（4）对体育经纪活动进行管理和监督。

（5）扶持成立有关组织，如体育经纪人协会。

（6）对各项目管理中心的体育经纪人业务进行统筹管理和协调等。

二、运动项目管理中心对体育经纪人的管理

运动项目管理中心是国家体育总局对本项目体育经纪人和经纪活动实施管理的授权部门，负责对本项目体育经纪人活动的全面管理，承担国家体育总局委托的具体工作和职能。

（1）制定本项目体育经纪人管理制度和规章，特别是对运动员转会、代理、形象开发以及本项目无形资产代理开发等制定出明确的管理规定和办法。

（2）审查和批准项目体育经纪人的资格。

（3）组织本项目体育经纪人的教育、培训和考核。

（4）对本行业内体育经纪人的行纪行为进行监督管理，保护公平竞争。

（5）创造条件开发培育体育经纪人市场，推动本项目体育经纪人事业的发展等。

运动项目管理中心的职能和责任应随着体育经纪人制度的不断完善而逐渐扩大。由于各项目的职业化和商业化发展程度不同，各项目对体育经纪人管理的程度也应有所区别。

三、具体操作部门对体育经纪人的管理

受国家体育总局或运动项目管理中心的委托，教育或培训单位、法律或仲裁机构、信息部门以及体育经纪人协会等事业单位或社会团体进行体育经纪人的培训和考试、经济纠纷的仲裁、自律性规章制度的制定、信息的收集和交流等工作。

体育经纪人和经纪公司的营业执照获取、登记管理、行纪检查则应由工商行政管理部门负责，并接受税务、审计等有关部门的监督管理。

由此形成工商行政管理部门、业务主管部门、行业协会、行政事业单位以及司

法、物价、审计等各类监督机构共同组织的责任明确、互为衔接的科学而有效的管理体系，充分发挥国家的宏观调控管理作用，保障我国体育经纪活动的顺利实施。

四、体育经纪人行业协会的管理

体育经纪人行业协会又称体育经纪人联合会。体育经纪人联合会是一种相对较为松散、具有协会性质的自律组织，是由一些共同职业、共同利益的经纪人组成的联合组织，有一定的自发性。虽然不同项目的体育经纪人发展状况各不相同，但这些组织的基本职能都在于保护体育经纪人的切身利益，严格遵守职业道德准则，推广继续职业教育以保持竞争力等。随着体育商业化和国际化程度的不断深入，独立体育经纪人（个体体育经纪人）意识到单凭个人力量已不足以掌握庞杂的体育市场信息，不足以有效地保护自己及委托人的商业利益，于是开始走向联合，形成日益强大的体育经纪人联合会。

目前在欧洲体坛，最具影响力的体育经纪人联合体，是国际田径经纪人联合会，参加这些组织的所有成员都是运动员的个体体育经纪人，而不是公司体育经纪人。国际田径经纪人联合会有60多名成员，他们各自代理着十几名到几十名不同等级的世界著名运动员的多项事务。该组织声称，其掌握着全世界最优秀的田径运动员中的80%，这个组织曾经与国际奥委会和国际田径联合会公开对抗，就运动员的资金问题威胁和抵制世界田径锦标赛。其执行秘书由国际田径联合会发放薪水。这个体育经纪人行业协会性质的组织主要行使以下管理职能：负责确定田径经纪人的佣金标准，负责田径经纪人的行业规范，负责对违反有关规定的田径经纪人进行处罚，甚至有权将违规的田径经纪人从组织中除名。该组织每年还要评选年度世界最佳田径经纪人，意在规范田径经纪人的行为，维护田径经纪人的声誉。

意大利等国的足球经纪人主要由足球经纪人联合会来进行具体的管理工作。这些联合会与该国足球协会密切合作，直接参与足球经纪人的资格认定、经纪人资格考试、争议仲裁等工作。该协会在足球经纪人的管理中起着十分重要的作用。

在我国，要想成为国际足球联合会的足球经纪人，须具备以下条件：

（1）申报者必须经过工作所在地体育和工商行政管理部门联合举办的体育经纪资格培训，获得体育经纪人资格证书，从事体育经纪活动一年以上时间，并经当地主管部门年检。

（2）具有工商行政管理部门颁发的从事体育经纪活动公司的营业执照。在2002

年参加中国足球协会国际足球联合会足球经纪人考试中，要求申报者必须是该体育经纪公司的法定代表人，但是从 2003 年开始，中国足球协会放宽了这个条款，取消了"法定代表人"的要求。

（3）申报者必须具备大专以上学历，并具有国家教育部门颁发的学历证书和学位证书。

（4）申报者不能在中国足球协会、中国足球协会会员协会、足球俱乐部或与这些机构相关的组织中担任职务。

（5）申报者需要出示由当地公安部门提供的无犯罪记录的证明。

第四节　国际上对体育经纪人的管理

职业体育发展较好的国家主要集中在欧美，职业体育发展较好的项目主要有足球、篮球、棒球等。同时，这些国家和国际体育组织在管理体制（包括经纪人管理体制）方面是比较健全的。因此，我们有必要了解其体育经纪人管理体制状况，取其长、弃其短，为建立健全我国体育经纪人管理制度做参考。

在国际上，体育经纪人的管理根据项目的职业化和发展程度不同，形成了国际体育组织管理和国家管理两个层次。

一、国际体育组织对经纪人的管理

（一）单项体育组织管理

田径、网球、拳击、高尔夫等项目的体育经纪人人数有限，通过体育经纪人自律性组织经纪人联合体比较容易进行集中管理。但足球项目的情况就完全不同。足球是世界第一大运动，是职业化开展得最好的运动项目之一，同时也是获利最丰厚的项目之一，因此吸引了大批经纪人——足球经纪人参与其中。国际足球联合会作为该项运动的最高国际管理机构，拥有巨大的权力。为了充分发挥体育经纪人的积极作用，尽量减少其负面影响，保证足球运动健康发展，以期获得整体的最大利益，国际足球联合会建立了由国际足球联合会、各洲足球联合会、各国足球协会组成的三级管理体系以及由国际足球联合会经纪人管理条例和各国足球协会经纪人管理条例组成的法规体系。其中，国际足球联合会的法规具有强大的约束力和广泛的适用范围，不仅对代理不同国家协会间运动员转会的体育经纪人有约束力，同时对国家协会也进行了部分规定，并且国家协会制定的条例必须经国际足球联合会认可。

国际足球联合会设立了专门的体育经纪人管理部门，对全行业进行宏观管理和指导。其主要职责是：制定本项目体育经纪人管理条例，包括对所属各国家协会的体育经纪人管理提出要求，并具有很强的约束力；负责中介国际运动员转会和比赛事务的体育经纪人的管理，包括明确经纪人、运动员和俱乐部各方的权利和义务，实施监督和裁决等。但国际足球联合会不具体颁发经纪人执照，从事国际转会和比赛经纪事务的经纪人必须经各国家协会批准获得执照后，到国际足球联合会注册并获得国际足球联合会颁发的许可证。

（二）体育经纪人行业协会管理

国际田径经纪人联合会则是经纪人自律性国际管理组织，它在组织上独立于国际田径联合会，但实际上与国际田径联合会和各国田径协会有着千丝万缕的联系。国际田径经纪人联合会也制定了有关的管理条例和制约监督机制，进行资格审定，但对经纪人的约束力不及国际足球联合会，有待更多国家田径协会的承认和合作。

二、各国对体育经纪人的管理

一些国家通过自律性的不同项目的体育经纪人协会负责具体管理工作。这些协会往往与该国的单项协会密切合作，参与体育经纪人的资格认定、资格考试、争议仲裁等，在体育经纪人的管理中起着十分重要的作用。

西方国家对体育经纪人进行管理的主体包括政府和体育组织，无论是政府还是体育组织，在对体育经纪人的管理中，均以法律方法为主，采用法律手段对体育经纪人进行调控和管理。

（一）美国对体育经纪人的管理

为了对体育经纪活动进行规范管理，美国的一些州、职业体育联盟以及全国大学体育联盟制定了一系列的管理规定。这些管理规定的范围、内容以及强调的重点，在州与州之间、不同体育联盟之间，都有所不同。

1. 政府对体育经纪人的管理

美国对体育事业的管理属于分权型体制，联邦政府不设专门的主管行政机构，直接管理任务由各体育单项协会、体育联合会、大学生体育协会等体育社会团体共同完成。随着体育经纪行业中不规范的问题逐渐增多，运动员工会、大学生体育联合会等纷纷在各自管辖范围内制定了体育经纪人的管理办法，美国各州政府也极为重视，部分州政府已经实行体育经纪人法规条例。美国联邦宪法规定，各州政府有权强制实施健康、安全和福利方面的法律，而且受到了美国最高法院的承认。目前美国已有一些州在体育经纪人管理上制定了专门条例。其中，要求体育经纪人注册的州占大多数，并指定了"相应的注册管理机构"。各州设置的体育经纪人管理机构主要有四类：劳工会、行业管理部门、州政府专门秘书处、立法委员会法律办公室。州政府的规定主要针对目前体育经纪活动的各种违规行为，从法律的角度规定了从事体育经纪人的基本条件、业务等级、从业资格和工作质量的标准。政府主要通过政策的力量和要求来保护公民的利益。

2. 社会团体对体育经纪人的管理

（1）运动员工会。为保护职业运动员的利益不受损害，各运动员工会相继推出了体育经纪人条例。各运动员工会在管理办法上大体一致。

（2）大学生体育协会。大学生体育协会是管理美国各大学体育运动的专门组织，对美国绝大多数大学生运动员具有管制力和约束力，一方面通过设立运动员职业咨询小组，为大学生提供职业咨询建议，提高其自我保护能力；另一方面通过取消参赛资格和给予经济罚款对违规成员实施处罚。

（3）体育组织管理。国家体育组织或单项协会对从事本行业经纪活动的经纪人实施直接或间接的管理。美国国家橄榄球联盟运动员联合会是第一个建立的对本联盟运动员的体育经纪人进行管理的组织。它明确规定了体育经纪人的业务范围和合同顾问的基本条件。

3. 美国体育经纪人的管理特点

虽然美国不同管理系统对体育经纪人的管理规定不一、方法各异，但从管理内容看，都含有资格审定、合同管理、佣金管理、违法处罚四个基本的要素。

（1）资格审定。体育经纪人在进行合法体育经纪活动之前必须先办理正式的登记注册手续。美国的相关法规规定，体育经纪人必须到州政府指定的经纪人管理机构注册，首先填写注册表，然后缴纳注册费，为保证经纪人履行合同义务。美国的一些州还要求体育经纪人在注册的同时必须缴纳保险金，以押金的形式储存在注册机构，作为经纪人一旦违约的赔偿。还有一些相关利益的机构和体育团体，如大学、单项协会、俱乐部等为了保护自身及其成员利益，规定体育经纪人只有在取得其承认的经营许可证后，方可组织其名下的比赛或代理其名下的运动员。

（2）合同管理。经有关机构认定后，获得执业资格的经纪人就可以由寻找客户开始寻找各种经纪活动了。由于体育经纪人的活动范围逐渐扩大，与运动员客户的联系日益紧密，双方在收费金额和方式、投资及税收建议提供等方面的争论越来越多，很容易产生误解。为保障体育经纪人和运动员的合法权益，美国政府及有关体育组织规定，体育经纪人在代理运动员之前必须与之签订委托合同，将权、责、利以合同的形式确定下来，使得双方的利益得到有效的法律保障。为加大管理力度，各运动员工会还采取了一些特殊的措施。例如，美国篮球运动员工会要求经纪人使用标准的"经纪人/运动员"委托合同范本。

（3）佣金管理。体育经纪人向委托人收取合理佣金是对自身活动价值的肯定，是合法的劳动所得。美国体育经纪人通常以服务的质量和数量为标准向运动员收取佣金，并采取不同的收费方式。其中最常用的是按比例收费的方式，即经纪人按事先谈好的比例从运动员收入中提成。一般的比例为：职业运动谈判收取合同款的3%~5%；财务管理收取总额的5%；比赛奖金提取10%；产品代言提取合同款的20%。为监督和管理体育经纪人收费，各运动员工会纷纷制定措施。例如，美国篮球运动员工会实行经纪人收费记账管理制度，要求经纪人将各种收费记录下来以备运动员工会的检查。

（4）违法处罚。对体育经纪人的违法行为，美国采取民事和刑事相结合的综合性处罚手段，侧重于经济制裁。有的州以轻罪、重罪论处，如罚款，金额从1 000~10 000美元不等，牢狱期限为90天到2年；有的州靠收保险金实施处罚。运动员工会为解决体育经纪人和运动员之间的争议，专门设有仲裁机构，对违纪体育经纪人的处罚有通报批评、取消成员资格、责令其停业以及吊销执照等。

美国体育经纪人管理体制已经形成从政府到社会各级体育组织，以法律为主要调控手段的多层次管理体系。州政府、运动员工会、大学生体育联合会均明文规定了体育经纪人的法规和条例，对体育经纪人的资格审定、委托合同、佣金和处罚等进行了规范化的管理。

美国体育经纪人制度经数十年的发展，已形成自身的特色和优势，对体育经纪人行为的规范和监督起到了积极的作用，其中一些积极方面值得我国借鉴和学习。

（二）欧洲主要国家对体育经纪人的管理

在欧洲，不少国家的民法和商法对体育经纪人都有专门的论述，一些国家还制定了专门的《体育经纪人法》。有些国家在重新修改的《体育法》中增加了针对体育经纪人的有关条款，如法国 1992 年修改的《体育法》中就增加了有关经纪人的规定。意大利、英国等一些国家的足球协会根据国际足球联合会的有关规定，建立了国内经纪人队伍，制定了具有约束力的《经纪人管理条例》，成立了专门的经纪人事务委员会负责具体事务。经纪人事务委员会的成员由经纪人协会的代表等多方面的人员组成。

课后思考题

1. 体育经纪人管理制度有哪些内容？
2. 我国的体育经纪人一共分为几个级别？
3. 我国体育组织如何对体育经纪人进行管理？
4. 你认为我国体育经纪人管理制度存在哪些问题？
5. 美国体育经纪人管理有哪些特点？

参考文献

A ARAI，Y JAE KO，S ROSS，2014. Branding athletes：exploration and conceptualization of athlete brand image ［J］. Sport Management Review，17（2）：97-106.

DOHERTY A，MURRAY M，2007. The strategic sponsorship process in a non-profit sport organization ［J］. Sport Marketing Quarterly，16（1）：49-59.

KASIMATI E，DAWSON P，2009. Assessing the impact of the 2004 Olympic Games on the Greek economy：a small macroeconometric model ［J］. Economic Modelling，26（1）：139-146.

鲍明晓，1998. 关于体育无形资产的几个理论问题 ［J］. 北京体育大学学报（4）：6-9.

蔡朋龙，陶玉流，李燕领，2016. SOLOMO 模式在体育赛事网络营销中的应用研究：以腾讯 NBA 营销为例 ［J］. 体育成人教育学刊，32（4）：1-6.

陈武，2016. 我国体育产业市场化发展的思考探究 ［J］. 青春岁月（1）：247.

董冬，2008. 北京奥运会与我国体育无形资产发展的研究 ［D］. 济南：山东师范大学.

国家体育总局职业技能鉴定指导中心，2010. 体育经纪人 ［M］. 北京：高等教育出版社.

韩冬，2016. 新形势下政府和企业如何利用大型体育赛事实现财政与营销双赢 ［J］. 中国市场（44）：101-108.

贺鑫森，2016. 社会结构变迁下体育社会组织发展研究 ［D］. 苏州：苏州大学.

黄海燕，陆前安，方春妮，等，2008. 体育赛事的价值评估研究 ［J］. 上海体育学院学报，32（1）：20-24.

黄文卉，2002. 体育经纪人应向体育赞助商承诺什么 [J]. 经纪人 (6)：67-68.

荆林波，2016. 我国体育产业发展现状、问题与对策建议 [J]. 南京体育学院学报：社会科学版，30 (4)：1-10.

刘夫力，孙国良，张钧庆，2001. 中国竞技体育无形资产发展战略研究 [D]. 北京：北京体育大学.

刘辛丹，2010. 我国企业体育赛事赞助策略研究 [D]. 北京：北京体育大学.

马法超，2007. 体育相关无形财产权问题研究 [D]. 北京：北京体育大学.

钱晓燕，2016. 国内外体育赛事旅游营销研究现状及展望 [J]. 河北旅游职业学院学报，21 (2)：62-65.

邱团，卢燕妮，2011. 体育无形资产几个问题的反思 [J]. 运动 (8)：140-141.

宋亨国，周爱光，2016. 非政府体育组织的含义、自治形态及我国社会体育组织的转型 [J]. 体育学刊，23 (3)：16-22.

童建国，2016. 非营利性体育组织赛事营利策略研究：以国际足联世界杯赛事推广为例 [J]. 安阳师范学院学报 (2)：93-98.

王冰，王博，2008. 合同时代的生存：合同签订、履约与纠纷预防 [M]. 武汉：武汉大学出版社.

卫禹帆，黄晓春，2016. 体育产业市场环境下我国体育经纪人发展分析 [J]. 广州体育学院学报，36 (5)：14-17.

文静，2010. 企业赞助体育赛事的决策研究 [D]. 上海：上海体育学院.

吴江水，2010. 完美的合同：合同的基本原理及审查与修改 [M]. 北京：中国民主法制出版社.

徐鑫曦，2013. 我国大型单项体育赛事营销效果评价模型的研究 [D]. 上海：上海体育学院.

杨黎明，余宇，2007. 体育赛事合同 [M]. 北京：法律出版社.

杨新泉，罗伯特·斯巴达克斯，2005. 企业投资中国体育赞助以建立品牌价值问题分析 [J]. 体育文化导刊 (12)：11-14.

于善旭，2004. 体育无形资产的经济分析及我国的经营对策 [J]. 山东体育学院学报，20 (2)：6-11.

翟泉，2005. 国际化市场化背景下对我国体育中介问题的研究 [D]. 上海：上海交通大学.

赵明垚，2015. 美职篮与中职篮营销策略对比研究 [D]. 哈尔滨：哈尔滨工业大学.